阜阳历史文化丛书

杨新◎主编

中国人民政治协商会议阜阳市委员会/编

阜阳民俗文化研究

刘宏 张文波/编著

合肥工业大学出版社

图书在版编目(CIP)数据

皋阳民俗文化研究/刘宏,张文波编著．—合肥:合肥工业大学出版社,2018.11

(阜阳历史文化丛书/杨新主编)

ISBN 978-7-5650-4243-0

Ⅰ.①阜… Ⅱ.①刘…②张… Ⅲ.①风俗习惯—研究—阜阳 Ⅳ.①K892.454.3

中国版本图书馆 CIP 数据核字(2018)第 254493 号

阜阳民俗文化研究

刘 宏 张文波 编著　　　　责任编辑 朱移山

出 版	合肥工业大学出版社	版 次	2018 年 11 月第 1 版
地 址	合肥市屯溪路 193 号	印 次	2019 年 3 月第 1 次印刷
邮 编	230009	开 本	690 毫米×980 毫米 1/16
电 话	总 编 室:0551-62903038	印 张	16.75
	市场营销部:0551-62903198	字 数	249 千字
网 址	www.hfutpress.com.cn	印 刷	安徽联众印刷有限公司
E-mail	hfutpress@163.com	发 行	全国新华书店

ISBN 978-7-5650-4243-0　　　　定价:58.00 元

如果有影响阅读的印装质量问题,请与出版社市场营销部联系调换。

中国人民政治协商会议阜阳市委员会
《阜阳历史文化丛书》编委会

序　言

阜阳历史悠久，物华天宝，人杰地灵，源远流长、丰富多彩的历史文化遗产，如淮颍之水，滔滔汩汩，绵延不绝；上自殷末，下迄当代，其间名家辈出，光照千古；形式多样，异彩纷呈；艺术魅力，经久不衰。早在远古时代，这里就出现了文明的曙光。传说大禹治水成功后，把天下分为九州，今天的阜阳隶属豫州。商朝成汤建都于亳，阜阳地近商都，社会经济文化都得到了进一步发展。西周时期，阜阳是胡子国的国都。春秋战国是我国历史上的大变革时期，各国变法图强，弱肉强食，小国被迫依附大国。春秋后期，阜阳境内的小国基本上为楚国兼并，称为汝阴（即小汝水之南）。公元前 221 年，秦始皇统一中国，在地方上实行郡县制，把全国分为 36 郡，阜阳置汝阴县，隶属泗水郡。汉承秦制，阜阳仍为汝阴县。公元 108 年，汉安帝封刘显为阜阳侯，其封地虽不在今天的阜阳市，但阜阳地名开始出现。三国两晋南北朝时期，国家分裂，战事频繁，尤其是淮河一带，政权更替，属地交错，建制比较混乱，但总体上看，当时的阜阳属于豫州。隋唐时，阜阳设汝阴郡（后曾改为颍州）。北宋时，开始实行路、府（州）、县三级地方行政管理体制，当时在阜阳境内设置了顺昌府（治今阜阳市）。金代设颍州，元朝创设了行省制度，当时阜阳称为颍州，属河南江北行省。明朝在今阜阳境内设置颍州。清朝雍正帝时，阜阳升州为府，取名颍州府。民国时期，在阜阳设置行政专员督察区（简称“专区”），作为安徽省政府的派出机构。新中国成立后，人民政府设立了阜阳专员公署（驻今阜阳市），1996 年阜阳撤地设市，当时辖太和、界首、涡阳、蒙城、利辛、颍上、阜南、临泉以及颍州、颍泉和颍东三区，并代管亳州市、界首市。1998年亳州成为计划单列市。2000年，亳州成为省辖市，涡阳、蒙城、利辛三县划归亳州管辖。目前，阜阳市辖三区、四县并代管界首市。

阜阳史前文化位于山东海岱文化与中原文化的交汇地带，这里曾创造过黄河文明，更是淮河文化的发祥地之一。大约5000年前，这里的人们已经开始摆脱逐水而居的境况，在颍河、小汝水（今泉河）沿河台地上定居下来，并形成以农业为主的原始部落，创造出辉煌的古代文化，留下了许多古文化遗址，如临泉吕寨境内的宫庄遗址是新石器时代中期偏早阶段的遗存；距今约7000年，临泉境内的九槐遗址、台阳寺遗址、老丘堆遗址、胡台遗址、费子街遗址，太和县的倪邱遗址、灰角寺遗址，阜南县的丁王庄遗址、地理城遗址、清凉寺遗址等属于大汶口文化中晚期的历史遗存。阜阳境内还发现龙山文化遗存20多处，原始农业、手工业和艺术都有相当成就。阜阳境内的商周文化遗存，以陶器、青铜器为主，润河沿岸的阜南朱寨润河湾、颍上王岗郑小庄出土的青铜器以铸造工艺精湛、纹饰华美著称，阜南县朱寨海孜村常白庄润河湾1957年6月出土的龙虎尊青铜器，造型独特，端庄凝重，意蕴深长，被列为国家一级保护文物，现藏于中国国家博物馆。阜阳出土的青铜器还有商代酒器“酉”字爵，战国勾杀兵器大梁司寇绶戈、王莽铜镜等。秦汉以来，统治者为了巩固其势力，在墓前雕刻一些实际上并不存在的动物象征守卫，石雕天禄就是其中的杰出代表。此件石器出土于临泉县境内，是国家一级文物。白底黑花釉虎形枕出土于太和县境内，现藏阜阳市博物馆，是宋代磁州窑出产的产品。瓷枕的整个画面生动活泼，不落俗套，造型优美，富有浓厚的乡土气息和民间色彩。阜阳城西南郊西汉汝阴侯墓出土的竹简、阜阳城西郊出土的古代玉器精品——蜻蜓眼玻璃珠、界首市光武出土的“大泉五十”钱母（古代铸钱的模具）等更具学术研究价值。阜阳竹简是西汉初期的简册，1977年在阜阳城西南的汝阴侯墓中发掘出土。这批被文物考古学界誉为稀世之宝的阜阳竹简，其珍贵之处在于：第一，简书种类多。阜阳竹简包括十多种古代典籍，书种繁多，而且内容包罗万象。按我国传统的图书分类，经、史、子、集无所不有；就内容而言，则医药卫生、童蒙教育、天文计算、星相卜卦、天干地支、行气养生、建筑工程、器物制造、农产品加工、相狗术等无所不涉，在国内汉简发掘史上实属罕见。第二，史料价值高。阜阳竹简所存的典籍，有些属首次发现，为史籍所未载；有些即使有今本存在，但字句多有不同。第三，书法精湛。在国内历年出土的竹简中，阜阳竹简书法是被专家公认为最优美的一种。阜阳简文字墨书，且各种书籍字体各不相同。有的温文清秀，有的粗犷奇崛，有的飘逸俊美，有的严谨端庄，并非出自一人之手。这些资料对于考察秦汉时期的历史、语言、文字，研究历代书法艺术的发展源流等提供了重要的实物资料。目前，阜阳市具有重大考古价值的古代墓群女郎台也正在考古发掘之中。

阜阳人文荟萃，艺术繁盛。历史对阜阳情有独钟，在这里留下了浓墨重彩。阜阳自古就有“土风备于南北，人物推于古今”的美誉，孕育了姜子牙、管仲、鲍叔牙、甘罗、吕蒙、吕霞光、常任侠、戴厚英、刘德培等闪烁古今、蜚声四海的名人贤士；漫长的历史长河给阜阳留下了颍州西湖、文峰塔、魁星楼、刘锜庙、管鲍祠等丰富的人文景观。唐宋时期的文坛巨子晏殊、欧阳修、苏轼先后在颍州任职，都与钟灵毓秀的颍州西湖结下了不解之缘。他们钟爱西湖，疏浚西湖，广植花树菱荷，增益亭阁堂台，更以他们独有的视角去发掘和审视颍州西湖的美，把它凝于笔端，挥洒于尺素，写下一首首、一曲曲颍州西湖的千古绝唱，也留下了颍州西湖余韵悠远的人文景观。欧阳修对西湖更情有独钟，“终当卷簟携枕去，筑室买田清颍尾”“终当自驾柴车去，独结茅庐颍水西”“北库酒醪君旧物，西湖烟水如我家”“都将二十四桥月，换得西湖十顷秋”，直至仙逝于老西湖湖心洲。历史上的颍州西湖曾与杭州西湖难分伯仲。宋代诗人杨万里说“三处西湖一色秋，钱塘汝颍与罗浮”，汝颍即是指今天的阜阳。宋代大文豪苏轼更感叹曰：“大千起灭一尘里，未觉杭颍谁雌雄。”明代《正德颍州志》载：“西湖长十里，广三里，相传古时水深莫测，广袤相齐。”《大清一统志》云：“颍州西湖名闻天下，亭台之胜，觞咏之繁，可与杭州西湖相媲美。”古今称颂颍州西湖风景之美的诗篇多达259篇。南宋时，抗金名将刘锜在此地大破金兵，取得重大胜利。元朝末年，刘福通在这里领导了著名的红巾军起义。1928 年 4 月 9 日，在以优秀共产党员和宣传活动家、中共皖北特委书记魏野畴为首的皖北特委领导下，阜阳爆发了我党历史上著名的“四九起义”，为阜阳革命历史增添了新的光彩。

阜阳剪纸、颍上花鼓灯等 8 项文化遗产被列为国家级非物质文化遗产，16 项被列为省级非物质文化遗产。阜阳民歌感情朴实，曲调流畅，具有浓郁的乡土气息和鲜明的淮北特色。曾经广为流传的有《逃荒》《摘石榴》《十大绣》《看戏》《货郎子调》《李玉莲》等。乐器有班鼓、边鼓、手板、大锣、小锣、小镲、大镲、架排云锣、班笛、小喇叭等，音乐豪爽奔放，善于表现喜乐欢腾的情绪。阜阳在安徽省享有“曲艺之乡”的美誉。源于或流散于全市的曲种有淮词、清音、莺歌柳、琴书、坠子、道情、大鼓、评书、三弦书、端公戏、灶书、莲花落、杠天神、讲圣谕、相声、大小铙等近 20 种。阜阳民间舞蹈有 40 多种，具有鲜明的民族风格和强烈的地域特色，其中花鼓灯舞蹈已蜚声海内外，自立于世界舞蹈之林而别具风姿。阜阳的传统庙会和民间灯会也是一条色彩斑斓的群众文化活动风景线。传统庙会除开展大型民间商贸活动外，也利用庙会唱大戏、演杂技、说曲艺、玩杂耍等。阜阳有名的灯会有界首灯会、颍州灯会、沙河灯会等，颇受群众欢迎。淮北梆子本称梆剧，又称高梆、土梆，其源系秦腔传入阜阳后吸取当地流行的坠子嗡、灶王戏及民歌小调，逐渐衍化成具有淮北地方特色的梆子剧种。阜阳的教育、科技、学术、宗教、民俗、工艺等独具特色，在全国和黄淮海流域都具有较大影响。

“明镜所以照形，古事所以知今。”习近平总书记在庆祝中国共产党成立 95 周年大会上强调指出：“一切向前走，都不能忘记走过的路；走得再远、走到再光辉的未来，也不能忘记走过的过去，不能忘记为什么出发。面向未来，面对挑战，全党同志一定要不忘初心、继续前进。”阜阳厚重的历史文化，在经济、文化、社会发展中起着极其重要的作用。它可以鉴史明得失、育人爱热土、凝心开民智、聚力兴大业，可以牢记历史责任、强化对外交流、推动经济发展、促进社会和谐。传承历史文化，弘扬社会主义先进文化，创造文化新辉煌，促进文化大繁荣，是时代赋予我们的重任。为全面总结、准确反映阜阳有史以来的灿烂文化，探讨文化事业发展规律，给全市人民提供一套科学、规范的文史典籍，为阜阳文化的大发展、大繁荣奠定坚实基础，根据市政协领导安排，市政协文史委员会组织我市（包括阜阳师范学院）有关学者、教授20余人多次进行研讨、论证，确定从阜阳文学、文物考古、艺术、民风民俗、当代人物等方面入手进行整理、编撰，出版“阜阳历史文化丛书”。在近五年的编写过程中，许多专家、学者为此倾注大量心血和汗水，他们不畏艰难、无私奉献、殚精竭虑、严谨治学的精神使我们深受感动，他们在阜阳历史上也将留下璀璨的一页。

刘宏先生是安徽省阜阳市颍州区人，阜阳师范学院文学院教授，长期从事中国古代文学教学与研究工作；曾任皖北文化研究中心常务副主任，阜阳市第一届、第二届政协常委，第三届人大常委；主持并完成教育部、省厅级和阜阳师范学院科研、教研项目共6项；发表学术论文50多篇，专著两部（与人合作）；曾获得阜阳师范学院教学成果一等奖，全国学术会议十佳论文奖（全国第二届地方戏曲发展战略研讨会），安徽省优秀社科成果奖，阜阳师范学院教学名师奖等奖项。

张文波先生曾任《阜阳师院报》主编，副教授，擅长于书法和古诗词写作，现为安徽省太白楼诗词学会理事，阜阳市诗词学会副会长，安徽省书协会员，合肥之友杭州书画院副院长，阜阳市书画研究会副会长；已发表文学、历史、政治等学科研究论文10余篇，古诗词百余首，散文60多篇；主编《颍州西湖古今诗词选》，参编《中国历史人物大辞典》《青年人生学》《共青团公共关系》《校园文学集萃》等书刊多部。

阜阳民俗文化总体上呈现出以北方为主导、南北东西融合的特点。在特殊的地理、历史、文化因素共同作用下，形成了这块民俗文化的“风水宝地”，因而阜阳民风、民俗的若干特点及其表现，不一定全系阜阳所独有，但至少是人亦有者我为甚；那些人无我有者，更是我们关注的重点。作者在描述阜阳民俗文化的过程中，坚持民俗学本位，文化学视角，注重采用叙事学方法，以期从不同角度、不同侧面原原本本地展示阜阳地区的民俗文化。不吝笔墨，甚至不厌其烦地叙述阜阳民间不同领域的礼俗与习俗，目的在于抢救性地记录这些渐行渐远，有的甚至已经濒临消亡的民俗文化。这一方面可以让当今的人们，特别是青少年见识一下我们的先人曾经奉守过的风俗习惯，另一方面也为这些非物质文化遗产留下历史的记忆。全书共分六章，包括绪论、阜阳民风与民俗、年节文化、民间酒文化、婚嫁礼俗、衣食住行风俗、生老病葬习俗和附录，体例完整，旁征博引，内容翔实，语言富有文采，对研究阜阳历史文化具有重要的参考价值。

组织编写“阜阳历史文化丛书”是一项浩大的系统工程，也是一项创新性的工作，由于我们经验不足，搜集及占有的资料、史料有限，加之时间仓促，对一些专题虽然组织专家多次讨论、论证、审稿、核稿，但我们始终强调文责自负，仍以编著者本人的思想观点和编写体例为主，这些观点和思想成果是作者的一家之言，难免有偏颇和不足之处，欢迎广大文史爱好者和社会各界有识之士批评指正，以利再版时加以修正。在丛书编写过程中，编著者充分借鉴了相关资料和作品，在此我们对相关著作者表示深深的谢意。阜阳历史文化研究会会长、著名文史专家李兴武先生，副会长、著名文学评论家陆志成先生，阜阳市博物馆副馆长、考古专家杨玉彬先生在百忙中挤出时间审稿、核稿，付出了大量心血，我们在此表示衷心的感谢。我们还对为这部丛书的编著出版提供热情帮助的相关领导和专家表示崇高的敬意！

杨　新

2016年11月18日

目　　录

第一章 阜阳民风与民俗

一般学者和文化史专著大都将民风与民俗视为同义语，在操作中通常将二者相互替代。笔者觉得如此处理并不完全妥当。“民风”一词最早见于《礼记·王制》：“命大师陈诗，以观民风。”意谓让懂得礼乐的大师陈诵从民间采集的诗乐民歌，以考察当地的风俗民情。《汉书·董仲舒传》：“乐者，所以变民风化民俗也。”则将民风与民俗并提。《汉书·艺文志》：“自孝武帝立乐府而采歌谣，于是有赵代之讴，秦楚之风，皆感于哀乐，缘事而发，亦可以观风俗，知薄厚云。”这里的“风俗”是古汉语中的两个单音词，是民风与民俗的省称。《辞海》释“民风”为“民间风尚”；“民俗”为“民间习俗”，此解准确而精练。民风、民俗是两个不同概念，不能视作同义语。

鉴于此，我们认为“民风”的内涵远比“民俗”丰富，其外延也更加广阔。民风应包括某一地理区域内民间的风尚、风气、风度、风格、风貌、风情、风俗等方面。民俗当然是民风中处于基础层面的基本内涵和主要内容，但它绝不是民风的全部；在更高的层面上，对民间的思想观念、价值取向、行为范式乃至人的风格气度、生活方式以及审美爱好等的描述也是把握某一地理区域内民风特点的重要方面。学者们亦常用“民俗文化”一词，由民风中的主要方面“民俗”领起，并与包罗万象的“文化”联袂，其所指则又将民风涵盖其中矣。

基于上述认识，在本章中我们尝试以“民俗文化”一词描述阜阳民风民俗的区划归属，继而分别论述阜阳民风与民俗的各自特点及其表现。史书、方志中描述阜阳民风民俗的内容一般都十分简略，如“《宋志》云：汝阴之俗，不事末作（按指商业活动），男勤耕桑，女勤织纴。又云：风俗清丽，人备文武全才”。[①] 王敛福在《颍州府志》卷之一《舆地志·风俗》篇转引历代志书中关于阜阳民风的论述片段之后，对阜阳的年节与婚丧礼俗进行了简要介绍，总共只有千余字。本章所描述的阜阳民风民俗主要是编撰者根据民间访谈、田野调查等途径积累的资料，精心梳理研究之成果。在描述阜阳民风民俗的过程中，坚持民俗学本位，文化学视角，注重采用叙事学方法，以期从不同侧面展示原汁原味原生态的阜阳民俗文化。

为做到条理清晰，重点明确，我们设置了阜阳民俗文化的区域归属及其民风与民俗特点、阜阳民间的年节文化、阜阳民间酒文化、阜阳民间婚嫁礼俗、阜阳民间衣食住行风俗、阜阳民间生老殡葬习俗等六章，或偏重理论，或描述史实；各节详略繁简根据需要；编写体例不尽相同并力求创新。这些措施均服从于一个目的，即具体明确而又鲜活生动地反映阜阳的民俗文化。

---

① 转引自清代乾隆《颍州府志》，黄山书社 2006 年版，第 61 页。

第一节　阜阳民俗文化的区域归属

民风民俗是一个民族或社会群体在长期的共同生产与社会生活中逐渐形成，并世代相传的一种相对稳定的文化现象。每种民俗文化都是在某种特定的地理环境中产生、演化和传播的。

阜阳地处淮北平原，是中原文化和荆楚文化碰撞交融的地带，又受到齐鲁文化和吴越文化的影响，明清两代更有大量移民涌入此地区，这些因素决定了阜阳民风与民俗是多元文化融合的产物。因地理位置偏僻，文化教育相对落后，民众生计艰难，正统文化与精英文化较为薄弱，导致民俗文化一枝独秀，也使阜阳地区的民俗文化在汉民族聚居区具有一定代表性和典型意义。

在区域归属上阜阳属华北民俗地理区，但又与淮河以南的华中民俗地理区紧邻，因而阜阳的民俗文化尤其丰富多彩。总体观照阜阳民俗文化，是以北方（中原）民俗为主导，南方（荆楚）民俗亦有一定影响的民俗文化。

阜阳地区属于典型的季风气候，冬冷夏热，四季分明；一般年景风调雨顺，但淮河时有水患；庄稼以旱地作物为主，颍上、阜南等沿淮地带也种植少量水稻。这里平畴沃野，物产丰富；水陆交通发达，村落星罗棋布，百姓聚族而居；民风淳厚，衣食简朴，古风尚存；饮食主要以面食为主，辅以稻米与杂粮；酿酒历史悠久，盛产优质白酒。

乾隆《颍州府志·地舆志·风俗》云：“颍本中州，清淑之气，蜿蜒磅礴千余里。土壤沃饶，风雨和会，亦淮西一重镇也。”欧阳修《思颍》诗后序云：颍州“民淳讼简而物产美，土厚水甘而风气和”。

第二节　阜阳民风的主要表现

阜阳民风总体上呈现出以北方为主导、南北融合的特点。在特殊的地理、历史、文化因素共同作用下，这块民俗文化的“风水宝地”形成了。因而阜阳民风、民俗的若干特点及其表现，不一定全系阜阳所独有，但至少是人亦有者我为甚；那些人无我有者更是我们关注的重点。我们认为，阜阳民风的具体表现主要有以下几个方面。

一、阜阳民风兼具阳刚与阴柔之美

由于特殊的地理环境和历史上多次经历较长时期的南北分治等原因，我国以长江为界，南方与北方从地理地貌、自然景观到人的体格心性、风土民情乃至文学艺术的审美特点等方面都有着明显的差异，北方充满阳刚之气，南方极具阴柔之美。有人曾用“骏马秋风塞北，杏花春雨江南”来形容这种差异，相当准确而富有诗意。阜阳地区位于我国中部的淮河流域。从地图上观察，淮河正如我国大陆版图的一条中位线，处于不南不北、亦南亦北的位置上。这里气候不干不湿，风调雨顺，物产丰富，民风淳厚，有南北之长而无南北之短。民谚有云：“走千走万，不如淮河两岸。”所言极是。

据文献记载，淮河流域的原住民是古老的淮夷部落。由于民族融合和战乱等原因，淮夷部落的后裔留居和迁徙情况已无从考稽；每当改朝换代或南北割据时期，阜阳地区又都是兵家必争之地，百姓大量死亡或迁徙。现居阜阳地区的百姓，大多数是明清两代由山西和山东等地迁入的；由南方如江西等地北迁至阜阳地区的情况也存在；更兼阜阳处于华北民俗区的南缘，又与华中民俗区的北部紧邻，这林林总总的地理、历史、文化因素决定了阜阳民风兼具阳刚与阴柔之美，其中以阳刚为主导，二者的组合基本达到理想境界。阜阳人体格高矮适中，纤秾合度；性格不温不火，正直坦诚，以北方人粗犷豪放为主，兼南方人精细婉约之长；处事为人豪爽中不乏智慧，直率中亦有变通；较之南人精细文弱，北人粗犷勇武，阜阳人则刚柔适中，文质并济。孔子曰：“质胜文则野，文胜质则史，文质彬彬，然后君子。”（《论语》）阜阳人具有的理想人格，庶几达到“君子”境界。

阜阳人尚武，民间常有习武之风。喜欢拳术，刀枪，棍棒，举砘子、石锁等武术项目。阜阳民间习武仅为健体防身而绝不招惹是非，其健强的体魄和娴熟的技艺也可在竞技体育运动中一展身手。

阜阳人好客而善饮，待人热情豪爽，真诚坦率，信奉“酒逢知己千杯少，话不投机半句多”，这点在《阜阳民间酒文化》一章中有充分的反映。

二、奋发图强与乐天知命的对立统一

阜阳地区历史上屡遭天灾人祸的侵扰，特别是近代以来，战乱兵匪和水旱虫灾时常发生，几乎年年发洪水，淹没大片村庄与良田，“大雨大灾，小雨小灾，不雨旱灾”。这些因素大大影响了淮河流域社会经济的发展，这里的百姓家庭贫困，生活艰难，然而穷则思变，艰难困苦的生存状态激发了人们发愤图强的精神，这种精神成为阜阳民风中一笔最宝贵的精神财富。阜阳人能吃苦耐劳，具有奋斗精神，其中“就有埋头苦干的人，有拚命硬干的人，有为民请命的人，有舍身求法的人……这就是中国的脊梁”[①]，正如电影《农民工》所表现的那样。同时他们不怕困难、不畏挫折、乐于奉献、无怨无悔，这就是被广为称颂的“王家坝精神”。

正是在这种优良民风的影响和带动之下，历史上不少出身寒微的阜阳人，通过艰苦奋斗在事业上大有作为，甚至为国为民建功立业；现实中不少农民工通过艰苦奋斗获得了成功，成为有贡献、受尊重的民营企业家。更多的阜阳人通过兢兢业业、踏踏实实的努力工作改变着自己的社会地位，改善着自己和家人的生存状态，同时也推动着阜阳社会经济与文化的繁荣发展。

阜阳地区是道家文化的主要发祥地，老庄思想在这里有重要影响，故阜阳民风中还存在乐天知命、顺其自然的一面。乐天知命与发奋图强对立统一，其中发奋图强是主要方面，乐天知命为恰当补充，这构成了阜阳民风的一大特色。

阜阳地区的平民百姓，自古以来受教育程度及文化修养十分有限，他们对于老庄哲学的具体内涵及高深莫测的思辨精义一般不会有太多的理解和掌握，但对于道家哲学中适情任性、顺其自然的基本精神却普遍认同。

① 《鲁迅全集》第6卷，人民文学出版社2005年版，第122页。

道家哲学主导下的行为风范，影响着一代又一代的阜阳人。阜阳民间流传着一句民谚，“生死由命，富贵在天”，这几乎成为阜阳人的座右铭。所以有些人虽然处境不佳，也会抱着听天由命、不思进取的态度，其人生不免平庸；一些发愤图强者在奋斗过程中也会出现见好就收、小富即安的念头，这对其成就和发展有消极影响。好在乐天知命的思想作为调整人的精神状态的平衡机制的重要因素，既能使苦难中的人得到一定程度的解脱，也可为奋斗中精疲力竭的人提供知难而退、自我调节的机会。同时乐天知命的思想在抑制浮躁心态，消减民间戾气方面有重要意义，可使百姓心态平和，安贫乐道，彼此相处减少矛盾冲突；艰难处境中也能苦中求乐，减少烦恼。总体评价乐天知命观念，是积极意义多于消极作用的，其在构建和谐社会进程中是一种正能量。

三、扶危济困与疾恶如仇的处世态度

阜阳民风淳厚，百姓勤劳善良，更兼经济贫困，生存艰难，切身感受使阜阳人特别富有同情心，对于身处困境中的人乐于伸出援助之手。这种扶危济困的美德在千百年来经济欠发达且经常发生水旱灾害的淮河流域具有特别的积极意义。不管谁家遭遇天灾人祸，远亲近邻甚至素不相识者，都会伸出援救之手给予力所能及的援助。旧时阜阳民间十里八里就会有一座关帝庙，关老爷最讲义气，因而成为民间崇拜的偶像。寺庙里观音菩萨面前香火最盛，因为她大慈大悲，救苦救难；阜阳人对千手观音更是情有独钟，因为她心慈手多，救助的人会更多。当然，对于那些有力不出，游手好闲而致贫困的人也并不同情，因而“救急不救贫”是扶危济困的一条原则。

与扶危济困相辅相成的还有疾恶如仇的处世态度。阜阳人爱憎分明，追求真善美，憎恶假丑恶，对恶人恶行深恶痛绝，人人侧目。阜阳人不仇富，不恨官，但对那些为富不仁者和贪赃枉法的官吏常常表现出极大的义愤，以至口诛笔伐。

阜阳民风中的同情心和正义感，是根植于社会深层的极其宝贵的正能量，是基层社会自我疗救与民间心理健康的保证。扶危济困与疾恶如仇相辅相成的处世态度，是阜阳民风的又一特点，也是值得称颂的又一闪光点。

四、神鬼灵怪与因果报应的思想观念

阜阳民间道教、佛教均有较大影响力，在这两种有神论宗教的影响下，阜阳民间形成了神鬼灵怪与因果报应的思想观念，这构成了阜阳民风的又一个特点。

民间自古相信万物有灵，更兼道教方士称道灵异，张皇鬼神，认为动植物甚至无生物通过“修炼”都可以“成精”并获得特异功能，进而通过“显灵”与人间交流。这些神鬼灵怪若与人为善，则视为神与仙，若加害于人，则列入妖与怪。历史上，由于贫困和愚昧，更兼道教宣传中故意添加一些神秘色彩，阜阳民间不少人迷信神仙灵怪，至今在少数人中还有市场，如有人患病不去医院，乞灵于巫婆神汉的法术，甚至让神仙附体显灵拯救自己。哪里有棵大树相传有了灵圣，哪里有井水据说可以袪邪消灾，百姓们常常趋之若鹜。这应该被看作阜阳民风中迷信消极的一面。

然而道教信仰在民间仍有积极意义。民间认为，天上人间的最高神被称为“老天爷”（玉皇大帝），是天地神灵中的最高权威。阜阳民间老百姓有一句口头禅：“不凭良心，老天爷看着哩！”意思是无论做什么事总有天地神灵在监视着你，因而做事要凭良心，否则就要受到应有的惩罚。“头上三尺有神明，人在做，天在看”是阜阳民间的信条；“恶有恶报，善有善报”被民间奉为金科玉律，这些都有助于构筑阜阳人立身处世的道德底线。

“因果报应”观念主要来自佛教思想，与道教中天地神灵信仰相融合，构成阜阳民风中坚持道德与良心，防范做亏心事的一条心理防线。尽管在现实生活中“恶有恶报，善有善报”通常是难以兑现的，即使兑现也与人们的期望大相径庭，但是“不是不报，时候未到”，人们仍然相信因果报应终会到来。那么，执行这种“因果报应”的权威力量在何处，那就是“全知全能、无所不在的天地神灵”。

阜阳民风的其他方面，如人们的穿着打扮、风格气度、审美爱好等，与华北民俗文化区大同小异，此处不再赘述。

第三节 阜阳民俗的基本特点

民俗在民风中处于基础层面，是民风最重要的表现，而且可操作性强，总以某种行为方式表现出来。阜阳民俗的基本特点主要有以下三个方面。

一是以汉族民俗为主体，也存在回族等少数民族民俗支系。

阜阳位于淮河流域，紧邻中原，自古就是汉民族的聚居地，历史上数次大规模移民也主要来自北方，因而阜阳市民俗在全市各县市区民俗中占据着主体地位，各种民俗都有汉民族传统文化的烙印。本章各节具体描述的各种民俗主要是汉民族的习俗。

回族是阜阳市居民人数仅次于汉族的少数民族，而且聚居地相对集中，如阜阳市区东关、阜南县中岗镇、颍东区口孜镇以及界首城区等地均有大量回民居住生活。回民信奉伊斯兰教，其民俗从饮食起居、生死婚嫁到年节名称和具体过法都与汉民族各种礼俗有显著区别。饮食上回民不吃猪肉，以牛羊肉为主；开斋节、宰牲节等是他们的重要节日。值得注意的是，由于长期与汉民族杂居共处，回民在日常生活中也受到汉族习俗的一定影响，这是民族融合与各民族和谐共处的表现。

二是民俗与神鬼信仰、民间礼乐密切相关。

尽管民间习俗丰富多彩、五花八门，深究其文化底蕴，则往往与民间古老的神鬼信仰密切相关，并通过民间礼节和音乐加以表现，如结婚要拜天地；过年要祭灶神、敬老天爷、供财神；社日祭祀土地神；清明节上坟、祭奠先人；端阳节纪念屈原；元宵节、八月十五拜月神等。各种民俗在操作过程中，人们无一例外地通过实施某种礼节表示信仰的虔诚和对神灵的敬重。礼乐的庄重神秘及等级森严与千百年宗法制度相结合，成为各种民俗理想的表现形式。与此同时，人们往往通过民间音乐的演奏，如敲锣打鼓，燃放爆竹，吹拉弹唱和各种演艺活动，在娱神的同时收到娱人的效果。当然，随着社会的发展，神灵信仰的色彩逐渐淡化，娱人的因素不断加强，但是民间一些习俗至今仍带有迷信色彩。可以说民间信仰是民俗的灵魂，而民间音乐与礼节则是民俗文化的主要表现形式。

三是共同性与差异性同在，继承性与变异性统一。

从历史上某一时期作横向考查，阜阳民俗既有共同性，又有差异性。其共同性不仅在同一地区同一民族之内，不同地区、不同民族之间民俗也表现出共同性。其原因在于阜阳市八个县市区汉民族、汉文化占主导地位，且相互毗连，面积有限；地处平原，交通便利，所以各县市区民俗大同小异；回、汉等民族长期杂居共处，潜移默化，致使各民族习俗也有一定的共同性。然而“十里不同俗，百里改规矩”，各地民俗的差异性是同时存在的。

从历史发展作纵向考查，阜阳民俗又表现出继承性与变异性的统一。民俗是人们在长期共同生活中逐渐形成的，所谓“相延成风，相袭成俗”。一旦形成即具有一定的稳定性，其中的原因是不难理解的：任何一种民俗的形成都要有特定的地理、历史、文化乃至技术条件作基础，在大致相同的基础上，往往形成大致相同的民俗；只要这些基础基本不变，则这些民俗也会保持相对稳定。从秦汉到新中国成立之前，地处淮北平原的阜阳市均以农耕为主，百姓在封建宗法制度下生活，直至改革开放之前，形成阜阳民俗的基础都未有根本改变，其民俗的主要方面也世代相传，因而阜阳民俗具有一定的继承性和稳定性。

然而阜阳民俗的变异性也是显而易见的。历史上民俗的逐渐变异不言而喻，但由于资料缺乏无法具体描述，新中国成立之后的阜阳民俗变异情况则比较容易把握。20 世纪 50 年代以后，特别是“文化大革命”期间，多次以行政命令推行的“破旧立新，移风易俗”，对传统民俗造成了较大的冲击和影响；改革开放以来，人们的衣食住行等日常生活的方方面面都发生了根本变化，阜阳民俗也随之发生了明显的变异，如服饰的样式与风格、饮食的结构与习惯、房屋的结构与样式等，无不融入现代化的潮流中，各种现代文化和科学技术大量渗入人的日常生活，这些因素决定性地改变着阜阳的民风与民俗。如果说“文化大革命”对民俗的冲击是外科手术似的、是表层的，“文化大革命”结束后很多传统民俗又在民间逐渐恢复；那么，改革开放以来，因决定民俗的各种条件有了根本改变，形成新的民俗的新的因素不断增长，真正移风易俗的时代正在到来。

阜阳民俗中还存在一些陋习，如撅姑爷、骂奶奶、摙嘴子（说荤笑话讥讽对方）、抬闲杠等，都是需要摒弃的。

第二章 阜阳民间年节文化

世界上每个国家和民族都有自己的节日。节日是一个民族的文化和历史遗产。历史在变化，节日却长存。把一年分为平日和节日，这是所有民族共同的文化特征。“没有节日的生活，就如同一条没有客栈的漫漫长路。”（德谟克利特语）我国民间的传统节日不仅为数众多，而且文化内涵十分丰富，并体现了鲜明的中国特色。一般而言，节日可分为官方节日、民间节日、宗教节日、国际节日和职业节日等。这里主要谈阜阳民间的传统节日，并且重点描述民间传统节日的具体过法，在叙述之中展现阜阳地区原汁原味原生态的民俗文化。

我国大部分地区属于地球的北温带，是典型的季风气候，四季分明，适合农作物生长，于是农耕文明便在我国较早地发展起来，自周秦至明清历久不衰。我国的传统节日往往起源于农耕文化，与二十四节气密切相关。农作物生长的天然周期以及与其密切相关的春种、夏长、秋收、冬藏，使农民的生活与劳作有了明显的节律性。就在一年中农民生活与劳作的某一节点上，形成了最初的节日。加之先民们万物有灵的信仰，在生产力低下的情况下，祈求天地神灵为百姓祛灾赐福，保佑风调雨顺、年年丰收。农耕文化与民间信仰的融合便产生了年节文化。在社会发展过程中，某些历史人物或历史事件又与某个节日发生了联系，如介子推之与寒食节（清明节），屈原之与端午节，又为传统节日增加了历史文化内涵。在约定俗成之后，民间过节又形成了相对固定的程式化的过法，体现了鲜明的民俗文化。因而，民间的年节文化内涵十分丰富，其中包含着农耕文化、民间信仰、历史文化、民俗文化等方面。

谚曰“十里不同俗，百里改规矩”。阜阳地区方圆数百里，各县市乡镇老百姓过节的习俗也略有不同，这里叙述的是一般过法，不涉及细微差别。

第一节　全年最重要的节日——春节（农历新年）

一元复始，万象更新。一年的所有节日之中，春节是其中最大和最重要的节日。

春节起源于殷商时期的祭神祭祀活动，历史非常悠久。按照我国农历，正月初一为元日、元旦、元辰、元正、元朔。宋代《梦粱录》称，“正月朔日，谓之元旦，俗呼为新年”。从民国时期开始，改用公历，公历的一月一日称为元旦（阳历年），农历的一月一日称为春节（阴历年）。

春节是汉族最隆重的节日，其他少数民族也有过春节的习俗，只是过节的形式与汉族有所不同。

传统意义上的春节应是一个节日群，从腊月初八的腊八节这天或腊月二十三的祭灶开始，一直延续到正月十五元宵节之后，春节（新年）才算过完，其中以除夕和正月初一为节庆高潮，元宵节则为春节画上一个热烈而喜庆的句号。为行文方便，这里把腊八、祭灶、除夕、过年直至元宵节等节庆活动都写在春节这个节日群里。

一、腊八

农历腊月初八日民间称为腊八，过了腊八节，年就要到来了，民间谚云“吃了腊八饭，就把年来办”。古代农历十二月要腊祭，祭祀祖先、百神，故称农历十二月为腊月。腊的本义为干肉，用干肉作为祭品，进行祭祀活动，称为腊祭。腊八节起源于佛教故事，过腊八要吃腊八粥，和腊祭联系不紧。据传农历十二月八日为佛之生日，宋代以此日为浴佛日。到了这天，寺庙举行浴佛会，煮七宝五味粥招待门徒。习俗传至民间，普通人家也以大米或小米配果品、花生、红枣、赤豆、莲子等煮粥，称为腊八粥，不仅自家食用，还要供佛斋僧。到了后来，腊八粥由可以斋僧的甜食素食，逐渐变成了适合大众口味的咸味粥，做粥的选料较为随便，常见的有葱姜豆腐粥、粉丝青菜粥、鸡蛋肉丝粥等。即使是较为贫穷的人家到了这天也要把提前准备好的大米菜肉等，煮成喷香的主食享用。吃了这顿饭，就意味着年节将至，家家户户开始置办年货，淘麦磨面，腌制腊肉风鸡，缝制新衣鞋袜（过去袜子要另加缝袜底子，也有全用布缝制的），欢乐祥和的气氛伴随着人们忙碌的身影，越来越浓。

这时，住在亲戚家的人们纷纷回到自己家中忙活，不能再在亲戚家久住下去。做母亲的会告诉出嫁住娘家的女儿：“都过腊八了，快回去拾掇拾掇吧，别到年根下啥都没办。”即使母亲不这样提醒女儿，婆婆家也会捎信或来人接回去，这已经成了腊八的一条规矩。

二、祭灶

农历腊月二十三、二十四两天为祭灶日，流行说法是“君祭三，民祭四”，如刘、赵、李、钱等姓氏的人家，不管现在是官是民，是贫是富，都在二十三祭灶，因为这些姓氏的人家在历史上都有人做过皇帝；其他姓氏的人家则在二十四祭灶。由于时代变迁，或传承不一，也偶有特例，不遵守“君三民四”的惯例，甚至今年祭三，明年祭四，随着左邻右舍凑热闹，缺少对传统习俗的敬畏之心。

民以食为天，每日三餐至关重要。古人认为，上有天帝，下有灶神，天帝主管世界，灶神福佑全家，称为“一家之主”。过去老百姓挂在厨房里的灶神像，一边是灶爷，一边是灶奶奶，人们对灶神十分尊敬。到了祭灶这天，人们一大早就开始打扫厨房的卫生，清洗碗碟，擦拭锅台炉灶，有的人家还要用石灰把锅台重新泥抹一遍，把屋子房箔上的蛛网灰嘟噜清扫下来，把锅门前的碎柴积尘清除掉，把院子里的杂物收拾起来，拾掇得整整齐齐、干干净净。在人们的心中，尘与陈同音，清扫尘土就意味着“除旧布新”，希望把一切穷愁晦气统统扫出门去，迎来吉祥如意的明天。

做好晚饭之后，开始举行祭灶仪式，先在厨房炉灶前面摆好供桌，在果盘里放上糖果和其他糕点，然后点着一炷香，恭敬地上在香炉里。准备好之后，就在厨房门外院子里燃放鞭炮，待鞭炮响过之后，回到厨房面向锅门前的香炉，给老灶爷磕头，口中念念有词，求老灶爷“上天言好事，下界保平安”。供桌上摆放的供品，以麦芽糖为最好，用意是麦芽糖很黏，老灶爷吃了麦芽糖，到天上“汇报工作”时就不会说对自家不利的话语。老百姓心目中的灶爷是一位重感情的神灵，遇到需要处理的事情，也会“大事化小，小事化了”。信奉灶爷的人，虽然心存侥幸，但毕竟对神灵怀有几分敬畏，有了这种敬畏之心，平日为人处世自然会谨慎一些，不至于毫无顾忌。

祭灶之后，到除夕之前的几天中，要准备好过年的所有用品和食物，请香烛买鞭炮，写（买）春联，扎彩门的纸花，备烟酒，购果品等，赶集上店，忙个不停。过年有个规矩，凡是自家能做的，就不去买。哪天做啥还有个说法，叫做“二十三，把糖粘；二十四，酵子制；二十五，做豆腐；二十六，买鱼肉；二十七，宰肥鸡；二十八，白面发；二十九，炸满篓；年三十，菜上盆”。过去，糕点、米酵、豆腐、蒸馍、馓子、麻叶、圆子，一般都是自己做，体现了小农经济的特点。年三十之前，把年后待客的鸡、鱼、肉等大菜做熟，放到盆子里盛着，年后不能动刀做菜，招待客人时，把做好的菜肴舀出来热一热就可以上桌成席了。

三、除夕

十二月最后一日之夜为除夕，除夕俗称年三十。如遇到十二月为小月，就有二十九算三十之说。除夕的“除”字，意思是过去，“义谓旧岁至此夕而除，明日即另换新岁也”（《辞海》）。

除夕这天中午，要准备好一顿丰盛的饭菜，大人小孩都要吃饱，名曰“填仓”，意思是把粮仓填满了，明年就会有好收成，就会有饱饭吃，就会心宽体胖，不受饥寒。

除夕这天下午，要把春联贴好。习惯上先贴堂屋，再贴厨房、厢房，最后贴过道、牛栏、猪圈、水缸、粮囤。这样由里向外的张贴顺序，符合儒家修身齐家的精神。另外，贴春联从内容到形式都很讲究，门联的大小长短要和房门配合协调，不能过大也不能过小，过去私塾先生教学生贴春联的要求是“上留天，下留地，中线不偏离”，意思是不要贴得过高过低，对联的垂直中线要和门的垂直中线相一致，不能偏斜。刷糨糊也有要求，叫“糊纸不糊门”，要把糨糊均匀地刷在纸上，不能刷在门上，才能保证贴得平整不皱，风吹日晒不卷边不翘角。刷子以新买的为好，不能用旧牙刷、鞋刷，要避免不洁之物。

门联的字体要规范，大小要基本一致，墨色要润泽，不浓不淡，不燥不流，尤其不能有错别字，不能贴反，否则将被视为大不吉利。贴上之后，不能让小孩在上面乱画乱抹，要保持整洁。一些老人认为，在门联上乱写，意味着欠人家的钱。

选择对文要审慎，对文要与房屋的“身份”、品位相符。大门联要选“德门集庆，仁宅迎祥”“门迎紫气，路得青云”一类的内容；厅堂联要选择“高堂日永，绮阁春生”“庭宇有喜，华堂聚和”一类的内容；内室联要选择“月影窗前静，琴声雨后清”“松柏老而健，芝兰清且香”一类的内容；书房联要选择“书山觅宝，学海泛舟”“胸中波澜，笔底风雷”一类的内容；厨房联要选择“入厨先净手，上案莫多言”“寻常无异味，鲜洁即家珍”一类的内容；后门联要选择“积德前程大，存仁后步宽”“太平居有后，安乐福无涯”一类的内容；楼阁联要选择“楼台接天色，琴韵和鸟声”“江城如画里，楼阁入云中”一类的内容；别墅联要选择“柳塘春水漫，花坞夕阳迟”“山幽世事少，室小古书多”一类的内容；园林联要选择“园静花留客，林深鸟唤人”“横琴弹流水，倚栏听鸣泉”一类的内容。

另外，机关学校、祠堂庙宇、行业店铺类的对联，亦各有特色，要与普通百姓家的对联内容有所区别。

颜色也有讲究，如果谁家有老人过世，当年只贴黄表纸（火纸），纸上不写字；第二年贴绿色对联；第三年贴蓝色对联，含守孝三年之意。过了三年，恢复正常，贴大红对联。

对联贴好之后，还要插摇钱树和节节高。有的地方把带枝叶的整棵青竹插在门前地上，有的把芝麻秆夹上黄表纸（黄表纸从一端剪成三条，把中间一条夹在芝麻秆上），插在门前路旁、柴垛上，名曰“散祟秆”，去除邪祟，寓意美好。摇钱树、节节高插好之后，已到傍晚甚至掌灯时分，要抓紧时间把屋里屋外清扫一遍，把水缸加满水，放上一棵带根的青菜漂浮在水面上，表示“绿水长流”之意。同时还要把供桌、香炉准备好，把大红灯笼挂在大门两旁，把明早接年用的整瓶酒、红筷、酒盅、汤碗存放在一处。

等晚饭做好之后，大人小孩都要回到院子里，举行“辞岁”仪式。先点上香，再放鞭炮，鞭炮响过之后，点黄表纸三张；长辈带着晚辈向神灵磕头敬礼，感谢一年来神灵的福佑，向过去的一年“告辞”，希望来年运气更好。辞岁之后才能吃饭，吃饭之后，就开始守岁。

除夕守岁，习俗已久，“除夕士庶之家，围炉而坐，达旦不寐，谓之守岁”（《东京梦华录》）。从守岁开始，大人小孩都要心怀敬畏，说话做事要得体，要说吉祥话，要营造祥和的气氛，不能有污言秽语，不能骂人咒人，不能撵猪打狗，不能打碎碗碟，不能动剪用刀，不能再到井（河）里提水，否则，将意味着来年不吉利。

守岁开始，老年人在屋里点燃事先放在火盆火炉上的柴火，撒上一些松枝柏叶，热气腾腾，香烟缭绕，小孩子们端出花生、瓜子、糖果等食物，大家一边慢慢品尝，一边听老人讲故事，故事内容一般是过年过节的规矩，处人处事的经验，本家族先辈名人的事迹以及一些宗教传说，当地的风俗习惯，积德行善等。老人讲故事，小孩子们都会用心听，在不知不觉中学到不少东西。老人讲了一段，还会让小孩子唱儿歌、背背书、猜猜谜语，气氛和谐，其乐融融。深夜子时（晚上 11 点到凌晨 1 点），老人还会给小孩一些崭新的压岁钱，意思是小孩年幼体弱，自卫能力不强，要用压岁钱压住年岁，防避邪祟侵扰，才能够平平安安，健康成长。也有的地方，压岁钱是正月初一接年之后再给。

关于守岁的来历，有不同的传说。一种传说是远古时期，有一种独角兽叫“年”，生性凶残，形象可怖，喜食飞禽走兽，甚至吃人。每到除夕就窜到民间掠食咬人，但它最怕火光、红色和声响，人们为了不受年兽的伤害，到了这天就穿红衣、贴红纸、点红灯、生红火、放鞭炮、烧香祈祷，一家人关上门，围聚在一起，彻夜不眠。这种习俗流传下来就叫“守岁”。还有一种解释是，“谷熟为年”，（年字从禾，千声），守岁是为了祭祀谷神，守住财气，希望明年五谷丰登，有更好的收成。

四、接年

辞岁之后，新年随即到来。正月初一凌晨，家家户户都要接年。接年是过年最重要的仪式。首先是开门，家里的男主人不声不响地起床，穿好过年的衣服，轻轻打开房门，在门前的院子里，放响三声开门炮，第一炮放响之后，向前走两步，放响第二炮，再向前走两步，放响第三炮（如果哪一炮没放响，补上一炮）。开门炮个头很大，俗称大锥子，捻子（引信）很长，不能拿在手里点燃，要放在地上点着。如果谁不小心，被开门炮炸伤手，或被炮炸起的泥沙迷住眼，将被认为是大不吉利。随着三声开门炮的震响，屋里的其他人也接着起来，如果哪个小孩没睡醒，可用手轻轻地晃一下，不能大声喊他的名字，能自己听到动静起床的小孩被认为机灵、聪明。带幼儿的妇女不用起床，妇女和幼儿的床头上要事先放两个插上纸花的蒸馍，表示蒸蒸日上。如果幼儿醒了，就在被窝里轻声慢语对他说些“宝儿睡，宝儿乖，宝儿长大好当官；宝儿睡，宝儿笑，宝儿起早上学校”

之类的表示心愿的话语和儿歌。

开门炮放过之后，主人到厨房烧热水洗脸净手，小孩子们跟着洗脸净手。洗漱好之后，开始煮“恭面汤”——素馅小扁食。煮好之后，把恭面汤盛到小汤碗里，每碗放三个扁食，加半碗汤，双手端两碗放到院子中间的供桌上。同时让别人放上两个酒盅、两把汤勺、两双新红筷子、两个点红点的热蒸馍，然后斟满酒，点上一对红色大蜡烛。堂屋、厨房、阁楼等住人的房屋也照此办理。各处供品上好之后，开始点香、上香、挂鞭炮。在屋里烧的香，一般都是可以用手拿动的，用双手握住香把的中下部，横提起来，在蜡烛上点着，然后放入香炉中间，不能放偏，不能放歪。如果是线香，要插上三根、六根或九根，要排匀，左右对称、高低一致。放在院子中间烧的大香，一般有三斤、五斤、十斤、二十斤、三十斤、五十斤、一百斤。十斤重以上的大香，要平放在地上，用点着的小香把或木炭火在香顶上慢慢点燃，点燃的时候，注意不能把扎香的红带（绳）烧断，要把顶上每一根细香都点着，这样才能把下面一蓬一蓬的香点着，不至于截火（灭掉）。烧香截火被认不吉利，是神灵不受香火，要重新磕头、致礼，再细心点着。一直红红火火，香烟缭绕，象征着吉祥如意，诸事顺顺当当。焚香的习俗起源于道教，后世拜佛也同样以焚香表敬意。按道教的说法，燃三炷香代表“尊三清，三阳启泰”之意。三清就是上清——灵宝天尊，玉清——元始天尊，太清——道德天尊，三位天尊是道教最高之神。燃香的目的除了表达对神明的敬意之外，香也被认为是降神的灵物，信徒通过袅袅的香烟，可以通达神界与神明沟通。俗话说“无香不通神”，焚香是敬神、迎神的重要程序。

上好香之后，把鞭炮挂在大门外。如果是很长的鞭炮，竹竿挑不起来，就把鞭炮一圈一圈地绕在横绳上，每圈大小一致，不能离得太近，避免被前一圈鞭炮炸断。挂好之后，从离大门近的一端点着，由里向外，依次炸响，前面是单鞭（一股），后面是双鞭（两股）、大锥子，越放越响，欢迎神灵到来，降福人间。

鞭炮响完之后，长辈带领晚辈依次到供桌前磕头行礼。长辈口中念念有词，感谢神灵以往的护佑，并许下自己的心愿，希望在新的一年里，阖家平安、幸福。行礼结束，长辈回到屋里，端出花生、糖果、麻叶等食物，大家一起品尝。小孩子们大都抓一把吃的放兜里，边吃边跑到大门外拾鞭炮。无论大人小孩，起来接过年之后，都不能再睡。老人在屋里烤火取暖，小孩子们在一起玩，把拾到的鞭炮数来数去，比比谁拾得多，谁拾得大，欢声笑语不绝于耳。

待到天刚刚亮的时候，老人们慢慢走到院子当中的香案前，看看香烟和烛火，确定一下风向。“风刮佛爷面，有粮也不贱；风刮佛爷背，有粮也不贵”，意思是说，刮南风，庄稼减产，粮食要涨价；刮北风，预示着好年景，粮价下跌。看过风向之后，再细细观看一下供面汤碗的扁食，如果露在上面的扁食皮发干，预示今年降水不多，会有旱情；如果扁食皮被水浸透，湿漉漉的，预示着今年雨水多，庄稼可能受淹。上述做法能否预报一年天气的大概情况，这个很难说清，只是祖辈相传下来，老百姓都习惯这样看、这样说。

天明以后，接年的鞭炮声渐渐稀疏，只有少数一些遭遇困难，或家有不顺之事的人家才在这时接年。鞭也不长，香也不大，好像在向神灵述说心中的苦闷，求得神灵的谅解与垂怜。

五、过大年

到了平日吃早饭的时候，各家的主妇们早已煮好一锅又甜又香的“元宵醉子茶”，馏好热腾腾的白蒸馍，等待大人小孩来享用这新年头一顿美餐。懂事的媳妇们，总是先给公婆盛好，双手端着递到他们手里，轻轻一笑，“趁热吃吧”。老人们品尝了一口，说声“好甜啊，叫孩子们都来吃吧”，大家开始吃饭，并说些吉祥如意的话语。

吃过早饭，本家族的人开始相互拜年，只要同姓没出五服，晚辈向长辈拜年，都要家家走到。“能卯一村不卯一家”，不管贫富，不管官民，只要辈分稍长，就要走到人家堂屋当门，鞠躬行礼，嘴里“老太，老伯，几娘几婶”地叫着，再加上一句“来给您老拜年啦”。受拜的人家子弟连忙起身让座，用香烟果点招待，并询问对方老人身体情况，表示祝福。相互拜年，要在上午进行完毕，过了午时，就不能再行拜年，取喜气上升之意。

初一这一天的规矩很多，不能动刀切菜劈柴，因为柴、菜与财谐音，劈柴有破财的意思；不能喝稀饭，喝稀饭容易糊地（雨天积水不渗，把庄稼地泡成泥糊，沤烂根苗）；不能向外倒洗碗水，怕肥水流失；不能吵架、打骂小孩；上午半天家长不能躺在床上休息，怕以后高粱玉米等庄稼倒伏；不能扫地、倒垃圾，如果屋里花生、瓜子壳之类的东西太多，只能轻轻扫到门后边；不能随便泼洒洗脸、刷牙水（要用专门的水桶存留），尤其不可向当年的太岁方向泼洒。

过了正月初一，亲戚之间开始相互拜年。一般情况，正月初二，女儿回娘家拜年，小孩给外公外婆舅父拜年；正月初三，小孩给姑家、姨家拜年；初三以后直到正月十五之前，按亲疏远近，亲戚朋友之间互相探亲走动的一直不断。拜年不能空手，要带上些糕点水果之类的礼物。女儿回娘家，带的礼物较多，烟、酒、鱼、肉、蒸馍、馓子等都有，同时还要带些鞭炮、火纸，留给先人上坟。上坟的纸钱鞭炮不能和食品放在一起带到娘家堂屋里，只能放在大门旁的窗台、墙头或地上，以示阴阳有别。

相互拜年，只要有客人来，主人家就要设宴招待。入座前要让客人净手，净手之后让座。筵席的座次很有讲究，以门朝南的堂屋为例，方桌（八仙桌）北面为上座，东面次之，西面再次之，南面最次。如果尊长入席，坐北面，面对门；如果是平辈客人，坐东面，面向西；陪客坐西面，面向东。如果无尊长入席，客人又不多，可以虚上座，陪客与客人东西两边对坐。餐具的摆放也有要求，筷子放中间，筷头向里，两根靠在一起，外面与桌边平齐；酒盅放筷子左边，汤勺放筷子右边。每用过一次后还要放下，不能拿着筷子不丢。夹菜要从碗碟边上开始，不能乱搅乱翻；喝汤要慢一点，不要吸溜吸溜发出响声来。骨头、鱼刺等不要乱吐，要放在小盘或桌角上，便于倒掉。如果桌子下有猫、狗，也不能大声叱骂、驱赶。喝酒与平时不同，不能过量，不能大声喧哗，不能讲低俗的话。

宴会结束，客人要早点告辞，“客去主人安”，老年人常这样教导晚辈。

客人离去，主人家要有人送行，如果带小孩一道拜年，要给小孩子压岁钱；如果人家带有礼物，要回礼，不能留完。回礼又叫回筐，不拘多少，心到人知。如果人家执意不带，也要把话讲到，叫作“礼多人不怪”。如果是自家的女儿，就不必这样客气，可以把一些适合老年人口味的食品捎给女儿公婆“尝尝”，这其实是教育女儿要孝敬公婆。

以上介绍的是从正月初二到正月十五之前，普通人家相互拜年的规矩。

据传说，家禽家畜也要过节，正月初一为鸡日，二日为狗日，三日为猪日，四日为羊日，五日为牛日，六日为马日，七日为人日。到了某天，就要给某一饲养物放假，送点好的食物犒劳。比如初一为鸡日，鸡可以不下架不打鸣；初五为牛日，就不能让牛拉车、推磨。为了让人爱护家禽家畜，把人日放在最后边。到了这天，人们除做饭之外，就不要干其他力气活。现在一般人家在这几天总是要拿些蒸馍、馓子、米饭，给这些伙伴食用，希望它们与主人和睦共处，“知恩图报”。

六、送年

阜阳一带农村，正月初一早晨接年，正月初三早晨还要送年。送年的仪式比较简单，主人天亮时起床，洗脸净手之后，拿一挂鞭炮、一叠黄表纸到门外大路口与年前插上的芝麻秆（散祟秆）一齐燃放，面向正南方，磕头鞠躬致礼，“祭神如神在”，把“年神”送回天庭之后，就可以像平时一样营生了。

送年之后，要举行开井取水仪式。上面讲过，年三十下午贴春联，井也要贴上有“水泉四海”“川流不息”这些文字的春联，当晚封井不用。到了正月初三，要先在井边放炮点香，然后开井取水，如果到河里担水，也要放炮点香，然后提桶取水。值得注意的是，井水河泉等可以饮用的净水，一般只供人畜饮用，而洗衣、沤麻、和泥、浇地等大都使用沟、塘、池水，节水意识传沿已久。直到新中国成立初期，在城镇街道，担水叫卖的人走街串巷到处可见。一般人家备有两口水缸，一缸存甜水，一缸存苦水（城中老井水），各有用途。谁家主妇如果用甜水淘米洗菜，将会被认为不会过日子，“穷烧”。

在有些地方，正月初五称为“破五”。这天不能动刀剪，不能下地干活，须处处小心谨慎，不能打破碗碟。早晨或晚上要烧香，放鞭炮，求神灵保佑平安顺利。初五这天一般不走亲访友，不出门远行，做生意的不购进和卖出大批货物等。

有些地方初八不能推磨，忌讳“初八磨八方”；初十不能接触石头，说是“初十石头疯”。

七、元宵节

元宵节可以看作春节的附属节日，也可作为一个独立的节日。农历正月十五为元宵节，又叫上元节，上元节晚上称元夜。欧阳修《生查子·元夕》：“去年元夜时，花市灯如昼。”元宵节是春节以后最重要的节日。老百姓过节时常说“正月十五大似年”，闹花灯、放烟火、吃元宵（汤圆），必不可少。

正月初十以后，人们就开始准备过元宵节，买彩纸，买鞭炮烟花，买红糖，买米面，买甜醇，忙得不亦乐乎。扎灯笼纸花的手工艺人，用长竹竿挑着一串串的各色灯笼沿街叫卖，做烟花的手工艺人在街旁路边铺上油布，放上像甜瓜一般大小的泥制花筒和一把一把的“起花”“天鹅下蛋”“钻天炮”等烟花，供人们选购。田间小路上赶集的人络绎不绝，大街小巷熙熙攘攘，挤满了大人小孩，“闺女要花儿要炮，媳妇要个红灯照。老头要个耳挖子，老婆要个簪叉子”。买的喜欢，卖的高兴，一派升平气象。

人们注意节俭，凡是能省的就省。小孩子把灯笼买回之后，老人还要动手给灯笼做个系子和底托。系子有用旧铁丝的，也有用细竹篾的。底托用小木板锯成，中间钉上竹签，准备插蜡烛。也有用去年留下的旧灯笼框重新糊上彩纸，剪上金鱼、蝴蝶等粘在上面。也有用秫秸秆自己扎制灯笼的，五角灯、六面灯、八仙灯、跑马灯，应有尽有。民间的能人很多，姑娘们把买回的彩纸剪成各式各样的窗花贴在屋里，把两面染色的红纸做成绣球挂在门口，把剪下的碎纸制成小花插在常青树上，她们边做边哼小曲，不时有笑声传出窗外。主妇们也忙个不停，有的在门外用石碓把淘好的糯米舂成米粉，有的把风干的猪肉、咸鱼拿到井边冲洗，有的提着篮子到园子里去挖蒜苗、香菜，节日气氛越来越浓。

到了正月十三晚上，开始“试灯”。天还没有黑透，各家大门上的红灯已经点亮，小孩子们打着灯笼从各自的家门出来，嘴里喊着“灯笼辉，三人一小堆；灯笼亮，比比谁敢晃……”打灯笼的孩子们越聚越多，各色灯笼随着人影晃来晃去，形成一条舞动的长龙，在村边街头穿行，玩了一会，家长们出来喊孩子们回去吃饭，“别把蜡点完了，明天再玩吧”。孩子们一边评说着谁的灯笼亮，谁的灯笼花，一边向家里走去。有谁一不小心，把灯笼“忽隆”（烧着）了，提着灯笼框回到家里闹个不停，大人们安慰说，“怕啥，明儿再糊个好看的”，并没有怎样责骂小孩，这时都记住了老人的教导，“过年过节不兴打骂孩子”。

正月十四开始上灯（开灯）。各家各户都把自己准备的灯笼挂放在合适的地方，公园、庙宇等处的元宵灯会也在这天开幕，剪彩扎狮，糊纱为龙，锣鼓喧天，鞭炮齐鸣，烟火腾空，烛影辉煌，人头攒动，千灯竞明。有象征连年有余的金鱼灯，有象征吉祥的富贵牡丹灯，有象征夫唱妇随的鸳鸯比翼灯，有象征婚姻美满的龙凤呈祥灯，有象征金玉满堂的麒麟送子灯，有象征人丁兴旺的百子嬉戏灯，有象征财源茂盛的摇钱聚宝灯，有象征爱情坚贞的织女牛郎灯，有象征福寿如意的福禄寿喜灯，另外还有飞禽走兽灯、虫鱼蜂蝶灯、亭台楼阁灯、山水书画灯，千姿百态，争奇斗艳。

正月十五为正灯节。家家户户要在这天晚上放鞭炮、点烟花、烧香、致礼、吃元宵。元宵作为食品，又叫汤圆、汤团。据说宋代民间开始制作这种食品，用果脯做馅，在糯米粉中滚成米圆子，煮熟后吃起来香甜可口。朱淑真有《米圆子》诗称：“轻圆绝胜鸡头肉，滑腻偏宜蟹眼汤。”这种米圆子下锅时先沉后浮，当时又叫“浮圆子”。由于这种食品外形圆润、里边香甜，逐渐被人们选定为元宵节的象征食品，称为元宵圆，象征家人团团圆圆、和和美美，生活热热乎乎、甜甜蜜蜜。元与圆同音，且元字的内涵更为丰富，人们便将圆字省去，称这种食品为元宵。阜阳在宋代为颍州，离首都汴京很近，不少名流都曾在颍州做官游学，可以想见，阜阳民间吃元宵的习俗一定很早，制作方法也应该很多。阜阳做元宵称为“包元宵”，先在糯米粉加入适量的清水，捏成指头大小的小窝窝，里面放不同的馅料，然后把米粉窝窝捏合起来，在手里稍微滚一下，就包成了一颗元宵，用红、白糖做馅（稍微加点面粉，防止糖融化后淌出来）的就是红糖元宵、白糖元宵；糖里加入炒芝麻粉的就叫芝麻元宵；加入炒花生粉的就叫花生元宵；加入熟红芋的就叫红芋元宵；等等。与外地不同的是，民间尚有用红芋面和麦面代替米粉做元宵皮的。红芋面元宵色如巧克力，麦面元宵如蛋黄（稍微加一些熟红芋、熟胡萝卜），煮时在汤中加上米醇，吃起来别有风味。另外尚有大如鸡蛋的四喜元宵、小如花生米的珍珠元宵、不用水煮而用糖炒的糖炒元宵、包入硬币的好运元宵。好运元宵一锅元宵中只有一颗，谁如果吃到，谁就会交上好运。“一人有福，托着满屋”，家中有人交上好运，全家人自然都会感到高兴。

吃过元宵之后，开始“照灯”。拿出灯笼，把昨晚点剩的蜡烛头取下，换上新蜡烛点着，提着灯笼，把屋里屋外，墙角旮旯都照上一遍。以前的蜡烛，多用牛羊油熬制，里面加有桂皮花椒等物，燃烧时，有一种特殊的香气，红光闪闪、灯花莹莹，据说可以添喜气、避害虫，有的地方叫“照蝎子”，有的地方叫“照箱子”。照灯之后，孩子们挑灯出门，聚在一起玩灯。三十几个孩子围成圆圈，提灯转悠，越转越快，叫转马灯；排成长队，举灯时高时低，踏步时快时慢，叫游龙灯；游龙之后，分作两队，相对站立，一声“开步走——”，抬脚向前，两队靠近，击掌三声，擦肩而过，继续前进几步，一声“向后转——”，两队重新相对，再重复前面的动作玩下去，这叫对阵灯。孩子们玩法很多，各有各的名堂。

元宵之夜是欢乐的时光，小孩子们玩灯，大孩子们放烟花，小伙子和姑娘们早到举行灯会的地方观灯观人去了。

第二节　春季的节日

一、打春（立春）

立春是二十四节气之一，是农历新年的第一个节气。老百姓很重视这个节气，把它作为农历新年的正式开始。民间推算小孩子的属相，以立春为准。如果立春在春节之后，比如正月初十立春，正月初九生的小孩算上一年的属相，初十立春（比如十时十分交节）以后出生的小孩，算当年的属相。前一日为子鼠，后一日即为丑牛。不能认为这个孩子在春节以后出生，就算今年的属相。推算月份也是如此，若正月初十立春，则二月初十以前生的孩子仍算是正月出生，不能算作二月出生。其余月份类推。这些虽是命相学上的规定，但是老百姓都世代遵从。

到了打春这天，老百姓要把事先缝制好的红公鸡（很小，三寸长左右）缀在小孩的帽子上，取“金鸡报春，增岁添福”之意，告诉小孩“打春了，又长一岁啊”。有耕牛的人家，要把蓝靛抹在牛角上，取“蓝天（谐音）春风暖，青牛不用赶”之意。蓝靛是农民自制的染料，有清热解毒避瘟气的药效，据说给耕牛抹上蓝靛，清爽之气可以使牛少生疾疫，饮食大增，为迎接繁忙的春耕做好准备。老百姓对“春打五九尾”还是“春打六九头”也有自己的说法，从交九那天算起，五九四十五天打春，叫春打五九尾；四十六天打春叫春打六九头。谚云“春打五九尾，家家卖老米（意为丰年）；春打六九头，家家卖老牛（意为贱年）”。今天看来不一定有科学道理。

二、二月二

农历二月二，也是个小节日，“二月二，炒香豆，炒得小虫不鼓弄（动弹之意）”。老百姓在这天清晨要把黄豆、黑豆、绿豆、蚕豆等用油炒熟，撒上盐、花椒粉之类的调味品，香酥可口，大人小孩都很喜欢吃，据说炒香豆，可以避虫害，相传已久，不知起于何时。

“二月二，雁门开，闺女挎筐老雁来。”从二月二开始，至清明节之前这段时间，天气渐渐暖和起来，成群的大雁从南方向北方飞回老家，出嫁的女儿见雁思亲，就用好面蒸成大雁和雁蛋（圆形馒头，中间加点粉丝、馓子、葱、姜做馅）送到娘家来，古代婚俗中有纳采送雁的规矩，送老雁应该是古风的延续。送老雁馍时，如双亲都在，送一对老雁和若干个雁蛋；如果只有一个老人在，就送一只老雁和若干个雁蛋。也有同时给爷爷奶奶，叔叔伯伯送上老雁的。老雁仿照大雁的形状，昂首挺胸，用乌豆做眼，两个翅膀合在雁背上，尾巴上翘，刻上羽毛，染上红绿颜色，偶有手巧的闺女，还会用染成红色的面条在雁背上摆成福、寿等字样，稍稍压一下粘合起来，蒸熟以后，像浮雕一样美观。送到娘家，摆放在桌子上，左邻右舍的人来到家中观看、夸奖，放了几天还舍不得吃。孝顺老人，不光要给老人送吃的，还要使老人得到精神的愉悦，这正符合中华民族的孝道精神。

“二月二，龙抬头，正月过后好剃头”，这规矩不知起于何时。正月里不剃头，到了二月才剃头。这里有个讲究，民间认为正月给小孩子剃头，小孩子剃了光头去给舅家拜年，会使舅家贫穷，影响舅家生财，因为小孩子是舅家的外甥，外甥剃头，就是外甥去发，就是“外生不发”，有谐音之虑，会影响舅家在外面发财。俗语说“马无夜草不肥，人无外财不富”，舅家不得外财，怎能不穷呢！当然，这里指的外财，并非意外之财，更不是不义之财，而是指基本收入（如农田收入）之外的进项，如农闲时的养殖、经商、务工等收入都是外财。人们只有在温饱之后得到一些外财，积蓄渐多，自然发财。到了二月里，万物欣欣向荣，老龙抬头，鳞甲飞动，兴云作雨，人们也昂首向前，精神焕发，这时剃头才合乎天时。去掉旧发，换上新发，大吉大利。普通人家，不管大人小孩，男的都要这天剃头，刀手（理发师）按期来到服务村庄，挨家挨户理发，东家设宴相待。

有的地方，有的人家，小男孩特别娇贵，从小留辫子扎上红头绳拖在脑后，到了十二岁，渐渐长大，不能再拖个小辫子像尾巴一样，要举行剃辫子仪式。剃辫子仪式选在二月初二上午举行。吃过早饭，舅、姑、姨、叔等直系亲属和干爹干娘陆续到来，响吹班子奏乐迎宾，大家一起动手，抬几张桌凳，放在一块，铺上红毡条，搭成剃发平台。准备就绪之后，小男孩和理发师同时从东西两面登台，小男孩肩披红巾，理发师臂套红袖，理发师招呼小男孩在方凳上面南坐好之后，慢慢打开工具包，取出扛刀带系在桌撑子上，拿起亮闪闪的新剃刀，在扛刀布上啪啪几擦，面向宾客，放开嗓门唱到：“二月二，大吉祥，贵客盈门喜洋洋；二月二，龙抬头，俺给小子来剃头。”接着用左手提起小辫，唱到：“小小辫子七寸七，剃去长大好娶妻；小小辫子八寸八，剃去上学戴大红花。”来宾和观众一齐鼓掌祝贺，家长上前给理发师送上红包。随后，理发师面向来宾，继续唱到："小小辫子九寸六，快快谢谢他大舅；小小辫子一尺一，快快谢谢他小姨；小小辫子一尺八，快快谢谢他干妈。"每唱一句，用刀沿辫根剃去一点；被点到的亲戚就掏出红包向前放在平台上的礼盘上，同时来宾和家人观众一齐拍手致谢。

理发师非常老练，刚好宾客点完，辫子剃好，然后将小辫交到小男孩手里，自己收起礼盘，春风满面地走下平台休息喝茶。接着，有两人用贴上金箔的大红盆抬来一条鲤鱼放在平台上，从小孩手里接过剃下来的辫子，绕几圈，把辫子上的红头绳拴在鱼尾上。小孩子走下平台，稍事休息，接着进行第二项仪程——放生，把刚才系上辫子的鲤鱼放到河中。一群人列队而行，抬鱼的走在前面，剃下辫子的小孩随后，宾客、响吹班紧跟，慢慢向河边进发。此时，停在河边的小船早已在船边围上一圈红布，船老大坐在船头，听着由远而近的响吹声，随手将两朵红花系在左右两只船桨上，轻轻地调整好彩船角度，把船头紧靠在岸边，抛下铁锚，固定好船位。抬鱼的把鱼盆架到船上，放到仓底，小孩子被人扶着，跨上船来，小孩家长把一把点着的香端放在渡口靠上游一方的土台上，宾客和观众选好合适的位置，面河而立，一切准备停当，彩船起锚开航，向河里划去，划到中间或深水处停下，船头向上游方向，把鱼盆端出，放鱼手（抬鱼盆的人）双手捧起鲤鱼，高声唱到：

小鲤鱼，出金缸，顺着小河到大江……
小鲤鱼，尾巴长，顺着大江到大洋……
小鲤鱼，尾巴长，变成金龙配凤凰……

边唱边把鲤鱼放入水中，随后拿起一瓶酒，洒向水中，口中唱到：

小河水，起清波，龙王河神请来喝……
小河水，向东流，东家小子来叩头……

岸上点燃鞭炮，小孩在船上，小孩家长在岸边同时向河流叩头行礼，至此，仪式完毕。

时近中午，酒宴开场，筵席丰盛，与一般婚宴酒菜相当。此风可能是古代成年男子举行“冠礼”习俗的延续。小孩子剃掉辫子的仪式，对于小孩子来说，可使其自立自强意识得到增强，对于家人来说，完成了一项“望子成龙”的盛举，自然也有一些积极意义。

三、清明节

清明节是春天里十分重要的节日，它本是农历二十四节气之一，也是包含着一些风俗活动的传统大节日。按时令来说，清明节是农历三月的第一个节气，其时春光明媚，鸟语花香，气候清和宜人，正是“清明”之时，因而定节名为清明。由于清明节和寒食节（清明前两日）很近，而寒食节是民间禁烟火扫墓的日子，从唐代起，清明节与寒食节的活动就合二为一了。清明与寒食节最主要的习俗是插柳和扫墓。

传说在春秋战国时代，晋献公的妃子骊姬为了让自己的儿子奚齐继承王位，设计谋杀太子申生，申生被逼自杀，申生之弟公子重耳为了躲避迫害，急忙从晋国逃出，流亡国外十余年。在流亡期间，重耳历尽艰辛，经受了种种折磨和屈辱，身边只剩下少数几个忠贞不贰的人，其中有一个人叫介子推，他对公子重耳特别忠心。有一次，重耳几天没有东西吃，饿晕了过去，介子推为了抢救重耳，从自已腿上割下一块肉，用火烤熟了送给重耳吃，救了重耳一命。十九年后，重耳回国做了君主，成为春秋五霸之一——晋文公。

重耳做了国君之后，对那些和他流亡国外同甘共苦的伙伴大加封赏，唯独忘了介子推。有人提醒，晋文公猛然忆起旧事，心中有愧，马上差人去请介子推上朝接受封赏，介子推婉拒，晋文公只好亲自去请。当他来到介子推家时，只见他家大门紧闭，经打听才知道，介子推已背着母亲进了绵山（今山西介休市东南）。晋文公命令军队上绵山搜索，但没有找到。这时有人提议放火烧山，三面点火，留出一面，大火起时介子推就会出来。晋文公心急，于是三面点火，然而大火过后，仍未见介子推踪影。大家上山一看，介子推抱着一颗烧焦的柳树已经死了。晋文公伏地哭拜，准备安葬介子推尸体，突然发现介子推身下压着一个柳树洞，洞中有一片衣襟，上面题了一首血诗：“割肉奉君尽丹心，但愿主公常清明……”晋文公悲痛地将血诗藏在袖中，然后把介子推和他母亲分别安葬在那棵烧焦的大柳树两旁。为了纪念介子推，晋文公下令将绵山改为介山，在山上建立祠堂，并把放火烧山的这天定为寒食节，晓谕全国，每年的这一天禁止烟火。第二年这一天，晋文公率领群臣，素衣步行登山祭奠，行至坟前，只见那棵老柳树死而复活，千万条绿枝随风飘舞。晋文公敬重地走上前去，折一支细条，编成帽圈戴在头上，并把老柳树命名为“清明树”，从此，清明插柳与扫墓的习俗一直延续下来。

扫墓俗称上坟，阜阳民间流行一句“早清明，晚十一”的话，意思是说，清明上坟，要在清明节之前，秋天十月上坟，要在十月初一之后，这大概是因为寒食节在清明之前，清明之前扫墓，也是古之遗风吧。

扫墓一般在早晨或上午进行。首先要清除先人坟墓上的杂草，然后取干净新土均匀地包在坟上，整平坟上被雨水冲刷的沟坎，再从地头路边刨下一方上面长有青草的圆形土块，用手捧放到坟顶上，叫作“坟头”。等坟包好之后，取出鞭炮纸钱，在坟前点燃，磕头行礼，口中对先人说道：“清明了，俺给大人包坟送钱来了，请大人起来拾钱吧。”有人还用手指在烧着的纸堆周围画上一圈，留个小门向坟，说是为了不让冥钱外流。也有人家同时在坟前摆放果品糕点等物，供先人享用。如果先人去世不超过三年，妇女们还要在坟前放声痛哭，寄托哀思。

清明插柳也是在清明早晨进行的。太阳还没有出来之前，要把细长的柳枝采回家中插在门窗两旁。太阳出来了，青绿的细枝嫩叶带着露水和特有的清气，给院落和门户平添了许多生气。也有人家将剩下的枝条上的嫩叶捋下来，晾晒收藏，名曰“清明杨柳茶”，据说有清心、降火、消炎、明目的功效。

除扫墓插柳之外，清明节还有荡秋千、放风筝和逗草的习俗。

荡秋千，本是远古时期，先民为猎取食物，跨越沟涧而发明的一种牵绳腾越活动。汉武帝时期，宫女们在宫中玩耍绳戏为乐，以后逐渐发展成为健身游乐活动，有两根绳索加上脚踏板悬挂高处，使用时斜拉绳索踏板，用脚蹬地腾起，在空中来回荡悠，可以增强人的脑平衡功能，培养人的勇敢精神，长期以来，一直在民间流传。清明时节，风和日丽，儿童们在大树横枝上悬挂自制秋千，牵绳较短，荡幅不大，一人在下助推，一人在横板上时立时蹲，配合协调，令人心旷神怡。

清明时节，天气往往多风，正是儿童们放风筝的好时候。风筝样式比较单一，最常见的是八角风筝，先用细竹篾扎成两个正方形方框，再把两个方框叠放一块，八角错开，排匀，用线扎紧，糊上牛皮纸，加上点缀物即成。放飞时调整好引线角度和尾线（俗称风筝尾巴）长短，然后一人迎风拉动引线向前奔跑，一人托起风筝推向空中，只见风筝慢慢升起，越升越高，直到把引线放完，才能停在空中浮动、摇摆。如果放飞时给风筝带上可以发声的“响弓”（用薄丝带、薄竹篾绷紧在号子上），就可以发出清越的响声，可以传得很远。如果晚上放风筝，给风筝尾巴带上“花筒”（用柳木炭末加少许锯末卷成长条）点燃后放飞，到了天上，火星随风散荡，时暗时明，煞是好看。放风筝有个规矩，收风筝时如果风筝线断了，风筝随风落到谁家院子里或房顶上，这风筝就不能再要，应该主动取下来用火烧掉，因为风筝断线是不大吉祥的象征。

逗草，又叫对草，俗称“对百样草”。清明时节，三三五五的孩子提着篮子下地挖野菜，在挖野菜的同时，碰到各种小草就随手挖上一棵放在篮子里，一边挖一边玩，等到挖满一筐时，就围坐在路边地头的空地上，把野菜和小草一齐倒出来，用小手抖抖泥巴，然后拎起一棵，开始和别人比对，嘴里喊着草名“花盖叶”，对草的小孩也拿起同样的小草，回应道“花盖叶”，这两个小孩接着往下对“香荠菜”，“香荠菜”；“水芹菜”，“水芹菜”；“猫儿眼”，“猫儿眼”；“天茄棵”，“天茄棵”；“老鸹嘴”，“老鸹嘴”；“老驴拽”，“哎呀，我没有”。于是，这个小孩败下阵来，另外的小孩从草堆里捡起一棵又绿又厚的尖草，向前一伸，回应道：“我有老驴拽，哈哈!”这样一直对下去直到把堆上的草都比完。谁赢了，大家就向他表示祝贺，选一棵最大的野菜送给他。农村的儿童，一般都能识别常见的野菜和花草，有的孩子，还能知道哪种野菜可以蒸吃，哪种野菜可以腌吃，哪些野菜可以炒吃，等等。有的孩子甚至知道某些野草、野菜的药用价值和是否有毒性。“猫儿眼，点三点，不烂鼻子就烂眼”，知道这种淌白汁的野草不能用手掐；“刺刺芽，揉嫩叶，塞住鼻子不流血”，知道“刺刺芽”可以用来止血；“毛蘑菇，淌黑津，吃到嘴里能落心”，知道这样的蘑菇有毒；“马齿苋，拌灰晒，放到冬天都不坏”，知道怎样把马齿苋加工成干菜留到冬天吃，等等。这些农谚世代相传，妇孺皆知，可惜后来，除了植物学家、药物学专家之外，已经没有什么人关心这些知识了。

四、三月三

三月三是个美好的日子。“三月三日天气新，长安水边多丽人”，这是杜甫的诗句，三月三与清明谁前谁后，并不固定，比如1980年，农历二月十九清明，在三月三之前；1990年，农历三月初十清明，在三月三之后；1992年，农历三月初二清明，与三月三紧邻。三月三又称上巳日，本来是指三月上旬的一个巳日，不一定和三月三日重合。到了曹魏以后，把节日固定为三月三日，逐渐变成了郊外游春、水边饮宴的节日。

三月三日这天，无论城镇还是乡村，举办庙会或物资交流会的地方很多。唱大戏、开书场、玩马戏、放电影、拉洋片等娱乐节目应有尽有。唱大戏的多为淮北梆子，音调高昂，豪爽，剧目以传统戏剧为主，诸如《狸猫换太子》《老包铡陈世美》《薛仁贵征东》《杨家将》《穆桂英挂帅》等，剧中的人物、情节、唱词，很多人都是年年来听，以至于耳熟能详。在中午或晚间煞戏回家的路上，会有好多戏迷绘声绘色地讲戏、评戏，谁谁的唱腔好，谁谁的功夫好，有时争得脸红脖子粗，互不相让。

开书场的多为大鼓书，有些地方是二夹弦。大鼓词多为《三侠五义》《儿女英雄传》《精忠传》《书剑恩仇录》，等等。有说有唱，每到高潮处，说书人卖个关子，说句“且听下回分解”之后，拿个盘子向观众要钱，三角五角，随意丢在盘子里，转了一圈之后，放下钱盘子再唱、再要，一直唱到口干舌燥、饥肠辘辘也不愿收场。

三月三这天，赶会闲溜购物听戏听书和看热闹的男女老少成群结队，大路小路、田埂地头、沟沿河堤到处是人，穿红戴绿、扶老携幼、行走坐卧、各具形态，勾画出一幅现实版的清明上河图。

五、四月八

四月八是个小节日。传说四月八是释迦牟尼生日，《荆楚岁时记》：“荆楚以四月八日诸寺各设会，香汤浴佛，共作龙华会。”《洛阳伽蓝记·法云寺》：“四月初八日，京师士女多至河间寺，以水灌佛像，设饮饭，布席于路。”阜阳各地，一般在这天进庙烧香许愿。各庙门前，香火不断。直至今日阜阳多地还有四月八赶庙会的习俗。

第三节　夏季的节日

一、端午节

端午节是夏季最重要的节日。农历五月初五为端午节，端午节又称端五节、端阳节，此外还有很多别称，比如重五节、午日节、五月节、诗人节、浴兰节、天中节等。

“节分端午自谁言，万古传闻为屈原。”（唐·文秀）端午是古老的传统节日，始于春秋战国时期，至今已有两千多年的历史。关于端午节由来的传说很多。《荆楚岁时记》说，楚国大夫屈原在五月五日投江，人们在这一天竞渡，表示要拯救屈原。屈原是春秋时期楚怀王的大臣，他为官清正、举贤授能，力主联齐抗秦，遭到令尹子兰等人的强烈反对，屈原遭谗去职，被赶出都城，流放到沅、湘一带。在流放期间，他写下了忧国忧民的不朽诗章，如《离骚》《天问》《九歌》等，流传后世、影响深远（因而端午节又被称为诗人节）。公元前 278 年，秦军攻破楚国，屈原悲愤交加、痛不欲生，写下绝笔之作《怀沙》之后，于五月五日，投汨罗江而死。屈原死后，楚国百姓哀痛异常，纷纷到汨罗江边凭吊，渔夫们划起船只，沿江打捞他的真身。有人拿出饭团等食物丢进江里，为的是让鱼虾吃饱，保护屈原遗体；有人把雄黄酒倒入水中，让蛟龙水怪离开，以免伤屈原真身。南朝梁吴均《续齐谐记》：“屈原五月五日自投汨罗而死，楚人哀之，每至此日，辄以竹筒贮米，投水祭之……世人五日作粽，并带五色丝及楝叶，皆汨罗之遗风也。”于是，赛龙舟、吃粽子、饮雄黄酒的习俗一直流传下来。

赛龙舟：过去民间龙舟一般由小木划子（小船）稍加装饰而成。先用细竹、铁丝扎成龙头，糊上彩绫，画上龙鳞，固定在船头而成，到了端午这天，三五只龙船在水中划动，不求其快，但求其美。鞭炮响起，船上有专人捧起粽子、油角、糖糕，抛到水里，祈求龙王赐福，保佑平安。龙舟赛并非年年举行，一般由有喜事的人家雇船操办，与请戏班唱大戏用意相同。

插艾：“清明插柳，端午插艾”，此俗流传已久。端午节这天，人们一大早就把生长在宅边地角的青艾割回家中，选取杆直叶绿的艾棵插在门窗两旁，高度一致，长短合适，不能用杆断叶枯的艾棵。艾叶性温气香，是一味中药，据说插于门楣，可以辟浊气，驱蚊虫。五月节采下的艾叶，晒干之后，制成艾条，可用于针灸，有活血化瘀的功效，其他时间采下的艾叶，性味稍逊。

佩香荷包：五月节之前，中药店里会用白芷、辛夷、丁香、三奈、菖蒲等药料碾制成“香末”，供人们缝制香荷包使用。妇女姑娘们用红绿绫绢等碎布，细针密线地缝成方形、圆形、葫芦形的荷包，把香末包裹在棉絮中间，轻轻塞进荷包里，缝合封口之后，加上五色系绳彩穗，即可悬挂佩戴。荷包所用香末，为纯天然制剂，清香四溢，益神醒脑，远非化学香精可比。悬挂室内，虽经半年之久，尚有余香；放入衣柜，防霉防蛀，香气入衣，淡雅宜人。偶有少女，精心缝制荷包，绣上鸳鸯莲藕等图案，送于所爱，寄托深情。

包粽子：每到端阳节，全国大部分地区都有吃粽子的习俗。江南包粽子用箬叶，淮北包粽子用苇叶。箬叶味淡，苇叶清香，端阳节前几日，人们便做好包粽子的准备，买回糯米、红枣、赤豆等物，到苇塘边采回青绿宽大的苇叶，用清水洗干净，放到锅里稍煮一下，以增加苇叶的柔韧性，便于卷折包裹。同时还要到野外割些马蔺草洗净，留做扎线之用，马蔺草土名荻荻筋，草形似韭，叶长二尺左右，坚细耐拉，是包粽子的上好扎线。如无马蔺草，可用棉线代替，化纤线不可用，因其经长时间蒸煮，易产生有害物质，不利健康。一切准备好之后，包粽子的人把三张苇叶排叠在一起，折成喇叭口，放进泡好的米、枣等物，再将苇叶折盖在喇叭口上，压平，绕紧，用扎线缠好，便包成了一个生粽子。粽子有三角的，也有四角的，包法基本相同。各色粽子包好之后，就可以放到锅里去煮了。煮时水要漫到粽子上面，不然会煮不透，夹生。一般水开一个多小时就可以煮透，也有头天晚上煮好放在炉子上保温，到第二天早晨才开锅取出食用的。粽子煮好之后，除自家食用外，还可以作为端阳节的礼品馈赠亲友。五月节前后，虽然食品店里卖的粽子很多，但是有闲工夫的人家还是要自己动手包粽子吃。包粽子即是对古代贤人的纪念，也是对饮食文化的传承。当孩子们看着家长们忙里忙外地包粽子，自然会更加深刻地感受到生活的美好和节日的愉快，感受到爱国主义精神的崇高和伟大。如果粽子都是从货架上买来，久而久之，五月节的节日气氛便会大大减弱。

饮雄黄酒：俗话说："饮了雄黄酒，百病都远走。"雄黄是一味中药，是一种含砷的结晶矿石，味辛、性温、有毒，配其他药物（五灵脂、白矾等）研末，以酒调服少许，并以药末外涂，可治虫蛇咬伤和风湿、诸疮、疥癣等症。五月节之前，人们从中药店买回一两钱雄黄，用白酒浸泡，做成雄黄酒。端午清晨，用筷子蘸取雄黄酒，抹在小孩子耳根和鼻子上，以防毒虫侵扰。成人一般含少许药酒在嘴里，或吐或咽，以避瘴疠之气。也可以把药酒撒在衣箱和床席之上，驱除害虫。特别是在过去，人们多住土坯房，蜈蚣、蝎子之类的毒虫较多，使用雄黄酒，效果较好。

沐浴：古人把五月五日视为"恶日"，所以每到这一天，人们用枸杞枝、菖蒲草、车前子、艾草等煮沸制成香汤沐浴。据说端午用香汤洗头洗脚能消除灾难和邪恶，涤荡晦气和消除疾病，其中虽有迷信色彩，但也有药物的实际效用。

随着文明日进，科学知识逐渐普及，洗头洗脚之风自然流行起来。如今，洗头屋，洗脚屋遍及城市乡镇，常年开业，不再仅限于五月五日。

二、六月六日

六月六日，双六相连，吉祥如意。“六月六，炒炒面，大人小孩都喜欢。”民间有六月六日清晨炒炒面过节的习惯。时值盛夏，热气袭人，米饭、面条等食物很容易变馊，只有炒面容易存放，用开水一烫即可食用。按药性分析，麦面炒熟之后，健脾和胃，利湿止泻，对于过食寒凉之物引起的肠胃不适，疗效颇佳。据传古时某乡六月的天气湿热难熬，乡人多食生冷，患腹泻的人很多，有游方医生经过该村，让人用藿香叶、扁豆花煮水烫炒面为食，治好很多患者，从此这一习俗流传下来。

六月六日，阜阳北涡阳一带有“接闺女回娘家”的习俗。农历六月，已到大暑时节，农活告一段落，正是将出嫁的闺女接回家中消夏的好时光。初六这天清晨做父母的安排家人拉着板车去把闺女和小外孙接到家中。闺女带上给父母兄弟缝制的夏天衣服和一些瓜果，一般要在娘家住上十天半月。

第四节　秋冬的节日

一、七月七日

农谚：“交了七月节，夜凉白天热。”阜阳地处黄淮平原，一到七月，炎威渐退，凉风时至。七月七日夜晚，称为“七夕”，这是我国传统节日中最具浪漫情调的夜晚。

七夕和千古流传的牛郎织女的爱情故事相连。古时候，河南南阳城西有个牛家庄，庄上有个聪明忠厚的小伙子，他父母早已去世，跟着哥哥嫂嫂度日，天天放牛，人们管他叫牛郎。嫂子姓马，面貌丑陋，心肠狠毒，经常虐待他。有一年秋天，嫂子让他去山里放牛，数给他九头牛，却让他等有了十头牛的时候才能回来。牛郎无奈，只好揣着几个凉馍，赶着牛群出了村。来到山间草地上，他把领头的牛拴好，自己坐在树下石头上发呆。他不知道何时才能回家，正在暗自伤心，忽然听到喜鹊的叫声，他抬头一看，有位白胡子老头出现在面前。老头问他为何满面愁容，有什么伤心之事。牛郎把自己的遭遇告诉老头。老头捋着胡子对他说："别难过，不远处的伏牛山里有一头病倒的老牛，你去好好喂养它，等老牛病好以后，你就可以赶着十头牛回家了。"

牛郎按照老头的吩咐，赶着九头牛，翻山越岭，在伏牛山深处找到了那头病牛。牛郎看到老牛病得很厉害，连忙抱来青草给老牛吃，用随身带来的水瓢端水给老牛喝，晚上就睡在老牛旁边。这样照顾三天，老牛才能抬起头来。牛郎很高兴，晚上，老牛对偎在身边的牛郎说话了，他告诉牛郎自己本是天上的青牛，因触犯天条，被贬下凡尘，摔伤了腿，无法行走，还需要用百花上的露水洗一个月才能好。牛郎不畏艰辛，悉心照料老牛一个月。老牛病好能走了，牛郎赶着十头牛回到家里。

回到家里，嫂子对他依然如故，想方设法要加害于他，都被老牛救了下来。嫂子恼羞成怒，还是硬将牛郎赶出家门，牛郎只要了那头老牛相随。

有一天，织女和几位仙女下凡游戏，在河里洗澡，老牛劝牛郎去取织女的衣服，二人互生情意，后来织女便做了牛郎的妻子。他们男耕女织，情深意长，育了一男一女两个孩子，生活幸福美满。不久玉帝查知此事，派王母娘娘带回织女上天庭受审。牛郎无法追赶，十分伤心。老牛告诉牛郎，等它死后，用牛皮做成鞋子，穿在脚上就可以腾云驾雾，飞上天庭。牛郎按照老牛的安排，穿上神牛登云靴，挑起一对儿女，上天追赶。眼看就要追上织女，王母娘娘拔下头上的金簪一挥，划开一条波涛汹涌的天河，牛郎和织女被隔在两岸，只能相对流泪。他们坚贞的爱情感动了喜鹊，千万只喜鹊飞来，用身体搭成一道跨越天河的彩桥，让织女和牛郎在天河上相会，王母娘娘无奈，只好允许他们每年七月七日在桥上会面一次。后来，每到农历七月七日，年轻姑娘们便来到花前月下，遥望星空，寻找银河两边的牛郎星和织女星，希望能看到他们一年一度的相会，希望自己能有称心如意的美满姻缘，于是形成了七夕节。七夕节被称为中国的情人节，起因盖出于此。

乞巧：七夕之夜有乞巧的习俗，姑娘们在庭院中摆好桌凳，放上瓜果，望着弯弯的新月，对空遥拜，许下自己的心愿，然后取出针包和彩线，一手捏针，一手捻线，迎着淡淡的月光，将线头穿向针眼，谁能把线穿上，谁就能乞到巧慧，变得心灵手巧，实现美好的心愿。在穿针的时候，有人还哼起小曲：

牛郎织女在天上，听听俺们来唱唱；
牛郎织女来吃瓜，教会俺们剪窗花；
牛郎织女来吃糖，教会俺们做新装；
牛郎织女来喝茶，教会俺们会叙话；
牛郎织女来吃糕，教会俺们绣荷包。

也有随口胡诌的歌词，如“俺请织女来喝酒，织女教俺有巧”，引得同伴们一阵欢笑。

有的地方把穿针改为“丢针”，此俗起源较早。据《帝京景物略》称：“七月七日之午，丢巧针，妇女曝盆水日中。倾之，水面生膜，绣针投之则浮，则见水底针影，显出花鸟虫兽之形，谓乞得巧。其影粗如槌，细如丝，直如轴蜡，此拙征矣。”也有在星光下进行丢针，借烛光照映成趣，看针影变化，以此占卜姑娘针线功夫的拙巧。

观天河：七夕夜晚，一些有经验的老人，独自漫步于开阔之地，静观天象。如果天河明亮，就预示着今秋雨水调和，收成好，粮价低；如果天河昏暗，就预示着今秋雨水不调，收成不好，粮价高。

蒸巧花：七夕这天，老百姓习惯用面粉蒸制糖包、菜包、烧卖、花卷和小鸡小鸟等形状的面点，统称“巧花”，巧花又称“巧食”，据说小孩吃了可以增智得巧。

二、七月十五

民间称七月为鬼月。七月初一为开鬼门，也就是打开地藏王所管辖的地狱之门的日子。七月十五为中元节，是鬼门大开的日子，俗称鬼节。七月三十是关鬼门，也就是鬼魂回转阴间的日子。《修行记》称：“七月中元日，地官降下，定人间善恶。道士于是日夜诵经，饿鬼囚徒，亦得解脱。”依道教说法，七月十五中元节，是三官大帝中的中元地官大帝诞生日。中元帝官指的是舜帝，是黄帝的八代孙。舜因生母死，父再娶，继母生了儿子名象，其父、继母及象常想害舜，但舜侍奉父母，相待幼弟，仍尽心尽力。舜在历山耕作，在雷泽网鱼，在河滨制陶，他所居住的地方，人民相携来聚，两年成为村邑。舜二十岁时以孝行闻名天下，三十岁时尧帝以二女妻舜并禅帝位。由于舜事亲至孝，所以中元节又称为孝子节。这天民间百姓焚香设供，祭飨祖先。同时各行各业民众，在庙宇中，供列牲醴，善度四方游魂。

七月十五，也是佛教的盂兰盆节。根据佛教的《盂兰盆经》记载，释迦牟尼的十大弟子之一的目连尊者被地藏王度化后，其母却肆意胡为，殴僧骂道。阎王一怒之下将她打入地狱受苦。有一日目连尊者神游地狱，见母亲化为饿鬼，不胜悲哀，便送饭给母亲吃。不料饭还未到母亲口中，就化为火焰。目连无计可施，便请教佛祖。佛祖告诉目连，必须在每年七月十五日以百味五果，置于盆中，供养十方魂灵，超度众饿鬼，其母才能得到济度。于是目连依佛祖之教行事，其母才脱离鬼道，升入天堂。后世民众在七月十五做“盂兰盆会”，以百味五果供养僧伽，为现生父母增福。阜阳民间，糅合了佛教的盂兰盆节，道教的中元节等习俗，多在七月十五祭祖上坟。

三、中秋节

中秋节是下半年中最重要的节日。农历八月十五日是传统的中秋节。

秋季三个月，七月为孟秋，八月为仲秋，九月为季秋，因此，中秋节又称仲秋节。八月正当秋分寒露之时，天朗气清，十五的月亮显得比其他月份的满月更圆、更亮，因此又叫“月夕”“八月节”；“海上生明月，天涯共此时”，此夜月明如昼，清光似水，游子思乡，家人盼归，因此中秋节又称“团圆节”。

中秋节起源于古代帝王祭月的礼制。中秋节有许多美丽的传说，吴刚伐桂、玉兔捣药、嫦娥奔月的故事流传甚广。

传说月亮里有一棵高五百丈的月桂树。汉朝有个叫吴刚的人，醉心于仙道而不专心学习，因此天帝震怒，把他居留在月宫，令他在月宫伐桂树，并说："如果你砍倒桂树，就可获仙术。"但吴刚每砍一斧，斧起而树创伤就马上愈合，日复一日，吴刚伐桂的愿望仍未达成，因此吴刚在月宫常年伐桂，却始终砍不倒这棵树，因而后世的人得以见到吴刚在月中无休无止砍伐月桂的形象。

早在战国以前，民间就传说月中有蟾蜍，这是因为用肉眼观察月中阴暗部分，隐约可以看到如同蟾蜍形状的影子。古代民间很珍视蟾蜍，《抱朴子》云，"蟾蜍三千岁"，认为它是长寿灵物，民间又有"万岁蟾蜍"之说；民间又视其为辟兵神物和致富灵物，又是一种名贵药物。因为人们相信月中有蟾，所以人们又将月宫俗称为"蟾宫"；又因月圆如盘，故又称"蟾盘"或"蟾光"。

最著名的还数嫦娥奔月的传说。相传，古时后羿善射，当时十日并出，热浪滚滚，禾苗枯焦，民不聊生。后羿登上昆仑山顶，一连射下九个太阳，只留下一个太阳为民造福。人们感激崇拜英雄，纷纷向后羿学习射艺，有一个心术不正的人叫蓬蒙也来拜师学艺。后羿之妻嫦娥非常美丽善良，和后羿夫唱妇随，生活十分美满幸福。有一次后羿从王母娘娘那里求得一包长生不老药，据说服下此药，就能即刻升天成仙，后羿舍不得撇下嫦娥独自飞升，就把灵药交给嫦娥保管。嫦娥把药藏进梳妆台上的百宝匣内，不料被蓬蒙暗中看到，他一心想偷吃仙药。有一天，后羿带领徒众进山习射打猎，蓬蒙装病留了下来，待后羿带领徒众走远之后，蓬蒙持剑闯进内宅，威逼嫦娥交出仙药。嫦娥知道自己不是蓬蒙的对手，急中生智，取出一包其他药粉抛给蓬蒙，趁蓬蒙拆看之际，取出真药，一口吞了下去，她的身体立刻飘离地面，冲出窗口，向天空飞去。由于挂念丈夫，嫦娥便飞落到离人间最近的月亮上成了仙。

傍晚，后羿回到住处，听到侍女的哭诉，立刻抽剑去杀恶徒蓬蒙，蓬蒙早已逃得无影无踪。后羿悲痛欲绝，遥望夜空呼喊爱妻名字，这时他惊奇地发现，天上的月亮格外明亮，月中有个晃动的身影酷似嫦娥。后羿无法登月，又思念爱妻，无可奈何之下，只好在嫦娥经常去玩的后花园里摆上香案，放上她平常最爱吃的蜜饯和鲜果，遥祭嫦娥。百姓听说嫦娥奔月的消息之后，也纷纷在花间月下摆放香案，向美丽善良的嫦娥姑娘祈求吉祥如意，于是中秋拜月的习俗便在民间流传下来。

拜月的方式各地有所不同，一般都是在庭院中设供案，摆设供品，向月亮礼拜。《帝京景物略》有详细的描述：供品以月饼为主，再配以应时瓜果，月饼必须圆整，不能切开；西瓜等鲜果要切成莲花瓣形，摆放在月饼周围，当月亮升起照到供桌时，点香开拜。有的地方认为“男不拜月，女不祭灶”，因为月神属女性，《列仙全传》上的太阴女，就是月神的形象；有的地方认为男女皆可拜月许愿，《新编醉翁谈录》记载有宋代中秋拜月的习俗：“倾城人家子女，登楼或中庭焚香拜月，各有所朝。男愿早步蟾宫，高攀仙桂；女则愿貌似嫦娥，面如皓月。”无论男女，中秋拜月都是祈望月神保佑万事如意、心想事成。阜阳各地中秋拜月以妇女儿童为主，男子则登高望月，默默祈祷许愿。

妇女儿童拜月由家中主妇主持。拜月开始，老年主妇带领其他人等对月鞠躬施礼，口中念道：“八月十五月正圆，月饼瓜子敬老天。敬得老天心欢喜，一年四季保平安。”念过之后，坐在月光下，给儿童们讲有关月亮的故事，用手指指画画，告诉儿童们月亮上的景物，哪是大桂树，哪是捣药的石臼，哪是月中蟾蜍、玉兔，哪是仙女的身影，哪是月下老人。讲得绘声绘色，孩子们一个个听得入神。待供案前的香火燃完的时候，就可以撤供了。祭拜者开始分食供品，先由拜月主妇切开月饼，切成的块数要和全家人数相等，不能多切，也不能少切，出门在外的家人也要计算在内，体现团圆之意。

吃月饼的习俗由来已久，据史料记载，月饼起源于唐朝初年。大将军李靖征讨突厥取得重大胜利，于八月十五凯旋，当时有来唐朝经商的吐蕃人向唐朝皇帝献饼祝捷，高祖李渊接过华丽的食盒，拿出圆饼，笑指天上的明月说：“应将胡饼邀蟾蜍。”说完把饼分给群臣一起品尝，得到大家的一致夸赞。从此，京城长安开始出现仿制胡饼的饼铺，制作了糕饼甜食，后来渐渐传开。到北宋之时，这种小饼被称作“宫饼”，俗称“小饼”“月团”。由于制作方便和寓意团团圆圆，这种小饼以圆形最受欢迎。苏东坡有诗云："小饼如嚼月，中有酥和饴。"宋代文学家周密在记叙南宋临安见闻的《武林旧事》中已有"月饼"之名。到了元末明初，中秋吃月饼的习俗在民间逐渐流传开来，一些心灵手巧的饼师，把嫦娥奔月的神话故事作为食品艺术图案刻在制作月饼的木质模具上，制作的月饼更加精美，使月饼成为备受人们青睐的中秋佳节的必备食品。

值得一提的是，阜阳民间一直流传着"送月饼，杀鞑子"的故事。元朝末年，颍州的白莲教首领刘福通参加韩山童领导的农民起义，失败后，另组织红巾军继续反元。据传当年八月十五之前，刘福通命白莲教徒制作月饼，内藏小纸条，写上"切月饼，杀鞑子，着红巾"等字样，作为八月节的礼品用红布包着分送各乡，约定八月十五晚上吃过月饼，头缠包月饼的红布，一齐举事，动手杀掉各乡驻守的元军。由于布置周密，徒众心齐，一夜之间将颍州各地的元军杀光，取得红巾军起义首战的胜利。至今阜阳各地的民众，仍津津乐道于八月十五吃月饼杀鞑子的故事。明清以来，阜阳各地制作月饼的店铺遍布城乡，刻制各式花纹图案月饼模子的作坊长年营业，生意红火。一般人家，买回几个月饼模子，到了中秋节前，蒸面配料，用普通锅炉烘烤，香飘村舍，更增加了中秋佳节的喜庆气氛。

中秋之夜，除拜月、赏月之外，民间还有摸秋的习俗，目的是求得某种吉祥征兆。摸秋活动一般在吃过晚饭之后，年轻人先聚在一起叙话，待到夜深月高之时，慢慢结伴向村外散步，当走到种有瓜果的田地菜园时，便停止说话，猫着身子，下到地里，边瞄边摸，选择自己喜爱的瓜果。摸秋有摸秋的规矩，下田不能带筐，只能用手拿，不能折断藤蔓、踩坏庄稼，不能摘下不要。具体要求是：瓜（冬瓜、南瓜、笋瓜）要大不要小，青菜（茄子、萝卜）要嫩不要老，葫芦要圆不要扁，黄瓜（丝瓜）要硬不要软，豆角（蛇豆、菜豆）要长不要短。对于种瓜果的农家来说，地里的东西十五晚上被摸秋了，不光不骂，反而感到高兴。据说摸秋会给农家带来好运，庄稼会长得更好。

摸秋的人从菜园里出来之后，要在田边地头等齐，大家一道回去，走在回家的小路上，还要相互比较谁摸的东西大，谁摸的东西好，选拔出吉祥物准备送人，其余各自带回家去。到村里之后，大伙把选好的南瓜、冬瓜、笋瓜等又大又圆的吉祥物用红线绳拴着，送给东邻西舍的年轻媳妇们，领头的高声喊着："大嫂（二婶）子，俺们给你送儿来啦！快出来接着吧。"被喊到的年轻媳妇连忙开门迎上前去，双手接过吉祥物，眉开眼笑地抱着放到自己床上，用被子轻轻盖好，想象着自己要生个又白又胖的大小子……据说这个方法很灵，吃了这天送去的吉祥物，很快就会有身孕，如愿以偿，这可能与心理作用有关。

中秋之夜，阜阳东南部颍上一带，还有撂火把的习俗。年轻人提前用麦秸、稻草等容易燃烧的柴火捆上细绳扎成一尺多长，直径两三寸的火把，火把中间裹上些木炭和锯末，便于燃烧时起花——火星飞散。扎成之后，在略细的一头拴个二尺长的带子作为尾巴，便于燃烧后摇动生风。如无工夫扎制，也可以用旧笤帚头代替。

到了十五晚上，年轻人带上火把和一些干柴，聚拢在空旷的地带。领头的招呼大家把干柴放在一起，掏出火柴点着柴堆，大家围在火堆旁，慢慢把火把大头点着，注意不能烧断火把中间的扎绳，以免火把散架。点着之后，离开火堆，选择合适的空地，拉直火把尾绳，慢慢摇动，待火把燃烧出火苗时，猛地向空中抛出。几乎是同时，几个、十几个火把一齐飞向天空，伙伴们睁大眼睛，看看谁的火把亮，谁的火把撂得高，据说谁的火把亮，谁交好运，谁的火把高，谁家的庄稼长得好。这一刻，欢笑声、喝彩声、吆喝声，交织在一起，给宁静的田野平添了无限的生机。

四、重阳节

农历九月初九日为传统的重阳节。《易经》中把九定为阳数，两九相重，故名重阳。重阳节又名重九节、菊花节。1989 年，我国政府把重阳节定为老人节。

重阳节起源很早，据梁吴均《续齐谐记》记载：东汉时，汝南县有一个叫桓景的人，拜著名道士费长房为师。费长房从壶公学道，相传能医治众病，鞭笞百鬼，捉妖拿邪。一天，费长房告诉桓景，"九月九日你家将有灾难"，桓景求破解之法，费长房让他迅速赶回家中，每人缝制一个绛囊，里面装上茱萸戴在身上，于九月九日这天全家外出登高饮菊花酒，可以消灾。桓景按照师傅的吩咐，于九月九日当天清晨举家登高饮菊花酒，佩戴茱萸香囊，到了晚上回到家中一看，只见鸡鸭牛羊等家禽家畜全部暴死，消息传开，无不惊叹。从此，人们就纷纷于重阳这天登高、戴茱萸、饮菊花酒以祛病消灾。

又据晋周处《风土记》，古代风俗，重阳节相约登高，佩戴茱萸，称茱萸会，“以重阳相会，登山饮菊花酒，谓之登高会，又云茱萸会”。唐郭震在秋歌中写道，“辟恶茱萸囊，延年菊花酒”，古人很早以前就知道茱萸和菊花的医疗保健作用。

茱萸有山茱萸、吴茱萸、食茱萸三种。山茱萸叶似榆叶，二月开花，色白，果实如酸枣，赤红色，“主治心下邪气寒热，强阴益精，安五脏，通九窍，久服明目强力”（《本草纲目》）；吴茱萸，叶似椿叶，三月开红紫细花，七八月结子似花椒，熟时深紫色，长于枝梢，颗粒甚少，可以入药；食茱萸颗粒较大，不入药。吴茱萸“温中下气，止痛，除湿，逐风邪，利五脏，祛痰冷逆气，杀恶虫毒，鬼魅疰气，开郁化滞”（《本草纲目》）。《淮南万毕术》：“井上宜种茱萸，叶落井中，人饮其水，无瘟疫，悬其子于屋，避鬼魅。”（《本草纲目》引文①）九月九日插的茱萸应该是吴茱萸。

唐朝诗人王维有一首《九月九日忆山东兄弟》，诗云：“独在异乡为异客，每逢佳节倍思亲。遥知兄弟登高处，遍插茱萸少一人。”这首诗流传甚广。重阳节登高、插茱萸的习俗在中华大地流传不衰。

过去阜阳地区很少种植茱萸树。每到重阳节，人们习惯买些茱萸籽粒，炒研为末，放在香囊中佩带，浓烈的香气轻轻散发，给身边增添了些许温馨。清末民初以来，重阳节佩带茱萸香囊的人越来越少，但吃重阳糕和赏菊的习俗一直延续至今。

据《西京杂记》记载，古代重阳节有蒸制重阳糕的习俗，大抵取重阳登高的谐音和九九长寿之意，重阳糕又称花糕、五色糕，配料各个时代有所不同。汉代吃的重阳糕用蓬草和黏黍米做成，唐代武则天也曾命宫女采

① 《本草纲目》三十六卷，中国书店出版社，1988年5月第1版，第93页。

集百花和米捣碎，蒸制花糕，赏赐群臣。宋代开始用面粉蒸糕，用红枣、栗子、松子等做辅料。重阳糕要做成九层，上面做两只小羊，象征九九重阳。明代重阳糕要提前蒸好，九月九日早晨切片食用，儿女们吃糕时要祝福父母“福如东海长，寿比南山高”。由于重阳糕制作方便，配料较为随意，至今各地仍有吃重阳糕的习俗。界首一带用米粉、白糖、桂花、青红丝、松子仁等制作的花糕一年四季可食，其他地方用面粉等制作的重阳糕俗称“糕头”，与其他果品一块放入果盒里，可以存放很久，吃起来别有风味。

重阳节时近晚秋，芍药、牡丹等鲜花早已过时，唯有菊花凌寒盛开。《楚辞》中有“朝饮木兰之坠露兮，夕餐秋菊之落英”的名句（这里的“落英”指的是初开的菊花，不是凋零的意思）。可见古人对菊花的药性和食用价值早有认识。一般认为，赏菊和饮菊花酒的习俗起源于晋代大诗人陶渊明，“采菊东篱下，悠然见南山”。采菊之前，肯定要种菊，而且要种很多，很多菊花渐次开放，黄白红紫，交相辉映，清姿灵韵，撩人情思。士女游观，诗人咏歌，赏菊之盛况可以想见。菊花除了有观赏价值之外，还有强身健体的药用和食用价值，陶渊明采菊，做药和食用大概是最主要的目的了。

《本草纲目》称菊花主治诸风头眩肿痛，久服利血气，轻身耐劳延年，安肠胃，利脉，调四肢，作枕明目，叶亦明目，“嫩叶及花皆可煠食”。所谓煠食，就是把菊花嫩叶放在沸水中焯一下，捞出即可加油盐调拌为食。至今农村中尚有煠菜的做法，煠读如炸，如煠菠菜、煠腊菜等。有的地方把嫩菊叶、嫩枸杞叶采回，洗净，煠过，调味，吃起来清爽可口，祛风明目。

重阳饮菊花酒可以延年益寿的习俗起源于汉代。汉代南阳郦县有一个叫甘谷的地方，是远近闻名的长寿之乡。三十多户人家中，高寿的可以活到一百二三十岁，一般的人也能活到一百岁出头，即使“短命”的也能活到七八十岁。据说那里的老百姓世世辈辈都喝从山上流下来的清泉水，溪边生长着许多大菊花，细长的根节浸在水里，浓郁的花叶香气融在水里，使溪水里含有很多对人体有益的养分，这就是甘谷人长寿的“秘方”。由于菊汁能延年益寿，重阳节饮菊花酒的习俗就流传下来。孟浩然《过故人庄》诗中写道："开轩面场圃，把酒话桑麻。待到重阳日，还来就菊花。"可见远在唐代，即使是乡村山野，也有重阳节饮菊花酒的习俗。

制作菊花酒取材方便，以用白菊花为好。春末夏初之时，割下白菊花软苗，阴干，泡酒；也可在秋天菊花刚开时，连叶带花剪下一段，晒干，切碎，用细布袋盛贮，浸入酒中，七天即成菊花酒，功效与菊花相同。现在人们重阳节饮菊花酒，只作为过节的一种赏心乐事，对饮菊花酒的健身好处多不甚明了。阜阳文化艺术界，每到重阳，必举行赏菊诗会，饮酒赋诗，豪情满怀，会后结集诗稿，可谓雅兴长留。

自1989年把重阳节定为老人节之后，敬老、爱老的活动，遍及城乡。有条件的地方，组织老人游览名胜、唱歌跳舞，进行球类比赛，等等。青少年学生到福利院、敬老院开展敬老服务活动，更增添了重阳节的活动内容，丰富了重阳节的文化内涵。

五、十月初一（《尔雅》[①] 称农历十月为阳月）

农历十月初一，老百姓称作"十来一"。从十月初一以后至十月三十日，都是祭祖上坟的日子，俗话说"早清明，晚十一"，意思是清明节前扫墓上坟，十月初一之后，祭祖上坟，只能在初一以后，不能提前。清明前包坟扫墓，十月初一后只烧纸、放鞭炮，不包坟扫墓。上坟要选择天气晴好的日子，在上午进行，不能下午上坟。

"十月天气寒，家家夜纺棉"，过去一到十月，农事已告一段落，农家抓紧时间纺花织布，缝制棉衣，纺车声、机杼声，连成一片；脱坯和泥，修缮房屋，垒砌牛棚猪圈，忙个不停。一般人家都要把房屋外墙泥抹一遍，把木格窗户用纸糊上，做好过冬的准备。正如诗经《七月》所写："穹窒熏鼠，塞向墐户。"如果谁家不纺棉织布，不泥墙糊窗户，就会被人认为是"不会过日子""懒虫"，"谁家不泥墙，囤里不存粮；谁家不糊窗，去挎要饭筐"，含有很深的道理。在农村，凡是屋里屋外收拾得整整

---

① 《诗经·豳风》，《十三经注疏》，第388页。

齐齐、干干净净的农户，必是殷实人家。

六、冬至节（阳历的十二月二十一或二十二为冬至节）

冬至节俗称“冬节”“交九”，它是二十四节气中最早被确定出的一个节气。早在两千多年前的春秋时代，古代天文学家已经用土圭观测太阳，测定出冬至的时间。过冬至节源于汉代，盛于唐宋，传沿至今。汉朝以冬至为“冬节”，称为“日至”，官场举行贺节之仪，称为“贺冬”，并且还放假。魏晋时期，称冬至为“亚岁”，百姓要在这一天向父母尊长拜节。宋朝以后，冬至成为祭祖之节日，受到所有中国人的重视。

西汉时，北方的匈奴经常骚扰汉朝边境，兵马过处，烧杀抢掠，老百姓很难过上安宁的日子。当时匈奴部落中有浑氏、屯氏两个首领，十分狠毒，凶残成性，老百姓恨之入骨，于是用肉馅包成角儿，取“浑”与“屯”之音，称作“馄饨”，下沸水中煮熟，咬而食之。因最初制成馄饨是在冬至这一天，后来家家户户都在这一天吃馄饨，逐渐形成了冬至吃馄饨的习俗。

东汉时，医圣张仲景曾在湖南做官，他告老还乡，回到河南地界时，正值大雪纷飞的冬天，寒风刺骨。他看到河南南阳白河两岸的百姓衣不遮体，有不少人的耳朵被冻烂了，心里非常难过，就叫弟子在南阳关东搭起医棚，砌上炉灶，把羊肉、辣椒和一些驱寒的药物放入锅中煮熟，捞出来剁碎，用面皮包成耳朵的样子，下到锅里再煮透，做成“驱寒矫耳汤”给冻烂耳朵的人吃。人们服食后，感觉浑身暖和，气血流畅，很快，乡亲们冻烂的耳朵都好了。后来，每逢冬至人们便模仿张仲景传授的方法，做矫耳汤吃，慢慢形成了“捏冻耳朵”的习俗，后来人们称这种食品为饺子、扁食、汤面饺，据说冬至吃饺子一冬不怕冷。

阜阳民间除冬至吃馄饨、饺子之外，还有“冬至进补”的习俗。冬至进补，俗称“补冬”。据说冬至这天进补对身体特别有益。冬至之前，不少人家要选择进补的食品和药材，制成药膳服食，以抵御严寒的到来。配药多为中药的八珍或十全（人参、白术、茯苓、当归、黄芪等）。快到冬至的时候，出嫁的女儿要给娘家送礼，老母鸡是必不可少的礼物，如果一时买不到母鸡，羊肉、羊心肺也行，只要能防寒暖身子就好。如果没有女儿来送礼，就自家准备好吃的。到了冬至这天，人们磨刀杀鸡，洗羊肉，收拾干净之后放在大汤锅里，加些生姜、茴香等物或是选好的药材，慢慢煮，慢慢熬，熬上半天，汤色发白，满院飘香。到了晚上，一家人坐在屋里，每人端碗暖汤，就着热馍，慢慢吃，慢慢喝，喝得脸发红，喝得鼻尖冒汗，仿佛觉得，严寒已经远去，整个冬天就可以不伤风，不头疼，身强体健了。

冬至这天，有的地方还有包菜包、糖包的习俗。包子皮多为发面，有麦面皮和杂面皮两种，馅料选择各从所好，荤、素、糖均可。包子形状以圆形为多，另有三角形的糖包和长圆形的菜包（豆腐渣包）。据说冬至吃包子，可以得到祖先的保佑，这大概是冬至祭祖习俗的传承。

第三章 阜阳民间酒文化

民间酒文化是饮食文化中必不可少的组成部分，而且与年节文化密切相关。春秋战国时我国就有了“四时八节”的说法，并且每逢佳节必喝酒，元旦喝屠苏酒，清明喝祭祀悼念酒，端午喝雄黄酒、菖蒲酒，中秋喝团圆酒，重阳喝菊花酒等。

在古代，酒用来祭天祀地、敬奉祖宗、招待客人。随着社会的发展、观念的变化和生活水平的提高，除了在重大节日外，日常生活中也少不了酒，逐渐形成了饮酒风俗，如满月酒、百日酒、祝寿酒、建屋上梁酒、婚丧嫁娶酒、乔迁酒乃至朋友聚会、迎来送往酒等。阜阳民间的饮酒风俗生动地反映了历史悠久的酒文化，是阜阳地区丰富多彩的民俗文化的重要组成部分。

第一节　酒源酒史

“酒者，天之美禄，帝王所以颐养天下，享祀祈福，扶衰养疾。百礼之会，非酒不行。”（班固《汉书·食货志》）

酒在我国有着相当悠久的历史，甚至可以说先于人类而存在。专家认为酒有两种：一种是自然的酒，就是先于人类而存在的酒；另一种是人工酒，也就是人工酿造的酒。酒文化中的酒显然是指后一种酒。

研究发现，在人类产生以前酒就已经存在，它是在自然状态下自行发酵而形成的酒，这样的酒一般都是果酒。我们知道，酒一般是用果实酿造的，植物有果子的时候这种酒就可能存在了。然而，最先发现这种酒的不是我们人类，而是猿猴。1977 年考古工作者在江苏泗洪县洪泽湖畔的下草湾挖掘出中新世的古猿化石，此古猿化石成醉酒状态，因此被命名为“双沟醉猿”。民间故事中也流传着猿猴嗜酒的故事，如唐代李肇《国史补》中就记载了猎人为捕捉狡黠的猿猴，又不至于伤害到它们，就在猿猴经常出没的地方放置几缸酒。猿猴闻香便会来到酒缸边，见无人看守，就先蘸着吮尝，实在忍不住了就大胆畅饮起来，直至醉倒被擒。明代李日华《紫桃轩杂缀·蓬栊夜话》、清代李调元《粤东笔记》、清代汪洪度《黄山领要录》中都有猿猴嗜酒造酒故事的记载。这些记载中所说的猿猴“造酒”实际上都是自然的酒，即果子自然发酵而成的酒。猿猴只是无意识地把果实（也就是它们的食物）聚集储存起来，因为食物过剩或其他原因，果子变质发酵而意外“酿”出了酒。

所谓的人工酒，就是人们发现了“酒”（自然的酒）这种物质后，尝试通过人工制造出来的“酒”。这种人工的酒就是我们所要谈的酒，这种酒包含着人们的劳动，人们的智慧，人们在造酒的过程中，实现了人的本质力量的对象化，这种酒作为劳动成果，本身就包含着美的因素，人们造酒是值得被赞美的。关于人工酒的起源现在还有争论，主要有以下几种说法。

第一种就是流传最广的杜康造酒说。相传农历八月十八日是“酒仙翁”——杜康的诞辰，造酒户都休息聚集，在堂上供奉着“酒中仙圣”或“始酿佳酒杜康先师”的神位，捧上美酒祭祀杜康。阜阳地区也流传着“杜康造酒醉刘伶，一醉三年”的故事。传说杜康就在现在的阜阳市颍东区口孜镇开酒店。根据这里的传说，杜康应该是魏晋时期的人，但在商周时期就已有关于饮酒的记录了，如商纣王的酒池肉林，所以这个说法与史实不符。还有一种说法说杜康即少康，这种说法由东汉许慎提出，根据《史记·夏本纪》记载少康是大禹的五世孙。《世本》载有“少康作秫酒”，《事物纪原》认为是周朝杜康造出了酒。

第二种说法是仪狄造酒说。《世本》记载“仪狄始作酒醪，变五味”。但后世对其身份性别等多有异议，亦不能断定仪狄造酒。

第三种说法是神农黄帝造酒说。《神农本草》中记载了有关酒的性味的记录。《黄帝内经》中记载有黄帝与医家岐伯讨论用五谷造“汤液酒醪”的事。

以上这几种虽都不够完善，不能充分证明谁最先造出了酒，但证明了人工造酒起源很早，很复杂。根据现行的标准，人工酿造的饮用酒主要分以下几类：一是发酵酒，包括果酒、葡萄酒、黄酒、啤酒和其他发酵酒；二是蒸馏酒，包括白酒和其他蒸馏酒，如白兰地、威士忌等；三是配制酒，是在成品酒或食用酒精中加入药材或其他材料配制成的酒。民间配制酒主要是指药酒，如五加皮酒、竹叶青酒等。

葡萄酒在我国也有很久的饮用历史。西汉时期汉使出使大宛带回了苜蓿和葡萄的种子，那时已开始酿造葡萄酒了，不过是些宫廷贵族的饮品。南北朝时期葡萄酒品种增加。至唐代，葡萄酒得到了空前发展。宋代时葡萄酒已趋于大众化。元朝时候的葡萄酒已是重要的商品了，出土了刻有“葡萄酒瓶”的酒瓶。明代饮用葡萄酒相当普遍了。1892 年爱国人士张弼士先后投资 300 万两白银在烟台创办“张裕酿酒公司”，中国葡萄酒工业化由此拉开序幕。阜阳界首市于 1967 年成立了葡萄酒厂，开始规模生产葡萄酒。

啤酒生产在我国起步较晚。1900 年 10 月，俄罗斯人在黑龙江哈尔滨市建造了我国第一家啤酒厂——乌鲁布列夫斯基啤酒厂。从此啤酒开始在我国进行规模生产。但是，由于人民的饮用习惯，啤酒在我国并不太受欢迎。在新中国成立前，全国十三家啤酒厂均分布在东部地区，且年产量总共也仅有7000升左右。随着我国经济的发展，人们生活水平的提高，啤酒也越来越受人们的欢迎。现在啤酒成了人们夏日的首选了。阜阳啤酒厂建于20世纪80年代，所产雪地牌啤酒质优价廉，颇受青睐，成为阜阳人夏季钟爱的饮品。

民间配制酒主要是指在黄酒或白酒中加入药材、香料或其他材料调配而成的酒，这种酒喝起来别有风味，另有他效。配制酒的技术似乎在人们掌握酿酒技术时就会了。配制酒的种类很多，诸如花类、果类、药材类等。李时珍的《本草纲目》中就记载了大量的药酒配制方法。药材类配制酒中较有名的有五加皮酒、竹叶青酒等。华佗所配制的麻沸散就是用酒做药引子的。五代陈抟在亳州酿造出了洺流酒，多被中医所用。清乾隆年间亳州地区酿造出了佛手露、玫瑰露、五加皮、老虎油等配制酒。20世纪末涡阳酿造出了海马回春酒。民间配制的酒多是在白酒中加入人参、鹿茸、枸杞等药材泡制而成的。

在我国悠久的造酒史中，掌握蒸馏技术，可以说是造酒技术一次最重要的变革。通过蒸馏技术造出的酒酒精度数高。现在市场上最多的就是这种蒸馏白酒，但也不乏勾兑酒。蒸馏白酒又叫烧酒，酒精度数是发酵酒的几倍。高度发酵酒十几二十度，啤酒也就八至十二度左右，而蒸馏白酒则高达五六十度，如烧刀子酒、二锅头酒就能高至六十多度。蒸馏酒的起源可考至元代，元代忽思慧《饮膳正要》记载“用好酒蒸熬取露成阿剌吉”。阿剌吉就是元代的一种蒸馏白酒，又叫轧赖机、阿里乞或哈拉基。“味甘辣，大热，有大毒，主消冷坚吉，去寒气”，可见阿剌吉就是一种高度酒。黄时鉴《阿剌吉与中国烧酒的起始》一文，详细论证了蒸馏酒起源于元代。虽然唐代诗人白居易诗句“荔枝新熟鸡冠色，烧酒初开琥珀香”中提到了“烧酒”，但白酒为无色，他这里烧酒初开却是琥珀色，有关学者考证，唐代烧酒为红酒，不是蒸馏白酒，这里的“烧酒”可能是用火加热酒之意。阜阳地区现当代白酒生产突飞猛进，生产出了大量的知名白酒，从西周开国的文王酒，到西晋刘伶的醉三秋，再到阜阳特产金种子，各县市区都出产优质白酒，白酒生产量在安徽几乎占了半壁江山。

第二节　古今酒器

我国人民普遍饮酒可以上溯到大汶口文化时期。中国自古就是礼仪之邦，饮酒之风的盛行必然带来饮酒器具的变化。我国历史上饮酒器种类繁多，材质、形式多种多样。如果把我国历史上所有不同时期、不同类型、不同材质、不同用途、不同地区的酒器都聚集起来，就可以开一个有相当规模的中国酒器博物馆了。阜阳民间的古今酒器可以看作全国的代表。

我国酒器的发展历史大致有以下几个时期：

一、陶质酒器时期

这种原始酒器多流行在新石器时代。1979 年山东大汶口发掘出土了距今五千多年的成套的酒器，共有一百多件，其中有用来煮原料的，有用来发酵的，有用来滤酒的，有用来储酒的。样式多种多样，用途分门别类，材质多为陶质。这足以证明当时人们已掌握了造酒技术，饮酒之风也在原始村落中流行了。这时期的酒器古朴大方，造型简洁如陶杯，陶甑。1994 年阜阳近邻蒙城县尉迟寺遗址发掘出土了大量的陶质酒器，这一发现被称为“1994 年全国十大考古发现”之一，尉迟寺遗址也被誉为“中国原始第一村”，属原始社会中晚期遗址。

二、青铜酒器时期

夏商周时期人们生产力大大提高，发现矿物并发明了冶金术，青铜器大量出现，并制造出了震惊世界的青铜器。青铜制品大量出现在贵族家庭中，且分类更为精细，据马承源主编《中国青铜器（修订版）》（上海古籍出版社）分类，只青铜酒器就分了 23 类，如尊、爵、斝等。可见商周时期的贵族生活已是精细化了。

1957 年阜阳出土了闻名全国的“青铜龙虎尊”，同时出土的还有饕餮尊一件，觚两件，爵两件，斝两件，均属商代文物。

1971 年阜阳颍上出土了商代酒器爵三件，觚一件。

1972 年阜阳颍上王岗郑小庄出土爵两件，觯一件。

1982 年阜阳颍上郑家湾出土尊一件，爵两件，提梁卣一件。

三、漆器酒器时期

春秋至秦汉时期青铜酒器衰落，酒器发生了一次变革，漆酒器开始流行，并取代了青铜酒器。战国时期漆器工艺突飞猛进，制造出大量精美的漆酒器，最主要有扁壶和耳杯。

1977 年阜阳双古堆汝阴侯墓出土了大量精美的木质漆器耳杯，造型精美，色彩明快，工艺精湛。双古堆遗址现在阜阳师范学院西湖校区教学主楼前的广场附近。

四、瓷质酒器为主的时期

唐代制瓷技术得到发展并普及，瓷质酒器开始流行。宋元明清时期，制瓷技术日臻成熟，出现了闻名全国的瓷窑，瓷质酒器也日益精致，流传下来了大量精美的瓷质酒器，如梅瓶、玉壶春瓶、倒装壶等。

20 世纪 70 年代涡阳出土了西汉玉杯一件。

其他材质的酒器还有玉质酒器、金银质酒器、牙质酒器、砂质酒器、角质酒器、蚌贝质酒器、骨质酒器、果壳质酒器、竹木质酒器、瓠瓢质酒器。上述出土文物多为官宦贵族所用，民间并没有如此精美的酒器。民间酒器多为瓷质、陶质，有缸、瓮、坛、壶、分酒器、杯、“浅子”、盅等。现当代玻璃酒器更是风靡一时。

缸、瓮、坛、壶主要是用来存酒的。缸的储量最大，瓮次之，坛又次之，壶主要用在酒桌上。瓮是一种口小腹大底小的缸，但比缸要小。农家烧酒一般储存在瓮中。酒坛多是人们存放买来的散酒的，比瓮小，但比壶大，携带较为方便。分酒器主要用在酒桌上，多为玻璃质，一般豪华酒店的餐桌上都有分酒器和酒盅，是为了方便就餐者自行倒酒。农村人喝酒多用杯子或“浅子”——一种瓷质小碗。随着人们生活水平的提高，葡萄酒也进入人们的家庭，高脚酒杯也随之而来。总之，现代酒器在材质、造型、大小等各方面都朝着多样化的方向发展。

第三节 酒宴酒席

我国在很早的时候就有了饮酒礼仪，《礼记·乡饮酒义》：“乡饮酒之礼：六十者坐，五十者立侍，以听政役，所以明尊长也。六十者三豆，七十者四豆，八十者五豆，九十者六豆，所以明养老也。”不光《礼记》中记载了有关饮酒的礼仪制度，诗歌里也有所反映。《诗经·豳风·七月》中就记载了先民们忙完了农活，聚集到一起饮酒祝贺丰收的情景，反映的是下层人民的生活。

周朝礼仪风俗中有冠、婚、丧、祭、飨、射、聘、朝八种，这些礼乐制度深深地影响了我们的生活。我们的酒席，如婚礼酒、丧葬酒、祭祀酒等都能在这“八礼”中找到源头。阜阳民间的酒席就有婚丧嫁娶酒、答谢致礼酒、庆贺酒、节日酒、祭祀酒等。

婚丧嫁娶酒算是民间最重要的酒席了。民间有红白喜事的说法，红喜事就是娶妻嫁女，白喜事就是老人谢世入土。结婚就意味着延续家族的后代，在中国传统的“不孝有三，无后为大”观念中，结婚生子是最重要的事。嫁娶双方在结婚当天会在男女双方的家里举办酒宴，招待前来祝贺的亲朋好友，酒是宴席中必不可少的。新郎新娘要到每个酒桌前向前来祝贺的亲朋好友敬酒。

答谢致礼酒是在社会交往中产生的。社会中的人总会和其他人发生这样或那样的关系，帮助别人或求别人帮助，总是不可避免。俗话说“成不成，酒三瓶”就是这个理。还有如你家农活多，一时干不完，邻里就会来帮你干完它，你总得做几道菜，备一席酒招待一下，表一下答谢心意。答谢致礼酒也是人们团结友爱的见证，在阜阳民间普遍流行。

现在的庆贺酒宴种类多了起来，喜得贵子、新居落成、乔迁、考上大学、职位升迁、祝寿还有小孩剪辫子等都会举行酒宴来庆贺。乔迁新居又叫“燎锅底”。剪辫子的习俗在农村流行，体现的是老人对小孩的重视和喜爱。

逢年过节的时候人们都会“走亲戚”，就是带上礼品拜访亲戚。农民在忙完农活，丰收过后也会邀上邻里喝上两杯。现在商业会谈也多在酒席上完成。

酒席上的座次也是我们酒文化中的重要组成部分，它鲜明地反映了我们民族的礼仪制度，体现了我们尊敬老人、热情好客的传统。

阜阳地区的酒宴一般都是“八仙桌”，就是方形的、能够坐上八个人的桌子。八仙桌俗称“大桌子”，因为多数家庭都会另有一个能够坐上四个人的小饭桌，是自家人吃饭用的。阜阳地区的房屋一般是坐北朝南，但也不乏例外。现在农村建房都靠路边，图个方便，门向路开，也不再讲究坐北朝南了。农村在“当门”（即“堂屋”，就是现在所说的客厅）招待客人。在座次上正对着门的、能够从屋内直视屋外的一方为上座，是客人、长者的座位，与上座相对的就是下坐，又叫“菜道”，桌上的菜多从这一方位端上来。下坐一般是主人坐，一是为了表示客气，二是为了上菜方便。古代有“虚左以待”表示对人的尊敬，所以在上座中，又以左为贵。阜阳地区流行的座次如图一所示（按坐北朝南的方位）。

随着社会的发展，现在的座席要求没有那么严格了，一般上下座位坐好后，其他陪客的就可随意而坐了，如图二所示。

清代时出现了圆桌。一般的说法是圆桌不分上下席位，但是由于人们受习俗的影响，在圆桌上也分起了上下席位，这主要是受八仙桌座次的影响。圆桌的一般座次如图三所示。

但也有其他坐法，如图四、图五，其中图五的坐法也是受到八仙桌坐法的影响。

随着经济的发展、东西文化的交流，西式餐桌也开始进入人们的生活，但多是在一些餐馆，家庭中主要以八仙桌为主，这里不再叙述西式餐桌的座次。

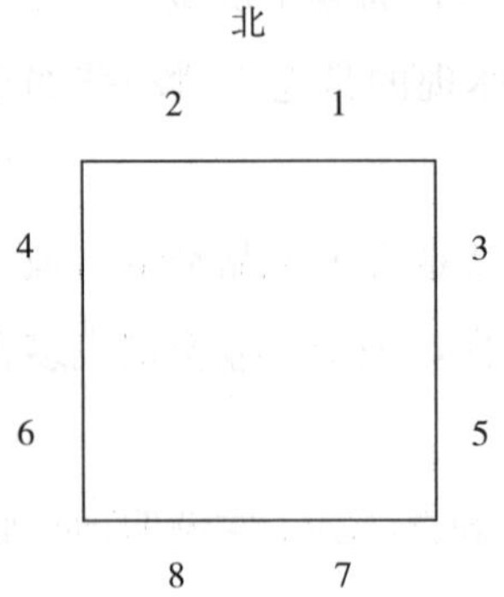

图一

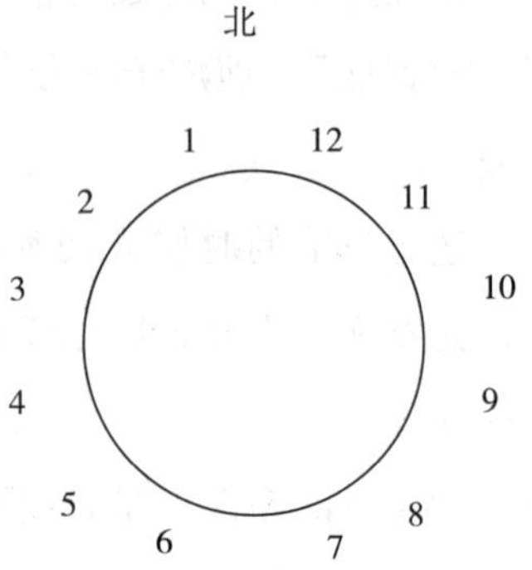

图二

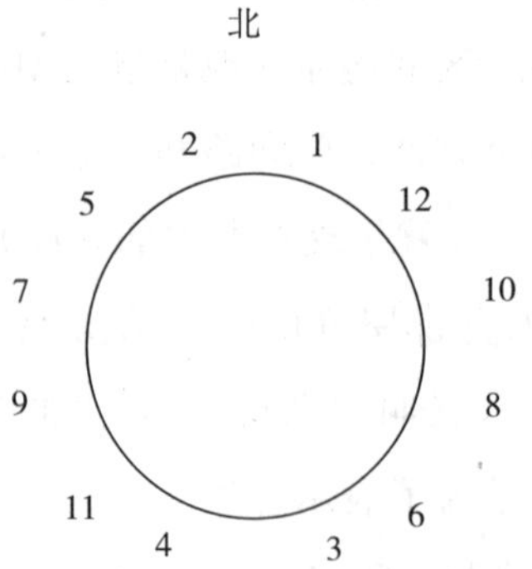

图三

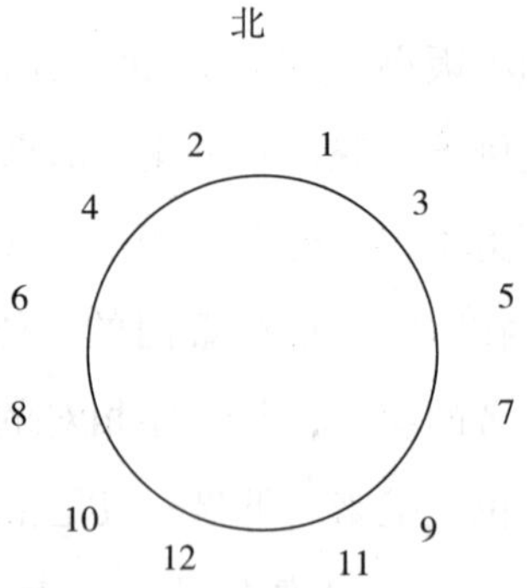

图四

第四节　酒风酒俗

阜阳人性格豪爽，热情好客。酒风亦如民风，朴实纯正，慷慨激昂。阜阳民间喝起酒来，不仅自己喝足喝好，而且要千方百计让客人多喝些，甚至必让其喝醉而后快，而自己往往也是“舍命陪君子”，直至双方都酩酊大醉。

阜阳是有名的酒乡。有一位外地客商到阜阳经商，回去后人们问他对阜阳有什么印象，他脱口而出说：“阜阳没麻雀。”人们就很惊讶，麻雀是到处都有的鸟，阜阳怎么会没有呢？人们就问他为什么？他说："阜阳酒厂多，酒气冲天，麻雀被酒熏醉了，飞着飞着就一头栽下来摔死了。"当问他有什么感想时，他就感慨地说："到北京感到自己官小，到深圳感到自己钱少，到广州感到自己年老，到阜阳感到自己酒量小。"

上面这个段子虽然含有不少戏谑的味道，但也形象地表明阜阳酒文化的特点。据报道，号称皖酒十大天王的古井、种子、高炉、口子、迎驾、沙河、皖酒、中华玉泉、明光、文王十大酒厂都在淮河流域，其中文王、种子、沙河都是阜阳市的。在全国白酒企业年产量超过六万吨的酒厂中，就有阜阳金种子集团。这就充分证明了阜阳酒厂多，白酒生产量大。阜阳人酒量大也是名不虚传的，阜阳酒厂曾有位从事营销工作的女性，渴了总是以酒代水，慢慢地酒量就上来了，竟能喝上几碗不醉。有位先生给她作诗一首：长伴酒池做生涯，大碗舀来似饮茶。海量何须逢知己，浇润粉面似桃花。

阜阳民间的酒文化还有一个显著特点就是"酒规矩"多。酒规矩就是酒桌上劝人喝酒、让人喝酒的各种礼节与游戏。酒桌上的这些酒规矩能体现民间礼仪，调节人的情感，促进人的交流，使酒桌上长幼有序，并且洋溢着欢乐的气氛。其中最重要的酒规矩要数酒令，可以说酒令是酒桌上的兴奋剂。酒令有雅令，有通令。雅令就是推举出来一个令官，令官须先喝一杯酒，然后出诗句、对子、谜语等，其他人按令官的意思续令，所续的令在内容上、形式上都要与令官的意思相符。若续不出来，或续得不符则要罚酒。行雅令要有学识，要才思敏捷。《红楼梦》第四十回就生动地记录了贾府宴饮时所行的牙牌令。农民的文化水平比较低，一般行不得雅令，但并不是不行令，有谚说"无酒不成席，无令不成饮"。农村行的一般是通令，多由农民自己发明。下面先介绍一下阜阳民间酒席上的酒规矩。

鱼头酒：喝鱼头酒主要是因为酒席上有一道整鱼，在上整鱼的时候，鱼头一般指向客人或长者。在酒席上鱼头酒是必须得喝的，不论酒量是大是小。鱼头酒一般喝三杯，如果不喝便是失礼。在圆桌上鱼头指向的位置停下后，谁若是再转动桌上的圆盘就得罚酒。与鱼头相对的是鱼尾，坐在鱼尾指向的要在客人喝第二杯鱼头酒时陪喝一杯鱼尾酒。因为鱼尾是双叉的，所以有时喝鱼尾酒的是两个人。鱼头酒喝过之后，主宾或长者要用筷子取下一块鱼肉，这叫“剪彩”，“剪彩”之后众人方可跟着吃鱼，在“剪彩”之前谁若是先吃了鱼就得罚谁酒。

鱼头酒在民间酒席上是一个非常有文化内涵的饮酒游戏。主宾饮过鱼头酒之后，若想让众人陪他喝上一杯，就会“出难题”。如夹起一个鱼眼放在甲的食盘中，甲就得喝上一杯酒，这叫“高看一眼”；夹起一块鱼翅放在乙食盘里，乙就得喝一杯，这叫“展翅高飞”；夹的若是鱼唇，就得喝“唇齿相依”酒；夹的是鱼背，就得喝“倍感亲切”酒；夹的是鱼腹，就得喝“推心置腹”酒；夹的是鱼尾，就得喝“首尾相应”酒。放在谁的餐盘中谁就得喝酒，直到主宾认为该喝的都喝了后，他便用筷子捅捅鱼口，这叫“统统都喝”，所有人都端起酒杯一饮而尽，鱼头酒至此结束。

然而，并不是所有人酒量都很好。酒量不好的、不想多喝酒的就会想出对策来。你说高看一眼，他偏说不要“鱼目混珠”了；你说展翅高飞，他就会说“插翅难逃”；你说倍感亲切，他便道“不要攻其不备”了；你说推心置腹，他则会说“无以复加”；你说首尾相应，他就会说“首当其冲”，“鱼头”应当再喝一杯，当两人争执不下时，众人就会说首尾相应，两人都喝一杯才叫“相应”，这时则可用“畏首畏尾”解围；主宾用筷子捅捅鱼口，让大家统统都喝，可以夹一片菜叶盖在鱼身上，叫“一概不喝”，若主宾坚持要喝则还可以用上“概不例外”。总之，上有政策，下有对策。鱼头酒就是一种“进攻”与“防守”的游戏，鱼头酒中所说的话语充分反映了人们的聪明才智，鱼头酒能非常有效地活跃酒桌上的气氛，在进攻与防守间给酒席带来欢声笑语。

走盅：又叫走杯、走酒。走盅在太和、临泉、界首三地比较流行，尤以太和与临泉最为流行。走盅就是敬酒。古礼讲究酒过三巡，然后便随意敬酒，然而敬酒也要先向宾客、长者敬，然后才随意敬酒。走盅的规矩没有那么严格了。现在多是大家举杯干一杯后，然后“酒司令”（酒席上为大家斟酒的人）为大家斟满酒，共同再喝一杯后就可随意敬酒了。但也是先向客人、长者敬酒。走盅一般不走“热盅”，即别人刚敬过你，你便立即回敬，这样有报复之嫌。

走盅的说法也比较多。跟、随就是走盅的时候邀上别人一块敬酒。邀的人数不固定，可以是一个人，可以是两个人，也可以是全桌的人。邀多少人一般要考虑酒盅“出门”对象（即受杯者）的酒量。如果邀你走盅你不随，邀杯者可以将邀来的杯子都放在你面前。邀杯前受邀者一般都有言在先，要求“内部不来”，邀杯者内部不能起内讧，不能杀“回马枪”“伤害”同路人。邀杯的数量都有名称：自己一人叫“拉架车”；邀上一个叫“俩好”“一对元宝”；邀两个人叫“开三轮”“杠山尖”“三星高照”“三热爱”；邀上三个人叫“开四轮”“四美”“四季发财”；邀四个叫“五讲”；邀五个叫“六六大顺”；邀六个叫“七仙女”；七个则是“七仙女抱个娃”“八发”；把全桌的酒杯都聚集过来去敬一个人叫“开会”“总结”。走盅时所说的这些都与人们的生活息息相关，反映了人们的智慧、幽默，增加了酒桌上的欢乐气氛。

另外，还有一种走盅方式叫“不散捆儿”，即三个杯子或四个杯子在一块一同出门，类似“开三轮”“开四轮”。这主要是邀杯者受杯者的酒量相当，两人互不服气，进行斗酒。

打的过去：敬酒的一种方式。甲与乙不是邻座，甲敬乙酒，乙因某种原因不受，甲执意要敬，就会端起酒杯走到乙面前，向乙敬酒，并且口中说道“我打的过去了”，乙则不得不喝甲敬的酒。

炸雷子：就是一口喝尽分酒器中的酒。皋阳有句酒谚“感情深，一口闷”。炸雷子就是一口闷，不论大酒杯中是半杯还是一杯，都要一口喝尽。

猜拳：又称划拳、豁拳、搳拳。两人同时出拳，伸出手指并喊数目，所喊之数刚好是两人伸出手指之和者胜，负者罚饮。所喊数字，均含吉利之词，如：“一定中”“两相好”“三星高照”“四季发财”“五子登科”“六六大顺”“七星高照”“八仙过海”“九九归一”“十全福”；“一心敬”“哥俩好”“三桃园”“四季财”“五魁首”“六六顺”“七巧枚”“八匹马”“九仙寿”“十全福”“宝拳一对”（都不出）等，不一而足。猜拳中有冒拳、闷拳的说法。冒拳就是喊的数大于自己伸出手指数加 5 的和；闷拳就是喊的数小于自己伸出手指的数。猜拳时喊的数可以与手指数不符，如喊八出三根手指。猜拳规矩种类繁多，各地不尽相同。猜拳前的规则有“开门见山”“一个帽”和“两个帽”等。“开门见山”就是划第一拳就分胜负；“一个帽”就是第一拳喊“俩好”，第二拳时才分胜负；“两个帽”就是先喊两个“好”，划第三拳时再分胜负。

推小车：猜拳的一种。这种猜拳是同席都参与的。先由甲与乙猜拳，若甲胜出，则乙罚酒一杯；甲与丙猜拳，丙败罚酒，甲继续与丁猜拳。若甲败，则甲罚酒一杯，由丙与丁猜拳，依次推下去。猜拳中可事先定好规则，如与一个人猜几次，最多喝几杯等。

五不五：太和地区猜拳的规则，就是猜拳中不说“五”。有人解释说，以前太和城西南与阜阳和现界首东南交界的地方土匪多，他们忌讳说“捂”，捂住就是被逮到。“捂”与“五”谐音，他们在猜拳的时候就不说五，后来“五”就成了当地酒席猜拳的一个禁忌了。

老虎杠子：酒桌上的一种游戏，两个人参加。游戏时甲乙两人握手或用手拍着桌沿儿或用筷子敲着桌子，同时口里喊着老虎、杠子、鸡、虫四个令名的一个。游戏规则是：老虎吃鸡，鸡吃虫，虫蛀棒子，棒子打老虎的相克规律来游戏，中间隔一个或两个不分输赢，要重新喊。输赢喝酒事先定好，一般是输者罚酒。

压指：酒桌上两人游戏的一种，又称大压小。两人行令时各出一个手指，以拇指胜食指，食指胜中指，中指胜无名指，无名指胜小指，小指胜拇指的规则进行游戏。其中隔一指、两指无胜负。这与古代的五行生克令极为相似。五行生克令以拇指为金，食指为木，中指为土，无名指为水，小指为火，以金克木，木克土，土克水，水克火，火克金的规则来游戏。

猜宝：又称猜有无。以火柴杆为道具，可两人或多人参加。两人进行游戏时只需准备一根火柴杆，然后由甲或乙拿在手里，放在背后或暗处，把火柴杆或放手里，或不放手里，由乙来猜。乙若猜对则甲罚酒，若猜错则乙罚酒。另一种情况是多人参与，有多少人就准备多少根火柴杆，然后由一人拿在手里，拿火柴杆的要先喝一杯。和两人玩时一样，先把手里的火柴杆放在暗处，然后在手心里留有若干根火柴杆，伸出手来，让大家依次猜手里有几根火柴杆，猜对的要喝一杯酒，大家都猜不对，则手握火柴杆的自罚一杯。

照相：用扑克牌玩的一种酒令游戏。如甲乙丙丁四人喝酒，从一副扑克牌中抽出四个数字，如 2、3、4、5，共 16 张牌，甲乙丙丁一人一张，如甲是 2，乙是 3，丙是 4，丁是 5。把剩下的 12 张牌洗匀，然后从中抽取一张牌，所抽牌的数字与谁手里的牌的数字一样，谁就喝一杯酒。

147，258，369：也是用扑克牌玩的一种酒令游戏。甲乙丙三人参与，事先定好 147 属于甲，258 属于乙，369 属于丙，然后每人从一桌抽出一张扑克牌，三数相加得和，看和的个位数数字与谁相符谁就喝酒，如得和为 11 或为 14 或为 17，则甲罚酒一杯。

还有其他一些酒令，包括新产生的一些酒令中的新花样，这里不再赘述。

阜阳地区的这些酒规矩生动地反映了阜阳地区的民间酒文化，反映了阜阳民间人们的精神面貌，是阜阳民间酒文化中不可分割的一部分。

第四章 阜阳民间的婚嫁礼俗

婚嫁乃人生之大事。婚，本指妇家，男娶之所，古时婚礼通常在黄昏时，故原作昏。姻，本指婿家，女嫁之所，取因义，就也（许慎《说文解字》）。男娶女嫁，结为婚姻，成家立业，生儿育女，血缘六亲，人伦长幼，皆由此始。故婚嫁自古被世人所看重，并逐步形成了与之密切相关的各种礼俗，且带有庄严神圣的仪式感。阜阳地区的婚嫁礼俗在汉族聚居区有一定的代表性和典型意义。《礼记》上说：“天地合而后万物兴焉，夫昏礼，万世之始也。”“上以事宗庙，而下以继后世也，故君子重之。”[1] 婚姻是人类得以繁衍生息的主要方式，是构成家族的基础，特别是在以家庭为本位的社会，婚姻更有着至关重要的意义。

① 《礼记》卷六，婚义，《十三经注疏》，第1680页。

传统的汉族婚俗基本上延续了古代的“六礼”制度。传说周文王卜得吉兆纳征订婚后，亲迎太姒于渭水之滨，整个过程包括纳采、问名、纳吉、纳征、请期、亲迎六道仪式。后来这六道仪式演变为婚俗礼仪的范本，即为六礼。六礼第一是纳采，男家向女家送一只雁：“纳雁以为采择之礼也”，因为雁“木落南翔，冰泮北徂”，顺乎阴阳往来；其次雁失配偶，终生不再成双，取其忠贞之德，以雁为礼，表示求婚之诚意。第二是问名，男家问清楚女子的姓氏、生时以及生母之姓氏，以便回家占卜吉凶。第三是纳吉，在祖庙卜得吉兆后，到女家报喜，在问名纳吉时当然也要送礼。第四是纳征，“纳币以为婚姻之证也”，等于宣告订婚，要送比较重的聘礼，一般是钱币和布帛。第五是请期，即选定完婚的吉日，征求女家同意。第六是亲迎，即娶亲。到了后代，一般庶民对这六礼往往精简合并。近代阜阳一带的婚嫁习俗在古代六礼的基础上既有继承又有变更。

第一节　婚嫁的前奏

一、说媒

这是婚姻的序幕。

“取妻如之何，必告父母……取妻如之何？匪媒不得。”[①] 旧时媒人在婚姻中的作用非常之大，多少青年男女的婚姻命运掌握在媒人手中。颍淮地区媒人说媒有三种情况：一是受人委托说媒，俗称提媒，即男方相中了某家的女儿想向女家提亲。男方先请媒人来家吃饭，并介绍自家情况，包括社会关系、经济条件、家族世系、职业状况以及儿子的个人情况等。媒人接受请托，择日到女方家中，讲明来意，美言其事。如女方表示可以考虑，媒人就会继续奔走说合；如女方不允，也会婉言谢绝，不能得罪媒人。俗话说“一家有女百家问”，不管成与不成，有媒人到家提亲总比没人提亲好。

第二种情况是媒人主动撮合，俗称拉媒。拉媒不仅要掌握一些未婚青

① 《诗经·齐风·南山》，《十三经注疏》，第352页。

年男女的情况，还要能说会道，要把双方的家世家财、人品相貌、能力本事，介绍得恰到好处，使听者深信不疑。

第三种情况是名誉媒人。当男女双方相互了解，彼此满意，甚至生米做成熟饭之后，出于礼仪的需要，请求与自家关系密切、在当地有一定身份和威望的人出面担当。

二、合年命

相当于古代的问名。通过媒人介绍，双方家庭通过多方了解并基本满意之后，男家先请媒人到对方家中要回女儿的年命帖子，上写该女的出生年月日时，以便请算命先生推算男女两人的八字是否相克相冲。如果属相和八字相合，这门亲事就可以成立。男方合过年命之后，媒人还须将男方的年命帖子交给女方再推算一遍，做到彼此放心。过去年命帖子的写法有一定的讲究，要用红纸毛笔竖行书写，女帖写坤造，男帖写乾造。庚帖样式如下：

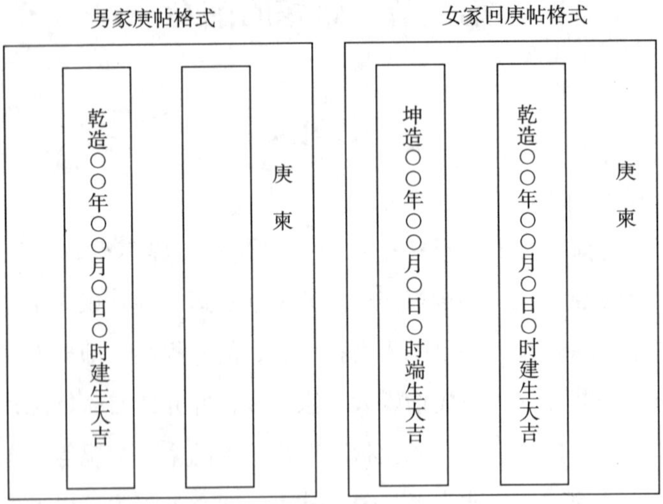

庚帖（年命帖子）样式

请庚帖是请求对方开列出生年月日时的红帖，中间两行用红纸浮笺贴上（红纸长条，上端略微粘一下，可以取下），男方先写，写好后贴于左边，把右边留给女方，以示礼让。女方写好回庚后，把男方浮笺移右边，自家贴左边表示尊重对方，符合传统礼仪。庚帖写好后，装入庚帖外套中，上写“庚函”二字，即可交给媒人传送。庚帖上印有龙凤等吉祥物，又名“龙凤全帖”。

民间迷信说法，男女双方年命相生为吉，忌年命相克。如金命的男子娶土、水命的女子为吉，忌娶火命或者木命的女子。因为土生金，金生水，以相生为吉；火克金，金克木，以相克为凶。男女合婚也有忌年支相害之说，年支相害即生肖相害，民间流传的歌谣是：“从来白马怕青牛，羊鼠相逢一旦休。蛇见猛虎如刀断，猪遇猴头不到头。龙遇兔儿云端去，金鸡见犬泪交流。”也就是说，午丑年（午马、丑牛）、子未年（子鼠、未羊）、巳寅年（巳蛇、寅虎）、辰卯年（辰龙、卯兔）、酉戌年（酉鸡、戌狗）出生之男女，婚配是不吉利的。

三、下定

下定即定亲，是确定婚姻关系的必需礼仪，相当于古代“六礼”中的纳征，俗称“过礼”“下缚子”“送彩礼”等。当男女双方确定婚姻关系后，男方要向女方送礼作为定亲的依据和凭证。各地定亲的礼俗不尽相同，有的地方要在红帖内页列礼单，写上送去的衣料几件、首饰几盒、礼银多少等；这种红帖俗称“下定书”。有的地方要在红帖内页右边竖行写上男子的姓名和生辰八字，俗称“鸳鸯礼书”。准备一支新毛笔和一块新墨，连同“头节礼”（礼金）一同放入“批书匣”（红纸盒）里，由本房的男性亲属带上批书匣，随媒人送到女家。女家在收到礼物后，点烛焚香，打开批书匣，在“鸳鸯礼书”的左边，用新笔墨添上女子的生辰八字，然后在封面写上“亲允大吉”四字，交男方亲属带回，批书仪式即告完成，双方正式定亲。有的地方确定联姻后，男方准备两段红帐子（红布、红绸）和银质首饰，连同女方的庚帖（即上文说的年命帖子）一起送于女方，俗称“还庚”。女方收下礼物后，即将一顶礼帽、两本书、两支笔、两锭墨送给男方，男方随后再送鸡、鲤鱼、果品和猪肉等物给女方，以图吉（鸡）利（鲤）。随后逢年过节，男方都要给这“未过门的亲戚”送礼。有的地方选好下定的吉日后，将男子的出生年月日时写在红金帖子上，另备衣料、果品、喜饼、猪羊肉及首饰数件，放在桃形盒里，请两个媒人一同送往女家，女家对于食物约收大半，衣料随意取收，首饰全部收下，并将事先准备好的鞋帽、笔墨、书籍等物和写有女子生辰八字的红金帖子交给媒人带回男家。当天，男女两家各设酒宴数席，招待三亲六戚，宣告两家定亲。

下定最重要的礼物就是定金。民国时期，第一次送的“头节礼”，一般是 108 块银圆。但因贫富不同，钱数并不强求一致，但尾数必须是 8，每枚银圆上要用红笔（朱墨）写上“囍”字样。据《涡阳县志》记载，当时“婚姻不论财，髫龄通媒妁，用钗环首饰数件，俗曰下定，丰俭视家资”。到了后来，随着纸币的通行，下定金数目逐渐升级，668，888，1888，6688，8888，甚至更多，不论礼金多少，尾数必须是 8。近时有的地方定金是 10001 元，意思是“万里挑一”。纸币不能写“囍”，一般要装在印有鸳鸯图案的大红礼袋内，写出礼金钱数和吉祥如意等字样。

四、择日子

择日子相当于古代的“请期”，俗称“看日子”“看好”。旧时由男家确定迎娶日期，再同女方商定。其程序是先请人（算命先生、私塾先生等有学问的人）推算查定吉日，将日期及迎娶事项写成帖子，请媒人送至女方家中征求意见，故称“请期”。一般要选择两个吉日，一个在上半月，一个在下半月。经女方选定后，再由媒人将定下的日子通知（书面、口头）男方，俗称定日子。定日子的帖式如下：

男家报日帖格式

谨择〇年〇月〇日敬备彩车恭迎
令爱于归　肃此预
闻
名具正柬

女家回帖格式

谨遵
台　命
名具正柬

定日子帖式

写好之后，也要装在帖套中，上写“星函”两字。名具正柬是说名字已写在星函内页另纸上。因为是以双方长辈名誉发帖，内页一般写上“姻弟○○○鞠躬”字样。

民间十分重视婚嫁吉日的选择，过去多从万年历通书上查取、选定。各月的婚嫁吉日是：

正月：丙子　己卯　辛卯　庚子　丙寅　壬午　癸卯　戊子　丙午　辛未　乙未　乙卯

二月：乙丑　丙子　丁丑　丙戌　丙寅　戊子　己丑　庚子　庚寅　庚戌　乙未

三月：甲子　戊寅　壬寅　甲寅　丁卯　乙卯　己卯　庚午　丙午

四月：甲子　丙子　戊子　丙戌　甲戌　丁卯　己卯　辛卯　癸卯　乙卯

五月：甲戌　丙戌　戊戌　乙未　癸未　乙丑　丁丑　己丑　辛丑

六月：甲午　乙未　甲戌　癸未　戊戌　壬戌　辛卯　戊寅　庚寅

七月：乙巳　乙未　甲午　戊辰　癸巳　癸未　壬午　丙子　壬子　丙辰　丙午

八月：甲辰　甲午　戊辰　戊午　癸巳　壬辰　壬午　乙丑　丁丑　戊戌　己丑

九月：甲子　庚午　壬午　戊午　癸巳　辛巳　辛未　癸未　辛卯　己卯　癸卯　丙午　乙卯

十月：庚午　壬午　己卯　乙卯　癸卯　辛卯　庚寅　壬寅　庚辰　壬辰　戊辰　辛未　丁未　戊寅

十一月：庚寅　壬寅　丁丑　己丑　辛丑　庚辰　壬辰　戊辰　甲辰　丙辰

十二月：丙寅　辛丑　辛卯　庚子　庚寅　庚辰　戊寅　丁卯　己卯　癸卯　乙卯　丙辰　甲寅　戊辰　己巳　癸巳

上表中所列吉日，如果某日是单数日子或者谐音不好，也不能选用。如一九七一年三月甲子日是三月十四日，三月乙卯是三月初五日，虽吉也不可选用。结婚日子确定之后，在迎娶前还要举行“过礼”仪式，过礼也要选择双数日子，在上午进行，礼品数量不限，也要双数，一般礼品为衣服、衣料、首饰、喜饼（大盒酥皮点心）、喜果（红枣、栗子、花生、桂圆）、酒、肉、鱼等。有的地方另送茶叶，取古礼“三茶六礼”之意。吉日确定之后，男女双方都要为婚嫁做准备。女家制作、购买陪送给闺女的家具、衣服、首饰等，俗称“嫁妆”，准备嫁妆，俗称“备嫁”。嫁妆无论是多是少，都是以新为吉，不能用旧的。不管出嫁的日期在冬天还是夏天，都要有棉袄、棉裤、棉被褥和其他各色衣服。棉衣被要“三表新”，即新面子、新套子（棉絮）、新里子。棉袄棉裤一般是两套，一套厚的，一套较薄一些的。棉被子可以是两床、四床、六床、八床、十床，而不是一、三、五、七床。家具少则是一箱一桌加灯、盆、笸箩（针线盒），多则是大柜、小柜、条几、方桌、椅子（两把、四把等）、大箱、小箱、皮箱等样样俱全，而且要配成“巧八件”“十八件”等。首饰金银玉翠皆可，视财力而定。过去，有些富裕人家，除一般嫁妆外，还会陪送田产和车马。

女家在准备嫁妆的同时，还要将女儿的婚期告诉有关亲戚朋友，口头通知或书面通知（下帖）均可。接到通知的亲朋，要选择吉日，到女家送礼表示祝贺，可以送钱，也可以送衣料、首饰，俗称给女孩“添箱”。女家的正式答谢之礼一般放在女儿发嫁之后，俗称“请添箱的”。

第二节　婚嫁（结婚）礼俗

民间结婚以男方定位，俗称娶亲，又谓成亲，俗称结婚，也说娶媳妇，相当于古代六礼中的亲迎。对男方来说，即把新娘娶到家中，举行结婚仪式。对女方来说，是把女儿嫁到婆家，俗称“发嫁闺女”。古时娶亲新郎要往女家迎娶新娘，到了近代，迎亲多由媒人和专请的童男童女迎接。《太和县志》记载：“惟昔年士大夫有作亲迎者，今罕见。”《颍上县志》记载：“亲迎者十不二三。”

娶亲，无论亲迎、代迎，都是婚嫁礼仪的中心环节。一般包括贴喜联、迎亲、祭拜天地、行合卺礼、入洞房等多道程序。

一、新婚联

娶亲前一日，男方要请人写好结婚红对联，并设宴招待写对联的人。结婚对联的选择有讲究，要与结婚时间联系起来，民间流传的对联很多，略举数例如下：

二月新婚联：杏坛春暖花并蒂
兰闺日晴燕双飞

柳暗花明春正半
珠联壁合影成双

三月新婚联：红桃宜插新人鬓
翠柳巧成同心结

凤翔鸾鸣春正丽
莺歌燕舞日初长

四月新婚联：宝镜台前人似玉
金莺枕侧语如花

豆蔻正开香透蕊
蔷薇才放露初匀

五月新婚联：绿竹恩爱意
榴花新人情

凤管音谐金缕曲
蝶衣粉染石榴裙

六月新婚联：莲花开并蒂
兰带结同心

并蒂花开莲房有子
同心缕结竹簟生凉

七月新婚联：玉镜人间传合璧
银河天上渡双星

云汉桥成牛女渡
春台箫引凤凰飞

八月新婚联：金屋光辉花正好
玉楼宵静月常圆

巧借花容添月色
欣逢秋夜作春宵

九月新婚联：诗题红叶同心句
酒饮黄花合卺杯

几朵秋花簪凤髻
一弯新月画蛾眉

十月新婚联：翡翠帘垂秋夜月
芙蓉镜卜小阳春

大雁比翼飞万里
夫妻同心乐百年

十一月新婚联：画梅笔带凌云气
种玉人怀咏雪才

苍松翠柏沐喜气
玉树银枝迎新人

十二月新婚联：雪生红梅放
门前新人来

交枝松茂傲腊雪
并蒂梅香报新春

如果是女婚男嫁（俗称倒插门），应写招婿联：

香车迎贤婿
美酒宴喜宾

得赘贤郎即是子
生来好女胜于男

贤婿作儿福中福
爱女为媳亲上亲

凤求凰百年好合
男嫁女五世其昌

东吴招亲女婚男嫁
西厢开户花好月圆

二、迎亲

迎亲是婚庆礼仪中最隆重热烈的一道程序。娶亲之日，如果是新郎亲自去迎接新娘，早晨吃过“喜面”之后，新郎换上礼服（大褂、礼帽、新鞋袜），胸前佩戴大红花，坐上迎亲花轿，随迎亲队伍夹带鼓乐队浩浩荡荡向女家进发（如果是童男童女代迎，童男女要衣着整齐鲜丽，手持花束彩巾乘轿前行）。花轿到达新娘家大门前，鼓乐队要吹奏三遍才开门，故意把新郎拒之门外，意为“憋性”（磨炼新郎性情），新郎进门之后，首先要拜女方祖先牌位和家长。礼毕，新娘身着红装，在伴娘的带引下由里屋出来，在堂屋门内红毯条（地毯）上站定，伴娘轻抚新娘衣饰，说声“请新人上轿”，随即，等在门外的新郎或家中兄弟身披红色方巾，将新娘背（或从后面抱）上花轿。如果是夏天出嫁，新娘腰间要缠一缕棉絮，意为“儿女厚实”。待新娘新郎在轿中坐稳后，男前女后，同时起轿，鞭炮齐放，鼓乐喧天，返回男方家中。轿夫遇到桥、古井、古庙、岔路口、拐弯处都要贴喜联（红纸条）、放鞭炮，不能落轿。抬到男家大门前，在事先选好的方位（喜神方）落轿。这时有人用铁钩钩着一个烧热的犁铧围着花轿顺时针方向转三圈，一边转一遍向犁铧上浇醋，冒出团团热气，发出滋滋声响，这叫激犁（吉利），民间认为，这样做可以祛除路上的邪气，避免鬼祟干扰。

迎亲前还有好多准备事项，这里介绍一些相关习俗。

新娘开脸 又称挽面，绞脸。按照传统规矩，女子在结婚之前，绝不可以除去脸上的绒毛，因为是第一次，所以特称为“开脸”。通过开脸，可以使人“面如满月，肤色莹洁”，同时也是妇人和女子的一种明显标志。开脸一般在出嫁前一天进行，也有在拜堂当天下午进行的。要请有经验的女性全福人（儿女双全者）进行操作。开脸妇人手拿一根坚韧的细线，在两手间绕成两角交叉状，将交叉处紧贴在出嫁女子的脸部，然后用手一张一弛地拉扯滚动，将脸上的细绒毛缠在线上拔去，为了减少轻微的痛感，往往撒上一些香粉。开脸人不紧不慢，先开额头鬓角，根据脸型，留出弯弯蛾眉，再开脸颊耳旁，至嘴边项颈。通过开脸按摩，出嫁女容光焕发。开脸要手轻心细，完成之后，女家要以谢礼相赠。

男家送食盒和离娘肉　娶亲当天，花轿从男家出发前，要先将“盒子”“离娘肉”送到女家。结婚送礼用的盒子很大，样子和圆形馍笼相似，一层层地套合成一个圆柱形整体，有两尺多高，四五层之多，每一次都要放上食物，红烧肉、炸鸡、炸鱼、糕点、果子等应有尽有，放好盖严用红纸写上“某宅礼盒谨封，大吉大利”等字样，封好，在盒子外面梁架上用红线系上两条活鲤鱼，寓意“礼仪成双”。盒子收拾好之后，另将一块几十斤重的猪后坐板肉或肋扇连刀肉用红绳系好，贴上“囍”（俗称离娘肉），就可以同盒子一起，抬送上路了。

“离娘肉”选择很有讲究，一般多为新鲜的猪肋条肉或猪后腿，送肋条时，有六根肋骨的皮白肉红的肋条为最好，象征“六六大顺”。如果送猪后腿，必须是带猪蹄子的整块“后坐板”（猪屁股肉），不能切开，这叫“有腿去，有腿回”，表示以后两家常来常往，越走越亲。有的地方根据女方的意见，要送去半扇子整猪肉，以备待客和分送给新娘姥家、舅家、姨家、姑家和叔伯家食用。

女家送嫁妆　女子出嫁，不论贫富，娘家都要给女儿陪送嫁妆。根据路程远近和嫁妆多少（便于在拜堂之前送到男方家中并摆放合适），可以提前一天，也可以在迎亲花轿到来之前抬送。发嫁闺女抬嫁妆是非常隆重的礼仪，有许多讲究。首先要安排好抬嫁妆的人员，要求穿着整洁，高矮配合协调，身体强壮，精神饱满。其次要准备好车辆、扁担、绳索。车辆、扁担等要贴上红囍，系上用红绫布扎成的彩花。绳索要染成红色，箱、柜、桌、椅、架、几、凳、灯、盆等也要披红挂彩，嫁妆的摆放先后也有讲究，一般是小巧在前，轻便居中，贵重在后，排成长队，依次前行。嫁妆到达新郎家后，要由明眼人（懂规矩）指挥，摆放周正合适。如果有拿门帘、帐钩的女方小孩，要以红包相赠，而且礼金不能太少，否则将受到女方哥嫂婶子的闲话批评，被说成是“小抠”“夹食头”，如果给得多，则会皆大欢喜，新娘也会觉得很有面子。

过去，民间迎亲大都用花轿，有专门抬花轿的轿夫。他们抬轿时身穿长及膝头的绿色或青色罩衣，头戴斜插鸟翎的大帽，与喜轿相映成趣。他们凭力气和技术吃饭，不仅要健壮有力，而且要训练有素、配合协调。抬起花轿，即使快速行进，也能不颠不晃，保持平稳。轿后的轿夫，视线为轿子遮挡，看不见路面，为了防止发生滑跌等事，轿前的轿夫时而呼喊，时而示意，指挥大伙统一行动。他们之间有一套暗语，前面的说一句，后面的重复一句，以示“知道了”。如前面的喊“左门照”，即左前方有障碍物；“右蹬空”，即右前方有小坑；“左脚滑”，即左前方地面有水。又如，前面喊“右边一朵花”，后面应：“看它莫踩它”，实际上那是说花轿右边地面上有一泡牛粪，提醒大家不要踏在上面。再如，前面喊“风吹一根草”，后面应“抬脚跨过了”，那是说路面上有一根树枝，注意不要绊住了脚。

轿夫们将花轿抬到比较平直的路面时，往往要故意“颠轿”，把花轿抬得左摇右摆，上下起伏，令新娘在轿内坐立难安。据说这是古老的民俗，意思是经过“颠轿”之苦，以后才能经受起生活的风吹浪打。

三、拜堂

迎亲的队伍花轿落定之后，有人在堂屋和轿门之间铺上红毡条或芦席，由两名姑娘手捧胭脂粉盒等化妆品来到轿前，撩开轿帘，请新娘化妆，收拾衣着，新娘一般会说声谢谢，并不接受脂粉。随后，有嫁娘（牵娘）两人扶新娘下轿引领至香案前行拜堂大礼。各地拜堂的礼仪不尽相同。太和一带的香案是在院内放一张方桌，称为天地桌子，上面放一个装满小麦的笆斗，斗内插一杆秤，秤钩上挂一面铜镜、一条青纱巾，以象征天地日月星云。桌上还放有香炉和一对红烛。当新郎新娘在桌前男左女右站好后，有长辈点燃香烛喜钱，招呼新人跪拜天地。新人同时俯身弯腰，下跪行礼。有的地方习惯只拜天地，礼毕即入洞房。大部分地方是由司仪主持行礼，司仪衣帽堂堂，声音洪亮，高声喊着“一拜天地——”“二拜高堂——”“夫妻对拜——”，在行礼的同时，大门外鞭炮齐鸣，礼乐喧天，营造出一派喜庆的氛围。拜堂礼毕，司仪拖长音调喊道：“送新郎新娘——入——洞房——”嫁娘引新人前行，看新媳妇的大人小孩紧随新人之后，拥向洞房，欢声笑语不绝于耳。

近代，随着西方文明的传入，江淮各地拜堂仪式也逐渐趋于简单，新婚夫妇的跪拜改由鞠躬代替。婚礼逐渐形成新式、旧式两种。徐珂编著的《清稗类钞》记载了当时新式结婚的情况：“迎亲之礼，晚近不用者多，文明结婚，倡于都会商埠，内地亦渐行之。礼堂所备证书（有新郎、新娘、证婚人、介绍人、主婚人姓名）有证婚人宣读，介绍人（媒妁）、证婚人、男女宾代表皆需说结婚贺词。由主婚人宣读训词，来宾演唱文明结婚歌。”这种文明结婚，不仅简化了结婚礼仪，而且体现了男女双方的意愿，因而日益受到社会各界的赞同。不过这种新式婚姻一般只在都市进行，在广大农村并不多见。至今农村仍然盛行传统的旧式婚礼。相比之下，旧式婚礼更符合人们的心理愿望，更有庄重的仪式感。

四、入洞房

古时把安放新婚床铺的房间称作洞房。唐朱庆余诗：“洞房昨夜停红烛，待晓堂前拜舅姑。”这里的洞房即结婚新房。民间一般把三间堂屋西头一间作为新房（如果是原有的老房屋，结婚前要装修粉刷一新），东头一间留作父母居住。新娘拜堂之后，被送入新房，端端正正地面对外坐在床边上，任人瞧看戏闹，谓之坐帐。坐帐时不能随便走出新房，为此，新娘要提前节食，避免临时外出难堪。新娘在床边坐定后，要有儿女双全的“全福人”（女性）来撒床，将栗子、红枣、花生、染成红色的桂圆等撒在床上，寓意“早生贵子”。边撒边喊：“一把栗子一把枣，撒得小孩满院跑。”引得来看新媳妇的儿童争先恐后地抢拾嬉戏。有时撒床的妇女故意将花生等撒在新人怀里，好让人争抢说笑。有的地方撒床时唱撒床歌，颍泉一带流行的歌词大意是：

俺今走近新人房，
八砖漫地粉粉墙。

大红双喜照眼明，
先看新人好嫁妆。
东边搁着描金柜，
西边又放朱漆箱。
油漆条桌靠南窗，
四张椅子列两旁。
红绫门帘六尺长，
抬手挂到金钩上。
进前来看象牙床，
四块金块垫床腿，
十二栏杆金玉镶，
八仙过海吊四角，
麒麟送子正当阳。
叫秋菊，唤海棠，
果盘端来俺撒床：
头一把撒得万事如意，
二把撒得金玉满堂，
三把撒得三元及第，
四把撒得四季呈芳，
五把撒得五子登科，
六把撒得六合调阳，
七把撒得七子团圆，
八把撒得八弟兄吉祥，
九把撒得九女同坐，
十把撒得十辈状元郎。

撒一把，唱一句，长腔缓慢而悠扬，屋里屋外涌动着欢乐的人群。

撒床之后，新娘新郎在床边同坐，有“全福人”端来两小碗荷包蛋醇子甜汤，新郎新娘起身接过，吃蛋喝汤。“全福人”问：“生不生？”新娘定要回答："生。""生几个?"新郎回答："生两个!"吃过鸡蛋后，有人递过两杯甜酒，新郎新娘每人一杯，两臂相交，互饮对方端上的酒，称为交杯酒，又称合欢酒。此俗起源于古礼"共牢而食，合卺而酳"，古时将葫芦开成两瓢，新人各执其一共饮，谓之合卺，后世改用酒杯，寓意相同，"有合体之义"。新人饮食之后，要将碗筷、酒盅放在床下，很快被小孩子抢去，据说小孩子拿到新人用过的新碗筷，可以分享喜气。小孩子钻到新人床下，可以早生贵子。

撒床之后，开始闹洞房，闹洞房最初是"看新娘"，在周代即已流行，到战国时代，由"看新娘"发展成"闹洞房"。近代江淮一带闹洞房的习俗仍很普遍，"结婚三天无大小"，同辈可以来闹，长辈也可以来凑热闹。闹洞房俗称"乱新媳妇"，其形式有"文闹"和"武闹"两种。文闹就是提出各种与结婚有关的耐人寻味的难题，让新娘回答，或是让新娘唱歌、说绕口令、讲恋爱经过，或吟诗、对对子、接歇后语等。当人们说笑话的时候，新娘要站在床前，闭眼低头，接受闹房者戏弄，不能发火、使性子、讽刺挖苦闹房者。所谓武闹，就是话语低俗，伴随各种难堪的动作，现在不提倡这种方式。有的地方用细线吊着一个水果，如苹果、桃、柿子，悬在新娘新郎中间，让新人面对面同时用嘴去咬，咬不住不罢休，或趁新娘新郎伸头张嘴之际，从后面将两人挤在一起，作亲吻之状。或是让新郎口衔一"杠子糖"（长形麦芽糖）上前放入新娘口中，或是让新娘口含甜酒，送入新郎口中，喝下。更有甚者，一般人无法接受。如界首的"新娘过湖"等就是一例，嬉闹的过程是："以果品一个，如桃杏或木瓜之类，随时节而推移，逼新郎由新娘左裤口输入，从右裤口取出，名曰'过湖'。"也有将水果"由此袖口入，它一袖口出，作摸蚤虱之状者"，名曰"狮子滚球"。风气如此，习染所致，新人推却不过，只得勉强从之，引得闹洞房者连声喝彩，闲观者也一睹为快。

闹洞房的正在哄笑之际，忽然听到外面一阵鞭炮响。这时有长者进来对大伙说："上客来了，大家吃过午饭再来说话吧。"闹房者非常知趣，匆匆离开新房而去。家人连忙将屋子收拾干净，等待送亲的上客到来。

五、接送上客

上客，又称上宾。当新娘乘坐花轿离开家门上路之后，新娘家的叔伯或兄长随后相送，俗称“送亲的”。快到新郎家时停住脚步，在路边茶棚或者街头休息，估计拜堂等各项礼仪完成之后，才慢慢向新郎家走去。新郎家在路口守望的人连忙通知接上客的叔伯或是兄长前去迎接。见面施礼后，要燃放鞭炮以示欢迎。然后送亲的和接亲的两人并肩缓步而行，慢慢踱进大门，在堂屋正厅坐下。随后上茶点果碟，一边饮用一边叙家常话，谈吐要符合彼此的身份，用语要文雅、得体，不能海阔天空、胡说八道，更不能谈绯闻艳情、鬼狐精怪一类的事情。茶点过后，接着上菜开宴，宴席以六人为宜，上客上座，陪客按辈分年龄依次坐下，空出方桌外面以示尊重，俗称“敞头席”。陪客敬酒，上客起身答礼；上客回敬，全席起立相陪。席间不能猜拳行令，唤猫叱狗，盅筷摆放要符合当地规矩。

宴席结束之后，上客洗手净面，来到里屋，看望新娘，对新郎全家略加夸赞，告诉新娘要敬父母，和妯娌和谐相处，要勤俭持家，任劳任怨等。随后将随身带的一串钥匙交给新娘，并告知如何开启嫁妆箱柜上的门锁，然后起身告辞。新郎新娘和新郎父母等随在上客身后，燃放鞭炮，以礼送出门外。待上客离席之后，才能大摆筵席。婚礼设宴既是一种庆贺形式，也是对送礼者的一种答谢。无论是在饭庄设宴，还是在家里摆席，按传统成规，席次要依礼而行，席面大致可以分为：贵宾席，招待做官的人、社会名流和有功名的人们，一般由本家社会地位、身份相当的人员作陪；近亲席，招待父系的近本家、姑家、舅家、姨家、表兄弟等亲戚；朋情席，招待三朋四友，按长幼次序安排座次。无论哪种席面，开宴之后，新郎新娘都要盛装戴花捧酒，挨桌敬酒致谢。过去要陪谢人员手持红毡条，铺在桌前，新人同时弯腰俯身作下跪状，客人以“省啦，免礼免礼”作答。无论当日设宴多少桌次，新人都要一谢到底，不能漏谢。

六、送灯、压床

新郎新娘谢客之后，又回到新房静坐，不能躺在床上休息。到了晚上，还要举行送灯仪式。由两个姑娘给新人送灯，一人手捧着点着的油灯进到新房，一人口中唱送灯歌，歌词大意是：

黄黄的纸媒燃莹莹
俺给新人来送灯
灯又亮，油又清
天上大星配小星
油漆桌子配交椅
锡做茶壶配茶盅
扁担批子配火撑
乖乖小姐寻相公（寻，读如欣，嫁的意思）
一龙灯，二凤灯
三彩灯，四季灯
五子六圆七香灯
八仙灯，九莲灯
十对鸳鸯一样灯
照得新娘微微笑
笑得新郎乐融融
微微笑，乐融融
新人新人来接灯

新娘起身答礼，双手接灯，交给新郎放在桌上，并掏出两个小红包或拿出两条花手绢，交给两位送灯的姑娘。

新房油灯点亮之后，闹洞房的人再来说笑一会，渐渐散去，新郎和请来的表兄弟或同学朋友三四人，当晚在新房大床上和衣共眠，民间称作“压床”。有的地方结婚前一天压床，据说可以使人丁兴旺。压床是新娘坐在床头不睡，待到夜深，渐渐支撑不住，和衣与大伙同床共眠。为此，新娘在上轿时要将内衣裤脚和袜子缝合在一起，避免睡着后被人脱去袜子露出“三寸金莲”。

第三节　新婚之后的礼俗

新婚三天之内也有一些相关的礼俗，主要是祭祖、试厨、受头、回门等。

新婚第二天上午，新郎新妇要进行祭拜祖先活动。首先在祖宗牌位（神主楼子）前的供桌上，摆好果子、糕点、水果等供品，点上香烛，斟上喜酒，在供桌前铺上红色毡条，然后由长辈点燃喜纸（黄表），新郎新妇行跪拜之礼，敬请祖宗享用果品喜酒，降福全家，护佑新人。祭祖仪式完成后，再一同到祖上坟地上坟，礼仪与在家祭祖相同。

祭祖活动完成之后，新婚夫妇回到家里，到厨房祭祀灶神，礼仪与祭祖活动大体相同，礼毕，新娘脱下凤冠霞帔，换上普通新衣，系好水裙，洗手做饭，烧几个拿手菜肴，让公婆家人品尝，称作“试厨”，又叫“上锅”。此俗起源较早，唐朝朱庆余有“三日入厨下，洗手作羹汤。未谙姑食性，先遣小姑尝”的古体诗作，可见那时已有新妇试厨的习俗（至于诗中的寓意，又当别论）。新妇上锅时，要向婆婆讨教，以示谦虚知礼。过去，姑娘出嫁前，都要学点烹饪本事，以免结婚上锅时“出丑”。

有的地方，喜期的第二天新娘的父亲和叔伯们要到新郎家去接受新人礼拜，俗称“受头”。男家设宴，由新郎新娘向娘家人一一敬酒，鞠躬施礼。客人将准备好的礼金放到礼盘上，新人再次施礼致谢。此俗意在相互认识，便于以后常来常往。

新婚第三天，新娘小弟要乘轿到男家邀请姐姐姐夫到自己家中做客，称作三天回门，又叫请回门。男方以茶点招待新娘小弟之后（有的地方要给红包答谢），新妇与丈夫一同乘坐来接的轿子回娘家，礼节较新婚典礼简略，要点燃香烛，叩拜祖先、岳父母和其他长辈，发糖果糕点，招待来宾亲友和儿童，如果新妇兄弟有小孩子，还要给钱做“见面礼”，以密切亲戚关系。然后参加饮宴，少饮略食即可。新婚夫妇一般多在宴席结束前告辞回家，不能拖拉太久，更不能住下不走。新婚夫妇离开时，岳父家必须赠送一些礼物，如甘蔗、橘子等，寓意生活甜蜜，早生贵子。有的地方赠送一对小鸡，让新婚夫妇带回家好生饲养，生蛋繁殖，寓意吉祥发家。

第四节　婚嫁禁忌

婚姻是人生中的大事，婚礼是人生中最重要的礼仪，由于人们对于婚姻的期望很多，因而对于婚姻的禁忌也随之产生。

礼服禁忌：制作结婚礼服，无论内外单棉，一律要新布新棉新针新线，旧衣再好也不能穿（贫穷者除外）。做嫁衣要选择吉日，嫁衣被褥要请儿女双全的妇女剪裁缝制。礼服要用一整块布料，忌两块碎布拼接。礼服上要加绒花，谐音“荣华”，象征富贵，不能用纸花。

婚宴禁忌：结婚办宴席招待宾客，俗称“喝喜酒”，忌孕妇、戴孝者参加，吃饭喝酒要小心，不能碰破碗碟。如果有人不小心碰破碗碟，也应将碎片收拾起来，放入石臼的圆心处合严，表示破了又圆，以避凶求吉，不能随地乱扔。

新房禁忌：新房墙壁天花板要整洁，不能有灰印裂纹，要布置得花团锦簇，喜气充盈。室内不能摆放生花（鲜花），因为生花虽艳，不能持久，容易枯萎，恐不吉利。新床的摆放讲究很多，忌在梁下，忌与家具棱角相对，做床的木料忌有疤痕，忌有虫蛀，洞房花烛夜点燃的灯烛忌吹灭，要一夜长明。从拜堂之日算起，一个月内忌空房（新郎新娘不在洞房睡觉）。新房墙角床下，忌收进堆放杂物。

娶亲花轿禁忌：抬新娘的花轿外面的布帘要干净平正，忌有污迹灰痕；花轿在路上不能停下落地；花轿出发和回来快到家门时的路线不能重复。如果出发从村东上路，回来时要从村西进宅，忌新路来回重复。如果当时同村或近邻有两家娶亲，花轿不能相会或同行，忌喜冲喜，以免争先恐后，发生不快。

嫁妆禁忌：抬送嫁妆的扁担、绳子要事先检查停当，不能路上闪断。桌椅橱柜等家具向屋里搬运时，不能在地上拉动，忌碰掉油漆，忌拉坏部件，忌腿脚悬空，以免闹洞房时被人挤动推倒。

新妇怀孕养生禁忌：结婚过程中有好多习俗都是希望新婚夫妇“早生贵子”，从某种意义上说，结婚的目的就是为了生子，为了传宗接代。古语称：“顾宗祧而动念，是以君子有伉俪之求。”新妇怀孕俗称“有喜”“有身”。人们对怀孕养生十分重视，有很多讲究，人们觉得有必要而且乐于遵守一些民间传留的禁忌，以求得母子平安吉祥。

孕妇室内禁忌：禁在孕妇屋里用绳索缠绕、捆绑东西，忌肩挂细绳和乱线，据说会有使胎儿十指不能伸直或手脚弯曲的可能，也有的说会使胎儿出生时脐带缠绕在脖子上。忌挪动大型家具、器物，以防孕妇流产滑胎。忌敲击锤打容易发出刺耳声响的铜铁等器物、家具，恐生下耳朵不灵的孩子。忌烧烤毁坏东西，恐生下有痣、胎记的孩子。忌在室内冷水洗浴，恐胎儿以后畏寒怕冷。以上禁忌明显是要给孕妇营造一个清静舒适的居养环境，便于胎儿生长发育。

孕妇室外禁忌：室外活动，忌夜深不归，忌在外面露宿，忌靠近大牲畜，忌从牛绳上跨越，以免引起难产，忌把澡盆晾在星光下，忌见月食、月晕（风圈），以上禁忌多为孕妇与胎儿安全着想。

孕妇冲犯禁忌：民间存在冲犯的观念由来已久，多源于对邪气的躲避和对神明的敬畏。孕妇忌到婚嫁礼仪进行时的环境中活动，怕是喜冲喜。忌接触产妇，怕血气影响胎儿，忌接触丧葬，怕“凶冲喜”，对胎儿不利。忌接触神事，忌接触巫事，忌接近要地，怕亵渎神明，怕邪祟干扰，怕遇见不祥。

孕妇炊饮禁忌：好多妇女怀孕之后，仍然需要整天围着锅台转，在做饭的时候，忌煎炸烧焦食物，特别不能把肉鱼蛋类等食物炒焦烧煳。现在科学研究发现，焦煳的鱼、肉等物会产生多种有害气体，对人体不利。即使是没有身孕的妇女也应该避免，于此可见古人的智慧。

孕妇饮食禁忌：新妇在怀孕之后，对饮食营养的需求日益增多，胎儿的发育成长以及出生后的形貌、禀性等都与孕妇的饮食有关。在饮食方面，孕妇有很多禁忌。忌想吃的食物吃不到，据说，孕妇想吃什么就是胎儿需要什么，这时一定要让孕妇吃到想吃的东西，而且要挑最好的让她吃够吃足。忌食兔肉，这一禁忌在中国流传最为久远，意思是恐孕妇吃了兔子肉，胎儿会像兔子一样长“豁子嘴”，岂不可怕。忌食驴马肉，据说如果吃了驴马的肉，会使孕期延长。忌食羊肝羊肉，古人认为，多食羊肝羊肉，会使胎儿以后多病。忌食狗肉，据说如果常吃狗肉，以后生下来的孩子爱咬人。忌食雀肉和豆酱，如果常食雀肉和豆酱，日后小孩脸上会长雀斑。忌食雀肉和酒，如果常食雀肉和酒，小孩长大之后，心淫情乱，不知羞耻。忌食虾米鳝鱼，恐生下的孩子嗓子喑哑。忌食鳖肉，恐生下的孩子短项。忌食生姜，生姜外形“多指”，恐孕妇食后生下的孩子有余指（六指）。忌食生冷的食物，不能喝凉水，否则会闹肚子，影响胎儿生长发育。

以上禁忌主要是从食物性味（寒热温平和酸辣苦甜等），包括外形和内质对胎儿造成影响这一角度进行考虑，依据是“同类相感”的俗信原则，担心会对胎儿造成祸患，所以禁止食用。《本草纲目》上对孕妇的饮食禁忌写得较为详尽，可见此俗形成已久。

第五章 阜阳衣食住行风俗

恩格斯说过："正如达尔文发现生物界的发展规律一样，马克思发现了人类历史的发展规律，即历来为繁茂芜杂的意识形态所掩盖着的一个简单的事实：人们首先必须吃、喝、住、穿，而后才能从事政治、科学、艺术、宗教等等。"[①] 也就是说，人类的精神文化是由物质生活条件所决定的，而人们的衣食住行，由于受物质生活条件的制约和地理环境的影响，又形成了不同的习惯或方式，这习惯或方式，本身就是文化，而且是民俗文化的重要组成部分。

① 恩格斯：《在马克思墓前的讲话》，《马克思恩格斯选集》第三卷，人民出版社 1972 年版，第 574 页。

第一节　衣着习俗

衣，“人所依以蔽体也”（段注《说文解字》）。中国为礼仪之邦，把衣着放在人最基本的生活需求的第一位。远古时期，先民茹毛饮血，穴居野处，也要把兽皮或树叶披在身上，逐渐养成了穿衣蔽体的习俗。穿衣一则可以保暖防寒，防晒护体；二则可以遮羞以有别于禽兽；三则可以起修饰作用而增加美丽；四则可以因形制不同而区别群体；五则可以标新立异而有所寄托。一般而言，衣着古今有别、男女有别、老少有别、贫富有别、官民有别、僧俗有别、身份有别等。古时，衣有广狭二义，广义的衣指一切遮体的头衣、身衣、胫衣、足衣等，狭义的衣指身上所穿的衣服。上衣称为衣，下衣称为裳。

古时的头衣主要有冠、冕、弁三种。

冠是贵族男子所戴的“帽子”，其样式和用途与后世的帽子有所不同。古人蓄长发，绾住发髻后用冠束住，冠其实是一根弧形的圈子，并不把头顶全部盖住，冠圈两旁有小丝带，可以在颔下打结。

冕是一种最尊贵的黑色礼冠。冕的上面是一副长方形的版，叫綖，綖的前沿挂着一串的小玉珠，叫作旒。秦汉以后只有帝王可以戴冕，因而把冕旒作为帝王的代称。王维有“万国衣冠拜冕旒”的诗句（《和贾至舍人早朝大明宫之作》）。

弁也是一种比较尊贵的冠，有爵弁，有皮弁。爵弁是一种没有旒的冕，皮弁用用白鹿皮缝制而成，类似后世的瓜皮帽。

古时普通百姓的头衣和贵族不同。百姓只能戴巾，“巾，佩巾也，本以拭物，后人著之于头”（《玉篇》）。这种巾既可以擦汗、擦器物，也可以裹在头上，现在阜阳等地农村妇女仍有顶头巾做活的习惯。

黑色或青色的头巾称为帻，“帻者，古之卑贱执事不冠者之所服也”（蔡邕《独断》）。帻有束发定冠的作用，所以后来贵族也戴帻，帻上再加冠。现在戏台上王侯将相冠下也都有帻，免冠之后就露出帻来。

上古文献中很少谈及帽。魏晋以前汉人所戴的帽只是一种便帽，没有帽檐，没有前后之分。后来帽子渐渐成为正式的头衣，形制也多样化起来。杜甫《饮中八仙歌》说张旭“脱帽露顶王公前”，脱帽是没有礼貌之举。可见戴帽也是一种礼仪上的需要。

古时衣裳并举时，衣只指上衣，下衣叫作裳。《诗经》中有“绿衣黄裳”“颠倒衣裳”之句。当时的裳并不是后世的裤子，而是裙子。古代男女都穿裙，后世裙子只有女子才穿。唐宋以后，男子以袍为常服，女子以裙为常服。

古时有裆的裤子叫裈，“贯两脚，上系腰中也”（《尔雅·释名》）。还有一种犊鼻裈，类似后世的短裤衩，穿起来便于劳动操作。汉代司马相如爱上卓文君，在临沂“身着犊鼻裈”，和奴婢们一起洗涤餐具。

古时人们用一条长布斜裹在小腿上，叫邪幅，相当于后世的裹腿。旧时军人行走、作战，必须裹腿。

古时人们穿的鞋子叫屦，有麻屦、葛屦、皮屦等。夏天穿葛屦，冬天穿皮屦，最常穿的屦是用麻编成的。阜阳乡下，至今仍有人会用麻、茅草、苇毛缨子等编草窝子、麻窝子、毛窝子和草鞋。

古时的草鞋叫屣，又叫屩。《孟子》上有“舜视弃天下犹弃敝屣也”（《孟子·尽心上》[①]）的句子，敝屣就是破草鞋。

屐是木头鞋，鞋底较厚，下面有前后齿防滑，类似于后世的泥屐子。

古时的足衣称袜，是用皮或布缝制的，古人以跣足（光脚）为敬，登席必须脱袜，《左传》：“褚师声子袜而登席。”穿着袜子上席，是对人君的无礼。后世以脱鞋脱袜入座为无礼。

古人的衣襟向右掩（右衽），用带子系结，然后在腰间束带。《论语》：“微管仲，吾其被发左衽矣。”可见左衽不是中原的习俗，阜阳旧时老百姓穿带大襟的衣服，很少像现在这样穿对襟的衣服。有的地方男的衣襟向左掩，女的衣襟向右掩，叫男左女右。

上古时代还不懂得种棉花，据说明朝时棉花才传入中原地区，所谓

---

① 《四书五经》上册，中国书店出版社，1985 年 11 月第 2 版，第 107 页。

絮、绵，都是丝绵。上古所谓布并不是棉织品，而是麻织品或葛织品。帛是纺织品的总称，贫贱的人穿不起丝织品，只能穿麻织品，所以“布衣”成了庶人的代称。

上古时代，男女服装的差别似乎不是很大。到南北朝时梁武帝还将裙襦赐给臣子张讥。唐宋以后，男女服装的形制、色调逐渐有了明显的区别。到了近代，男女服饰已截然不同，大抵男朴女华，江南淮北，类皆如此。据日本人西村真次《文化移动论》称，“乾嘉间，江浙犹尚朴素，子弟得乡举，始着绸缎衣服。至道光，则男子皆为轻裘，女子则锦绣矣”，趋时浮华，渐成风气。其至有人“宁可肚子吃不饱，不可身上穿不好”。过去淮北、阜阳一带，由于生活条件极差，对于服饰，不可能过于讲究，有些地方到了夏天，十来岁的男孩还光着屁股乱跑，成年男子整天穿着裤头，光着膀子下地干活。到了冬天，只有一件灰布小袄，里面连衬衣也没有，俗称穿着“光袄筒”。只有富裕的人家（地主、富农等），无论大人小孩，到了冬天，棉袄、棉裤、棉帽、棉袜，一应俱全。至于衣服色调，无论贫富，男的以藏青、深蓝为主，女的以大红大绿为主。

十八九岁的大姑娘，喜欢穿新粗布缝制的红褂绿裤或绿褂红裤，脚上穿黑色绣花布鞋，赶集上店，还要着意装扮一番，头上别个花卡子，手里捏个花手帕，走起路来噔噔响，引得不少人驻足观望。

过去，人们衣被使用的面料，多为家庭手工纺织而成的粗布，机器纺织的洋布到民国时期，才零零星星地进入农村。直到 20 世纪五六十年代，纺线织布一直是农家妇女的必备技能。每到农闲时节，村头上的轧花机震耳欲聋，各家弹花弓腾腾作响，纺花车嘤嘤有声。打麦场上经布（把线一根根排好上到织布机上）的几十个小竹筒飞快转动，能干的妇女们手把细竹批，熟练地把线头穿进缯孔中，带着花兜的儿童在一旁玩耍，谁家的大黑狗卧在场外边摇尾巴，共同描绘出一幅有声有色的农村风俗画。

农村手工织成的粗布俗称老粗布，一次上机织成的布称为一匹布，大概是三丈长，一尺二寸宽。一般为全棉白布，少量的为紫花布、丝绞棉布。紫花布是用一种咖啡色的棉花纺成的紫线配上普通棉花纺成的白线，织成一条一条的花纹，可用来做夏天穿的衣服，比较耐脏，好洗。丝绞棉布是用蚕丝（过去农家养蚕抽丝）经染色（红色、绿色、蓝色等）配上白棉线织成的布，轻柔、透汗，应是粗布中较为珍贵的品种。谁要是能有一身丝绞棉的衣服，总会受到不少人的青睐。

过去，做鞋的程序较为复杂，鞋有布底、麻底之分。做布底先要在碎布上刷上浆糊，粘合成一张张的“袼子”，做麻底先要在乱麻梳成的麻瓤子上刷上浆糊，粘合成一张张麻结牌，在晒干透的布袼子、麻结牌画上鞋样线，剪下沿边，叠合在一起，外层再填一些碎布片，蒙上白粗布，用纳底子的线纫上大针，一针挨一针地纳结实。鞋底纳好之后，与加工好的鞋帮缝合在一起，就算完工成鞋，如需鞋上绣花，应在剪鞋面布前完成。

布鞋的样式很多，有棉鞋、单鞋、深口鞋、浅口鞋、妇女尖脚鞋、儿童猫头鞋、新媳妇红绣鞋等。儿童猫头鞋其实是一种棉鞋，圆圆的鞋头上绣有猫眼、猫鼻子、猫嘴、猫耳朵，嘴里还露着几对白白的猫牙，耳朵上系有小铃铛，走起路来小铃铛直响。据说睡觉时放在床边，老鼠不敢靠近，可以辟邪。新媳妇的红绣鞋制作考究，面料用红绸缎，鞋帮上绣有吉祥花卉图样，鞋衬里绣有红双喜，鞋底洁白（纳鞋底时要用布包着），针眼细密，非心灵手巧的人不敢缝制。一般的女孩子也喜欢穿绣花鞋。把花样子画在鞋帮上，用彩线慢慢绣出，穿起来多了几分秀美。花样子不是人人会剪，一般都是从巧妇那里找来套剪。

过去没有胶鞋，为了防雨防潮，民间将棉鞋、单鞋，涂上桐油，制成油棉鞋、油单鞋，涂油前将粗布鞋面打上鸡蛋清，刮抹光滑，待干后刷油，这可以使鞋面光亮照人。

做衣　在没有缝纫机之前，无论什么衣服，只能靠手工缝制，家庭织成的土布，面幅较窄，做大型衣服尤为费工。普通人家的妇女，白天做饭下地，没有时间做针线活，只能在晚上做衣服。昏暗的油灯下，妇女们哄睡孩子，坐在床头，一针一线地缝着，针法很有讲究，有的地方用“拱”，有的地方用“敲”，有的地方用“辑”，有的地方用“契拉”，有的地方用“缭”，有的地方用“签”，各有不同。一家老小的衣服全靠巧手缝制，到了冬闲的时候，有人还能做些衣帽鞋袜到街上去卖。一年到头，辛苦忙碌自不待言。

手工缝制的衣物，单、棉、夹、套、长、短、宽、窄应有尽有。常见的单衣，大褂子之外的上衣有：长袖褂、短袖褂、对襟褂、偏襟褂、套袄褂、衬里褂；下衣有：长裤、短裤、衬裤、开裆裤、有裆裤、套裤、连脚裤，等等，以及长袜、短袜等。

常见的夹衣有：夹袄、夹裤、旗袍、夹袜等。

常见的棉衣有：大棉袄、小棉袄、厚棉袄、薄棉袄、对襟袄、偏襟袄（带大襟袄）、厚棉裤、薄棉裤、连脚蹬（小儿穿）以及长棉袍、短棉袍等。

做帽 过去，人们戴的帽子、头巾可以用缝、编、织等手法做成。

瓜皮帽，用六块同样大小的三角形布料缝合而成，外面为黑色，里面为浅蓝色、浅黄色，帽顶上缀一个扁圆形的小绒球，帽子前边缀一块方玉。小孩的瓜皮帽用红黄蓝等色彩的三角形布料交替排缝而成。

圆帽，用长方形布条缝制成帽圈，再接上较平的帽顶，帽圈里面衬上较厚实的纸片，把帽子绷圆。

护耳帽，将圆帽的帽圈一边适当加宽，戴起来前面在额上，后面护住耳朵，护耳部位每边缝上一个用绒布摺成的圆花，既能保暖，又增加美感，有时前面还缝上一块玉，显得很典雅。

圈帽，缝法同圆帽，只是不用加顶，看起来就像一个罗圈套在头部，上面能露出头顶。帽圈周围缀有饰物，一般给小孩戴嘟笼帽，样子像底子朝上的布口袋。两层夹棉缝制，大约有八九寸长，可以卷叠成圆帽，也可以拉下卷叠的部分露出三寸多宽的帽洞，以便戴在头上露出双眼。

风帽，双层夹棉缝制的童帽，可以用丝绸，也可以用布料，后沿比一般的护耳帽要长几寸，戴在头上后沿可以复在颈上。圈边缝上绒毛（白兔子毛较好），圈上缀有红色绒球或玉珠，可以在颔下打结。风帽的颜色较为多样，一般男孩戴红色风帽，女孩戴绿色风帽，称作红男绿女，也有紫色、蓝色和米黄色的。风帽上可以绣花，也可以不绣，只使用布料上原有的花纹图案作装饰。

包头，阜阳民间把一种黑色长头巾称作“包头”。这种包头使用真丝线，经过特殊工艺编织而成，头巾长六七尺，宽不足一尺，手感蓬松，有似麻纱，过去中老年妇女，每人必有一条包头，无论在家或外出，均可戴在头上。戴的方法很多，可盘可绕，可顶可围，可挽可结，十分方便。因为真丝织造，好洗好晒，经久耐用，因此备受妇女喜爱。过去阜阳界首一带有织包头的手工业者，所生产的包头远销省内外。

毡帽，妇女戴包头，男子戴毡帽。毡帽用牛毛、马毛、骆驼毛等制作，俗称擀毡。据说毡帽不用线缝，只需将料毛调匀，喷水压紧即可成型。毡帽有棕色、土黄色和浅灰色几种，价廉耐用。戴上毡帽，给人以朴实敦厚之感，因而受到中老年人的喜爱。

礼帽，一般用毛料制作，样子与普通草帽相似，只是帽檐略小一点而已。帽顶下面靠近帽檐之处，围有一圈绢带，起装饰作用。平时人们很少戴礼帽，只有参加一些礼仪活动时才戴在头上表示身份与礼貌。

帽壳、帽头，帽壳用秫篾子或竹篾子编成，尖顶，圆沿；帽头用麦草辫子缝合而成，平顶，圆沿。同为夏天防晒的帽子，从古至今，形状用料没有多大变化。

斗笠、蓑衣，乡间农民，阴雨天喜欢戴斗笠、披蓑衣，斗笠用箬叶竹篾编成，蓑衣用茅草、高粱叶子编成。农民雨天下地干活，如插红芋、栽青菜等，打伞放不开手脚，不如戴斗笠、披蓑衣方便。张志和的《渔歌子》有“青箬笠，绿蓑衣，斜风细雨不须归”的名句，用来描写阜阳乡间雨天田间劳动的场景，十分适当。

打线衣 编制线衣，阜阳民间称作“打毛衣”“打线衣”。编织毛衣只需要几根细竹签即可操作，技术较为简单。很早以前，人们即会编织毛衣。古时用粗毛编织的衣服称为褐，只有贫苦的人才穿这种粗劣的衣服，所以贫寒的人被称为“褐夫”。扬雄《解嘲》说：“或释褐而傅。”意思是说脱掉粗劣的衣服去做官，后世称进士及第授官为“释褐”。可见古代人们就已经会编织毛衣。时至今日，编织毛衣的手法并无多大变化。据老年人回忆，民国时期，人们种的好棉花用作织布，劣棉花（未成熟的小棉桃，晒开剥出的棉絮）不能纺细线，就用来捻成粗线，五六根粗线合在一起，可用来打毛衣，牲口毛也可以捻线编织毛衣。当时人们还用比较粗劣的毛打毛窝子（一种棉鞋），穿起来非常暖和，按古人说法，打毛窝子也可称为“打足衣”。

普通毛衣的编织方法基本相同，花纹变化在于毛线的绕结手法上，内行人将这些变化的手法归结为平针、反针、元宝针、提花针等。运用这些手法，可以打出毛衣、毛裤、毛袜、外套、马甲、围巾、线帽、手套、提包、钱袋等，对于做衣服而言，编织法简直是无所不能。

套被子　从功能上说，被褥也可以称为睡衣，只是穿在身上的方法与普通衣服不同而已。普通被套用棉絮摊平压实攀线制成，称为棉被套；用丝棉做成的，称为丝绒被套；鸡鸭鹅毛绒也可以制作被套。一床新被套，可以使用许多年。过去老年人留下的被子，可以传给子孙。过去贫穷人家平时只有一床被子，到了冬天，就用苇毛缨子做被子防寒，普通人家也用麦秸装在旧布缝成的大袋子中铺在床上做褥子，睡在上面既舒服又暖和，现在农村有不少老年人到了冬天，仍然喜欢铺麦秸过冬，据说可以防潮保暖，对筋骨有利。

结婚用的被套用红线攀，普通被套用白线攀，小孩铺在身子下面的小被套不用线攀。过去，结婚用的被面多带有红花、绿花，也有全红全绿的平布，被里多用白洋布、白粗布。只有富裕人家才舍得用丝绸被面，图案多为龙凤、牡丹、双喜、金菊等。

套被子的习惯方法是“地包天，竖引三”，意思是被里要比被面四周大一圈，套的时候，四边向上折起，折起的部分要宽窄一样，不能一边宽一边窄。把被面、被套、被里连起来的引线要竖行引三行，不能引（缝）四行，更不能横着引。阜阳话“竖”“富”同音，寓意美好。过去，虽然人们的生活水平较低，衣着的花色样式比较简单，但是人们依然注意衣饰的搭配和穿戴。衣饰的搭配，要与年龄、性别、体形、时令和环境等相协调。一般而言，老人的衣饰要稳重，青年人的衣饰要利亮（阜阳话，洒脱），小孩的衣饰要活泼，姑娘的衣饰要鲜丽，妇女的衣饰要整洁。夏天宜浅色，冬天宜深色，喜庆的场合要暖色，哀伤的场合宜冷色。肤色与衣饰的颜色也要搭配，肤色偏黑的人不宜穿白色的衣服，否则会显得更黑。肤色偏红偏紫的人不宜穿赭色，否则会显得灰暗。胖人不宜穿有横条的上衣，否则会显得更胖，像个坛子。体形偏瘦的人不宜穿有竖条纹的衣服，否则会显得更瘦，像个长颈鹿。矮胖的人不宜穿高领的衣服，高领围住脖子，会显得缩头缩脑。腿粗的人不宜穿短裤，腰粗的人不宜穿紧身的衣服，等等。

衣服本身的样式、色调搭配也有不少讲究。《诗经》上有“绿衣黄裳”的名句，浓淡配合得当，比“绿衣红裳”“红衣绿裳”“绿衣紫裳”等给人的感觉要美一些。脸型、五官与帽子、头巾的搭配也有讲究。阜阳一带人们夸人穿衣服搭配合适，往往会说“这人会穿衣服”“穿啥都好看”。可见广大群众有着基本相同的审美标准和习惯。

过去，人们对穿衣也有一些禁忌，多与当时的思想意识有关，流传至今的说法有：“男不露脐，女不露皮。”要求男的穿衣，在公共场合，不能过于袒露，裤腰不能太低，露出肚脐；女的不能穿短裙短裤，上衣开胸不能太低，衣领上的扣子也要扣严。过去唐装、旗袍，衣领上都有两排长扣，扣上了倒显得十分精神。

过去流传的规矩还有：女的内衣等不能挂在路上和花木枝上晾晒，“花下晒衣”被认为是不雅之举。称别人穿的鞋子旧了，只能说“旧鞋”，不能说“破鞋”。别人如果戴着黄偏青的帽子，只能说戴个黄帽子，不能说“戴绿帽子”。做客的时候，不能随便脱鞋脱袜子，不能坐在人家床上，不能在人家室内拍打衣帽上的灰尘，不能随便使用人家的毛巾。晚上休息时，帽子、袜子不能放在一起，“章甫（一种礼帽）荐履”，是居家和做客的大忌。

有些规矩，虽说是鸡毛蒜皮的小事，但是，在日常生活中，懂不懂这些规矩，却是一个人有没有教养的标志。

第二节　饮食习俗

民以食为天，粮食是宝中之宝。千百年来，人们的主食变化不大。

从宋代流传至今的蒙学读物《三字经》上说：“稻粱黍，麦菽稷，此六谷，人所食。”稻，有水稻、旱稻两类，去壳为大米；粱，又称谷子，去壳为小米；菽，豆类总称，包括黄豆、绿豆、豌豆、扁豆等；麦，包括小麦、大麦、荞麦、燕麦等多种；黍，民间称作黍子，是一种比较好的粮食，去壳为黏小米；稷，有人说和黍是一类，籽粒色白，没有黏性。据清代程瑶田《九谷考》一书，“稷，北方称为高粱，或称为红粱”，阜阳称为秫秫，秫秫又分为有黏性和没黏性的两种。

阜阳地处黄淮平原，气候温和，沃野千里，以上六种粮食，均有种植。从历史上看，社会安定、风调雨顺之年，老百姓以小麦、稻谷为主食；社会动乱、灾乱频繁之年，老百姓以杂粮配以红芋、南瓜等为主食。

众所周知，我国饮食文化甚为发达，“饮食之精美，烹饪方法之精良，食器之精致，礼仪之繁缛，可称世界之最”（姚伟钧《中国饮食文化探究》），但由于生活条件的不同，地理环境的限制和社会风气的影响，人们的饮食文化有着相当大的差异。

一般而言，阜阳在饮食方面，处处体现着崇客好礼、敬老爱幼、勤俭节约、悯贫济苦的人文精神。

崇礼好客　普通之家，饮食甚为简单，过去“淮北人……饮食有一两碗蔬菜即为已足。吃肉之次数极少，一年除新年、端午、中秋及收粮时期外，是无肉可吃”（《民国江苏省乡土志》）。这里说的淮北，自然包括阜阳在内。老百姓平时舍不得吃肉，但一到来客，总是没钱借钱，没面借面，尽力张罗招待。无论如何，也要“变变样”，比平时多出几样好吃的。中国人好客之风，由来已久，《论语》上说，孔子和子路出门，子路落在后面遇到一个锄草的老人，子路很有礼貌，老人便请他到家里住，“杀鸡为黍而食之”。黍是比较珍贵的主食，很好吃，杀鸡为菜，炊黍为饭，对于农民而言，这已是很好的招待了。王维诗中有“故人具鸡黍，邀我至田家”的名句。阜阳民间至今喜欢用“小鸡缠细粉”这道名菜招待客人。民间招待客人，有很多讲究，客人来到家里，如果离吃饭的时间尚远，有的地方先做两个荷包蛋加糖端给客人吃，同时拿出花生、糕点招待，吃饭前，要请客人“净手”——洗脸、洗手，而且要等客人洗过，其他人再洗，即使是晚辈客人也要让他先洗。饭桌要设在堂屋里，要让客人上坐，要先给客人斟酒，要把最好吃的菜放在客人近处，有时要把大块肉等夹给客人。饮酒之后，立即上饭，要先给客人拿馍、端饭，客人没有吃完饭，陪客的人不能先放下碗，要慢慢边吃边陪。

比较隆重的场面，要先上凉菜，后上热菜，以热菜热汤为主。不能只有凉菜，没有热菜。即使夏天，也要有热菜、热饭。不能上剩饭、剩菜、剩馍。菜肴数目以双为敬，有四菜一汤、六菜两汤、四素四荤、八大碗、十六碗，等等。放在盘子里的菜要摆放好，放在碗里的菜要高出碗沿，讲究造型，习俗叫作“盘摆圆，碗出尖”，尤其不能让菜叶粉条等挂在碗外。盛菜盛饭的餐具，无论新旧都要完好无损，尤其不能给客人用豁子碗、裂口子的酒盅、不一般长或不一样颜色的筷子。

有的地方，一样好菜端到桌上，很快被吃完了，要马上再端上同一样的好菜，让客人尽兴，民间称为“富贵不断”。有的地方吃整条大鱼，只吃上面的一半，不能翻过来，不能把鱼头和鱼身剔开，叫作“吃鱼有余”。有的地方上整条大鱼，鱼头要朝向年龄大的或辈分最高的人，等这人“剪彩”（开筷）后大家才能动筷子，这叫“鱼浮上水”。过去比较隆重的席面有一道菜叫“开伙”，俗称八大块，用五花肉做成，颜色金黄，四角方正，肥而不腻，适合老年人吃。有的地方，留下不吃，等到散席的时候，让客人把这块“开伙”放在蒸馍里面，带回家去“给家里老人尝尝”。据说这种习俗起源于春秋时代，郑庄公赐食颍考叔，颍考叔留下肉不吃，带回家给老妈吃，让郑庄公深受感动。从此“舍肉遗母”的习俗便流传后世①。

敬老爱幼 《论语》上有“事父母，能竭其力”② 的话，在饮食方面如何想方设法让老人孩子吃得健康，吃得开心，是敬老爱幼这一传统美德的具体体现。过去，在广大农村，每当灾荒之年，家庭主妇总是把细粮好面做给老人小孩吃，把麸皮糠菜留给自己食用。女儿回娘家，最常带的礼物、最得父母欢心的是一筐大馍、一兜馓子、一串油条；大人赶集上店，给小孩买回的往往是两个烧饼。小孩拿到烧饼，总会送给爷爷奶奶“尝

① 《左传》：“隐公元年，郑伯克段于鄢。”
② 杨伯峻：《论语译注》，中华书局，1980 年版，第 5 页。

尝”。小孩子上学，离家远，中午不回家，父母往往烧个“锝饦”（蒸不起馍，用面捏成长厚饼放锅灶下烧熟）给小孩带上；有的小孩连烧的“锝饦”也带不起，就强忍着饥饿，坚持到晚上放学回家再吃。孩子多的家庭，吃饭的时候，由母亲掌勺一碗一碗地分饭（稀饭、汤等）。不能让小孩自己去盛，以免把稠的抢完，老人和其他小孩盛不到。饭总是不够吃，就使劲往锅里添水，使稀饭变成了“照人汤”。十岁八岁的孩子，有时一顿能喝五六碗，撑得肚子圆鼓鼓的。吃饭时听到的话是“什么时候稀饭能随便喝就好了”“什么时候馍能随便吃就好了”。

度过了灾荒之年，人们的饮食慢慢好起来。“馍是馍，饭是饭”，吃饭的讲究也多了起来。平时，做好饭以后，要先给老人孩子盛好，如果是咸饭，就滴上点香油、醋，递到老人手里。然后，孩子们就可以随便拿碗去盛，有的小孩贪玩，不来吃饭，还要大人吵着才过来端饭。逢年过节，准备好的熟食、熟菜，亲戚送来的糕点、果品，主妇们总是拿到老人屋里存放，不把好吃的都藏在自己屋里。来客了，做饭做菜，都得征求老人的意见，不能自作主张。家中如有人出远门，上学、做工、办事等回来，总是习惯带些当地的土特产和食品回来，让家中老人孩子尝尝，于是一家人边吃边谈，皆大欢喜。据传晋代有孝子陈遗，在吴郡做官，他的母亲喜欢吃锅巴。陈遗每次烧饭，都要把锅巴储存起来，等回京时带给母亲吃，“陈遗贮焦饭”的故事在民间广为传颂。阜阳人从外地带食物回家的习俗，大有古人的遗风。

对老人孩子的关爱，不光在饮食方面要让他们吃饱，吃好，还要注意吃得合乎饮食之道。对于不易消化的油腻、生冷食物，要提醒老人，不能吃得过多，以免引起不适，对于小孩吃饭，不能依性。平时改善生活，买鱼买肉，不能让小孩光吃菜不吃饭，以免引起食积，“撑坏肚子”。小孩哭闹的时候，不能边吃边哭，哽哽咽咽把眼泪淌到碗里，以免“压住食，生毛病”。小孩吃饱了饭，往往好发困，不能让他立即就睡，要玩一会再上床。夏天天热，不能让小孩光着肚子睡觉，要用被子盖好或戴上小兜肚，以免晾着肚子，引起腹痛、腹泻。不能让小孩喝凉水，吃不干净的食物，要让小孩养成良好的饮食卫生习惯。

老百姓通常都懂得一些通过饮食来防治疾病的道理，掌握一些简单而实用的食疗方法。冬天天冷，面条和炒菜里要多加些辣椒和葱姜；夏天天热，早起就烧好一锅“面鱼子茶”冷在那里，早晨喝过中午还可以喝，有时还在面鱼子茶里面甩上鸡蛋花，加点白糖，大人小孩都喜欢喝。喝时再配上一两块带焦的青菜咸馍，边吃边喝，十分惬意。“鸡蛋面鱼带焦馍”比起延安的“米酒油馍木炭火”来也毫不逊色。

有了伤风头痛的小病，往往就地取材，做点有治疗效果的饭食来吃。

葱姜红糖水：葱姜洗净切碎，放锅里加水适量煮开，放入红糖，再稍煮一会，取服，治疗受凉感冒、手凉、发冷。

姜糖水：将生姜几片和红糖适量放碗中，用滚开水冲泡，加盖稍闷，趁热喝下，治疗受凉胃脘隐隐作痛、泛吐清水、大便溏薄等。

红糖胡椒茶：将红糖、胡椒适量用滚水冲泡，趁热服用，治妇女受寒腹痛、口淡无味。

炒芝麻盐：将黑芝麻淘净晒干炒香碾碎，加盐适量拌匀，佐食，治妇女产后身体虚弱、缺乳。

花生猪蹄：伢猪蹄一两个，花生米半碗，洗净，加水适量，配以少量食盐、黄酒，用砂锅小火炖熟烂，分顿吃蹄肉和花生，喝汤。治产后身体虚弱、乳汁清稀，缺乳。

韭菜子面饼：韭菜子研成细粉，拌入面团中，加红糖或食盐少许做饼蒸熟，治小儿尿床。

韭菜炒蚕蛹：蚕蛹淘洗干净，配韭菜加食盐炒热，功能补虚和胃，治小儿疳积、消瘦、脾胃虚弱。

山楂蜜膏：山楂去核，切成薄片，加水适量煮烂成糊，放入蜂蜜，细火熬成稠膏，功能健脾消食，治小儿食欲不振、瘦弱。

米糠麦麸饼：细米糠、麦麸加适量红糖拌匀蒸成锅巴，经常食用，治脚气病。

红芋粥：新鲜的红芋连皮洗净，加米适量煮粥，功能益气补虚，治夜盲症、老年人便秘。

枸杞叶粥：新鲜枸杞叶洗净，配糯米加水适量煮粥，功能清热明目，治虚劳发热、头晕眼红、夜盲。

碎麦粥：小麦淘洗干净，捣成颗粒，配红枣大米适量煮粥，功能养心神、止虚汗，治妇女脏躁、怔忡不安、失眠健忘。

糖渍海带丝：海带漂洗干净，切成细丝，加水煮熟，捞出，拌上适量白砂糖，腌渍一两日，取食，功能利水泄热，治慢性咽炎。

萝卜子面叶：将辣萝卜子适量淘洗干净，捣碎，放锅中添水烧开，下手擀面叶，煮熟，趁热食用，功能化痰平喘，通气消食，治老人气喘、不思饮食。

冰糖南瓜：将扁圆形红色小南瓜，从上面开盖，取出内瓤及子，加适量冰糖、蜂蜜、生姜，盖上顶盖，隔水炖熟，功能补肺肾，止咳喘，治体虚哮喘。

紫苏面疙瘩：紫苏叶、葱姜适量，入锅加水适量烧开，撒入麦面，边撒边搅，拌成面疙瘩，配以油盐食用。解表健胃，治风寒感冒。

葱白红枣汤：红枣一把，葱白带根须七根，洗净，入水煎熬 10 分钟，吃枣喝汤。功能益气安神，治心气虚弱、烦闷不安、失眠多梦、健忘。

勤俭节约　广大农村，由于受小农经济的影响，谋生不易，衣食常忧，逐渐形成了积储备荒、存粮心安的生活习俗。“一粥一饭，当思来之不易；半丝半缕，恒念物力维艰。”[①] 过去，不要说是普通百姓，即便是比较富裕的人家，也很少有铺张浪费的现象。

农民有句俗话，叫作“庄稼不收当时穷”。在收打庄稼时，总是尽力做到“颗粒归仓”。在居家过日子做饭时，总是尽力做到“粒米不丢”。在餐具的使用上，总是尽力做到“物尽其用”。过去，农民收割庄稼，是一年中最忙的时候，“田家少闲岁，五月人倍忙”。割麦子要趁天气好，早收，早打，大人小孩都用上，“闺女小姐都下楼”，能帮多少忙就忙多少忙。一般能拿动镰刀的在前面割，拿不动的在后面拾麦穗，拾过之后，还要用竹耙子来回搂几遍，把没拾完的小麦穗连同麦叶麦秆一起搂回家去，等到麦罢闲时再一把一把地把里面的麦穗捡净。打麦剩下的麦鱼子（带壳

---

① 朱用纯：《治家格言》。

的麦子）也不能丢掉，要经过几次捶打，簸扬干净。

收豆子也是这样，要小孩把撒在地上的豆子一粒一粒地拾起来。有时刚打完豆子就下雨了，雨停之后，场边地头会冒出一根根的豆芽来，小孩子们便去拔回来，又多了一顿美餐。

收红芋的时候，天气已经很冷。田野里三三两两的孩子背着畚箕，带着粪铲子，在收过红芋的地里搜来扒去，累得头上直冒汗，把断在地下的红芋头、红芋筋挖出来背回家。红芋头用来切成红芋片，红芋筋用来剁成红芋丁，到了青黄不接的时候，有时候还真顶用。红芋叶子也不能丢，出红芋时刚割下的红芋秧子带着很多霜打的叶子，据说这经霜的红芋叶子好煮好吃，人们便将半干的红芋叶子一片片摘下来，拌上面，蒸熟，当饭吃。吃不完的红芋叶就晒干收在篓子里，留着冬天没青菜时下饭。遇到大灾之年，这红芋叶子和“霉藿”（红芋秧子打下的碎叶）比草根、树皮要强得多。老百姓吃红芋时削下的红芋皮一般也不舍得丢掉，喂猪养牲口之外，剩下的就晒干存放，掺在红芋片、红芋丁里打面吃。

老百姓吃饭，过年过节和农忙时吃细粮，农闲时吃粗粮，无论细粮或是粗粮做成的馍饭吃剩下的从不舍得随便倒掉。会过日子的人家，有时会将小孩吃剩的馒头收起来，加工成面酱；有时会将吃剩的红芋剥去外皮，配上少许面粉，揉成团，炸成油糕或烙成甜饼，既省糖又好吃。

小孩子吃饭，大人总是随时告诫小孩，不能“丢碗底子”，不能撒米粒子，不能糟蹋粮食，要知道“惜福”。小孩子一时吃不完的饭菜，做母亲的往往接过来吃掉，“可吃不可丢”。

珍惜粮食，还体现在使用餐具上，较为精美的细瓷碗碟，平时不拿出来使用，只有到过年过节时才能使用。平时使用的锅碗瓢勺，用久了免不了破损，能修的就修，能补的就补。过去，民间有很多扒锅扒碗的工匠，挑着工具箱，喊着口号，“扒锅糊噜锅来——”“扒缸扒盆来——”，走街串庄，给人修理餐具，能将碎开的碗碟扒得严丝合缝，不用胶粘，滴水不漏。经济好转之后，这道亮丽的风景渐渐失去了踪迹。老百姓的碗碟破了就扔。及至后来，风气日下，吃剩的饭菜甚至是烧饼、油条、肉包，也有人随手扔掉，样式过时的碗碟，也丢之不顾，令人慨叹。

悯贫济苦　司马杰在《文化价值论》一书中把中国传统社会文化的价值取向概括为“安土地，崇人伦，尚道德，重礼仪”十二个字。阜阳地处长江流域文化板块与黄河流域文化板块的接合部。农业经济时代所形成的道德观念、价值追求等潜藏于民性、民风、民俗、民心中。广大民众由于深受农耕文化的培育和滋养，形成了以仁义为本的质朴厚重的品德。“仁者爱人”，人们之间的互相关心和帮助、对弱势群体的怜悯和同情，更显现出民风淳厚的本色。

尽管老百姓的生活水平一直很低，“糠菜半年粮”，但是在亲戚朋友之间，邻里之间，谁家有了困难，“一时揭不开锅”，大家总是相互接济，端来一升半瓢的粮食，帮助人家，度过“这道坎”。而对于曾经在极端困难的情况下帮助过自己的恩人，人们总会没齿不忘。颍泉区茨河边的某村，有户姓陈的人家，新中国成立前曾经借给一贫苦老农几斗粮食，三十几年后的一天，这位老人的儿子拉一车麦子经过多方打听寻找，送到陈家，而陈家人早已忘记了老一辈人借粮的事。见面时，这老农的儿子说他爹临终前交代过，等有东西的时候，一定要送还这份人情，“没有那几斗粮食，就没有俺们了”，说话时泪流满面，感人至深。

过去，在大灾之年出粮赈灾的人，不仅能受到百姓的普遍赞扬，也能得到政府的奖励与表彰。据史料记载，明朝正统年间，凤阳府（包括颍州、太和等州县），“一岁而水旱蝗蝻三灾迭至，禾稼尽伤”，灾荒十分严重，富民魏胜、耿原等出粮救荒，得到“赐玺书旌劳，复其家”的奖励。各地民众也以出粮济困为荣。“荒年给一口，胜过丰年给一斗”，“救人一命，胜造十级浮屠”等道德理念，深入人心。

过去，农村要饭的人很多，有的从几百里以外的河南鹿邑、柘城、周口等地来到阜阳，有的还拖儿带女，非常可怜。阜阳生活条件稍好的人家，总是主动把车屋、磨房等可以住人的房舍腾出来给要饭的人居住。有的还帮助他们准备炉灶和烧柴。遇到阴天下雨，逃荒人不能出去要饭，这车屋、磨房的主人便送来一些粮食和米面，帮他们渡过难关，不忍心看着他们老小挨饿受冻。据传阜阳有的地方，有人为家中病人或别的事情许愿，等病人好了或事情办成了，就设粥棚舍粥三天或更长时间。到时候便架上大锅，烧出一桶一桶的稠稀饭，施舍给穷人和逃荒的人食用，意在积德行善。也有人夏天舍茶，在村头路口，搭个茶棚，放上炉子、桌凳，烧茶给行路的、要饭的人喝。在盛茶的大盆外面写着舍茶歌，“出门要比在家难，路过这里也是缘。停下歇脚说说话，俺烧茶水不为钱”。担挑的、推车的、走路的、要饭的人路过茶棚，或立或坐，喝上一碗放着青竹叶、石榴叶或藕莲叶等煮成的茶，无不含笑致谢，心中充满对舍茶人的敬意。

对于逃荒要饭的人，民间有个规矩，不管讨饭的人是本乡本土还是外省外县的，也不管“高矮丑俊”，只要来到自家门前，就不能慢待，赶上饭时就给盛点热饭，赶不上饭时也可以不给，也可以给点粮食或几个红芋。不管怎样都不应说难听的话，撵人家走开。如果有狗跑出来叫唤，要赶紧把狗叱开，以免咬伤了人。有的老年人还教育小孩，不要看不起要饭的人，不要把自个扒拉掉的饭或咬过的馍头给要饭的人吃，要给就给干净的，“把不干净的东西拿给穷人吃，遭罪”，意在使小孩子懂得做人的道理。

特色饮食 阜阳特色名食，范围甚为广泛，菜肴之外，尚有主食、风味小吃等。

枕头馍：又名大卷子馍，由于底平上圆，形像枕头，故名枕头馍；又因个大，有的重两三斤，有的重四五斤，做馍时面块从两边向中间卷起，蒸熟切开时，可见一层层卷起的纹理，故名大卷子馍。据传此馍起源于南宋时期，公元1141年夏天，金兀术带十万大军南侵，兵临顺昌城下，城内守军不过八千人，刘锜率军民与金兵决战，在战事紧张之际，老百姓蒸出大馍用布包着送到将士手中，每人一个，饥可食，困可枕。由于得天时、地利、人和之利，终于大败金兵，保住了宋朝的半壁河山。从此，枕头馍之名与顺昌大捷一起光耀史册。

东坡肉：唐宋八大家之一的苏东坡在颍州为官时，不仅写出赞美阜阳的不朽辞章，也将自己创制红烧猪肉的方法传到了民间。据《东坡诗话》记载，东坡嗜猪肉，在黄冈时，尝试作《食猪肉》诗云：“黄州好猪肉，价贱等粪土，富者不肯吃，贫者不解煮，慢着火，少着水，待它自熟莫催促，火候足时它自美。”具体做法同红烧肉，关键在于慢火久煨，色红肉烂。

格拉条：阜阳格拉条闻名遐迩，用强筋面粉，慢慢加水拌成半干半湿的絮状面块，再将絮状面块揉在一起，边揉边加面粉和少量的清水，和成面块，放入特制的格拉条机中压成圆形细条。可以直接将细条压入开水锅中煮熟捞出，也可先将细条压好放在簸箕中晾着，再下锅煮熟捞出。因和面时需要用手来回“格拉”，用力滚揉，故称格拉条。吃时将煮熟的格拉条放入碗中，拌上炒成的豆芽和葱花、芝麻酱、荆芥头等即可食用，也可配荤菜食用。比一般面条“有嚼头，撑饿”，吃起来别有风味。

浑酒茶：浑酒同普通糯米甜醉（酒酿）味道差不多。用大曲、黏高粱面发酵制成，吃时将适量发酵好的浑酒，放入网箩中加水过滤，去掉渣子，过滤出的汤汁煮开即可食用。因汤汁浑稠如稀粥，颜色似秫面，味甜而略带酒味，故名浑酒茶。过去阜阳各地几乎家家会做浑酒。具体做法是“夏踩曲，冬蒸面，搅拌成糊凉入坛，盖上盖子闷七天，闻到酒香味已甜”。阴历五月份做曲，从野外选取踩曲草（一说为辣蓼），碾碎，绞取青汁拌入麦麸（稍带一些面粉）中，干湿以能用手捏成团为度。把新鲜的秫叶麻叶摆放到石臼中，取半碗左右拌好的湿麦麸，压在麻叶秫叶上，按压在石臼底部，用麻叶包盖住麦麸团，再将秫叶合拢。将麸团压紧，扎成半球形的曲团，悬通风阴凉处，任其发酵（发热）。发酵一个星期左右，即成大曲，悬挂备用。到了冬天，取秫面（也可以加麦面、米面，稍许）蒸成窝窝头，趁热揭去馍焦，只用馍瓤，放入大盆中揉碎，拌入大曲，稍凉后，装入干净的缸坛中（缸坛不渗水），坛口用碗罩上，再用纸蒙住扎紧，等过个七八天，甜丝丝的酒香弥漫出来，即可开坛，用干净的不带生水的勺子取出适量浑酒食用，仍将原坛盖严，可以从冬天一直吃到初夏，甜味不减。“文化大革命”以后，农村做浑酒的日渐稀少，踩曲做酒之法几近失传。

家制老豆腐：家制老豆腐与豆腐作坊做豆腐的方法有些不同。作坊用泡好的豆子加水磨浆，家制豆腐用豆面加水搅拌成稀糊，将稀糊用布包住放案板角上反复揉压，挤出豆浆，入锅烧开，点上石膏粉，稍煮，即成豆腐脑，将豆腐脑压去汁水，即做成老豆腐。因煮豆浆时不去上面的油皮（腐乳，俗名黄鳝头），老豆腐比作坊豆腐更加香醇有弹性，将老豆腐切成半斤左右的长方块，可用绳拴住晾晒成干豆腐。如果是冬天晒成的干豆腐放到夏天可水发切开食用，色香味不减。

臭豆子：将黄豆（茶豆，黑豆均可）淘洗干净，捡去烂瓣，放锅中煮成面豆，稍凉，放入干净的盆盂中，盖上秫杆锅拍（透气性较好），放房屋内阴凉处，三至五天，豆粒上微起茸毛，手感发黏，即为发酵完成。取大茴香，姜葱辣椒熬汤，拌入发酵好的豆子中，放碗内入锅蒸开即可食用，味道与臭腐乳差不多，配粗粮馍饭食用，开胃进食，“秫面锅巴就臭豆，胜过吃顿肉”，过去一到冬天，很多农民都要做臭豆子佐食。

酱肉瓜：过去，农村种有一种像黄瓜形状的肉菜瓜，含水量小，没有脆性，最适合做酱肉瓜。将肉菜瓜洗净，晾干，切成两半，挖去子瓤，放风口中晾一两天，待稍软弯曲不断时，即埋入豆酱缸中腌制一个星期左右，酱色入瓜、味咸而脆时，即可取出切成小块淋麻油食用。

鸡味羊肉：取新鲜羊肉，连骨剁成小块，加入盐、茴香面等佐料，稍浸，即可拌入干面粉，使肉块相互分开不粘连，然后放入加油烧热的煎锅中，待肉块贴锅的一面变黄时再翻动煎炒，至羊肉块冒油四周金黄略焦时即可停火取出装盘上桌，也可加粉丝葱姜等煮食，味同“小鸡缠细粉”，奇就奇在羊肉做出了鸡肉味，颍泉区姜堂一带农家多会煎炒。

香椿芽：香椿芽有青椿、女儿红、紫油椿等多种。以紫油椿（又名黑椿）品味最佳，清明之后折下新发的椿头（椿芽）洗去灰土，晾干，放盆中，撒细盐腌渍，每天翻动一两次，两三天放席箔之上晾晒一次，待水分蒸发，芽叶上现出白色盐霜时即成，存放得法，可经年不坏。太和沙颍河两岸出产腌渍的椿芽久负盛名，远销国内外。旧时曾进贡于皇室，号称“贡椿”。

芥菜丝：阴历十月霜降以后取鲜嫩芥菜削去薄皮，洗净晾干外面的水分，放干净案板上用快刀切成细丝，入开水中一焯即捞起，也可不焯晾软，加盐入坛腌渍，拌入生莴苣丝、香油、芝麻粉、辣椒面、精盐，放入坛、瓮中腌渍三五日即可食用，香脆微辣，风味独特，较耐存放，入春不变味。临泉一带选料制作最精。

家庭烹饪技巧　同样的主副食，同样的炉灶，有人做出饭菜来较为好吃，有人做出饭菜来不太好吃，其中有不少烹调的诀窍。民间流传着不少做饭炒菜的经验和技巧。

做饺子：和饺子面的窍门：在1斤面粉里掺入6个蛋清，使面里蛋白质增加，包的饺子下锅后蛋白质会很快凝固收缩，饺子起锅后收水快，不易粘连。煮饺子时要添足水，待水开后加入2克的食盐，待食盐溶解后再下饺子，能增加面筋的韧性，饺子不会粘皮、粘底，饺子的色泽也会变白，汤清饺香。

煮米饭：煮饭不宜用生水，因为自来水中含有氯，在烧饭过程中，它会破坏粮食中所含的维生素B1，若用开水煮饭，维生素B1可免受损失。如果用陈米做米饭，淘过米之后，可在米中加水的同时，加入注入水量的1/4或1/5的啤酒，这样蒸出来的米饭香甜，且有光泽，如同新米蒸出的一样。夹生饭重煮法：如果米饭夹生，可用筷子在饭内扎些直通锅底的孔，洒入少许黄酒重焖，若只表面夹生，只要将表层翻到中间再焖即可。米饭若烧煳了，赶紧将火关掉，在米饭上放一块面包皮，盖上锅盖，5分钟后，面包皮即可把煳味吸收。

煮面条：煮面时，在水中加一汤匙油，面条就不会粘在一起了，还能防止面汤起泡沫溢出锅外。煮挂面时不要等水沸再下，当锅底有小气泡往上冒时就可下面，搅几下盖锅煮沸，适量加冷水，再盖锅煮沸即熟。这样煮出的面，面柔而汤清。

烧荤菜：烧荤菜时，在加了酒之后，再加点醋，菜就会变得香喷喷的。烧豆芽之类的素菜时，适当加点醋，味道好营养也好，因为醋对维生素有保护作用。巧用“十三香”：炖肉时用陈皮，香味浓郁；吃牛、羊肉加白芷，可除膻增鲜；自制香肠用肉桂，味道鲜美；熏肉熏鸡用丁香，回味无穷。煮肉的时候，如果想使汤味鲜美，应该把肉放入冷水中慢慢地煮；如果想使肉味鲜美，则应该把肉放在热水里煮。烧糖醋鱼块及其他需放醋的菜肴时，最好在即将起锅时再放醋，这样能充分保持醋味，若放得过早，醋就会在烹调过程中蒸发掉而醋味大减。烧肉防焦小窍门：烤肉时，可在烤箱里放一只盛有水的器皿，因为器皿中的水可随烤箱内温度的升高而变成水蒸气，防止烤肉焦煳。炒鲜虾的窍门：炒鲜虾之前，可先将虾用煮过桂皮的沸水冲烫一下，然后再炒，这样炒出来的虾，味道更鲜美。将虾仁放入碗内，加一点精盐、食用碱粉，用手抓搓一会儿后用清水浸泡，然后再用清水洗净，这样能使炒出的虾仁透明如水晶，爽嫩可口。巧洗带鱼：带鱼身上的腥味和油腻较大，用清水很难洗净，可把带鱼先放在碱水中泡一下，再用清水洗，就会很容易洗净，而且无腥味。老鳖去腥：做鳖肉时，将老鳖的胆汁涂在鳖肉上，可以去除腥味，使肉味鲜美。

炒鸡蛋：将鸡蛋打入碗中，加入少许温水搅拌均匀，倒入油锅里炒，炒时往锅里滴少许酒，这样炒出的鸡蛋蓬松、鲜嫩、可口。煮鸡蛋时，可先将鸡蛋放入冷水中浸泡一会，再加入热水里煮，这样煮好的鸡蛋蛋壳无裂痕，且易于剥掉。

炒素菜：蔬菜尽可能做到现炒现吃，避免长时间保温和多次加热。另外，为使菜梗易熟，可在快炒后加少许水焖熟。烹调蔬菜时，加点菱粉类淀粉，使汤变得浓稠，不但可使烹饪出的蔬菜美味可口，而且淀粉含谷胱甘肽，对维生素有保护作用。香菜是一种伞形花科类植物，富含香精油，香气浓郁，但香精油极易挥发，且经不起长时间加热，香菜最好在食用前加入，以保留其香气。烹饪蔬菜时如果必须要焯，焯掉的水要尽量利用。如做水饺的菜，焯好的水可适量放在肉馅里，这样既保存营养，又使水饺馅味美有汁。做菜或做汤时，如果做咸了，可拿一个洗净的土豆切成两半放入汤里煮几分钟，这样，汤就能由咸变淡了。鲜黄花菜不能吃，因为鲜黄花菜内含有毒物质秋水仙碱，食用后会导致恶心、腹泻等；而加工后的干黄花菜已将秋水仙碱溶出，食用则不会中毒。炸馒头片时，先将馒头片在冷水里浸一下，然后再入锅炸，这样炸好的馒头片焦黄酥脆，既好吃又省油。炒青菜脆嫩法：在炒黄瓜、莴笋等青菜时，洗净切好后，撒少许盐拌和，腌渍几分钟，倒去水分后再炒，青菜能保持脆嫩清鲜。豆腐一般都会有一股卤水味。豆腐下锅前，如果先在开水中浸泡十多分钟，便可除去卤水味，这样做出的豆腐不但口感好，而且味美香甜。

相关技巧：如何使用砂锅：新买来的砂锅第一次使用时，最好用来熬粥，或者用它煮一煮浓淘米水，以堵塞砂锅的微细孔隙，防止渗水。用砂锅熬汤、炖肉时，要先往砂锅里放水，再把砂锅置于火上，先用文火，再用旺火，不能先放火上，再加水。瓜果的清洗：食用前，先将瓜果在盐水中浸泡20～30分钟，可去除瓜果表皮残存的农药或寄生虫卵，且盐水还有杀灭某些病菌的作用。洗铁锅油垢：炒菜锅用久了，锅上积存的油垢很难清除掉，如果将新鲜的梨皮放在锅里加水煮一会儿，油垢就很容易清除了。巧洗葡萄：将葡萄去蒂放在水盆里，加入适量面粉，用手轻搅几下，然后将浑浊的面粉水倒掉，用清水冲洗即可。吃过大蒜后，喝杯牛奶，可消除大蒜遗留在口中的异味。抽屉、壁橱、食品箱里有霉味时，在里面放块肥皂，即可去除。将西瓜放入盐水中3～5日，将西瓜捞出揩干，再用西瓜蔓叶中挤出的水汁涂一遍，密封于塑料袋内，放入地窖，可使西瓜保鲜半年。面包能消除衣服上的油渍，用餐时，衣服如果被油渍所染，可用新鲜白面包轻轻摩擦，油渍即可消除。

用筷禁忌　人们在使用筷子时，正确的使用方法是用右手执筷，大拇指和食指捏住筷子的上端，另外三根手指自然弯曲扶住筷子，并且筷子的两端一定要对齐。用餐前筷子一定要整齐地放在饭碗右侧，用餐后一定要整齐竖向放在饭碗的当中。同时介绍一下十种使用筷子的禁忌。

（1）三长两短：这意思就是说在用餐前或用餐过程中，将筷子长短不齐地放在桌子上，这种方法是大不吉利的，通常我们管它叫“三长两短”，其意思是“死亡”。因为中国人过去认为入殓以后是要装进棺材的，在还没有盖棺材盖的时候，棺材的组成部分是前后两块短木块，两旁加底部三块长木板，五块木板合在一起做成的棺材正好是三长两短，所以说这是极为不吉利的事情。

（2）仙人指路：这种拿筷子的方法是，用大拇指和中指、无名指、小指捏住筷子，而食指伸出。因为在吃饭时食指伸出，总在不停地指别人，而用手指指人，大都带着指责的意思。所以说，吃饭用筷子时用手指人，无异于指责别人，是非常无礼的。还有一种情况也是这意思，那就是吃饭时同别人交谈并用筷子指人。

（3）品箸留声：其做法是把筷子的一端含在嘴里来回嘬，并不时发出咝咝的声响。这种行为被视为是一种无教养的做法。因为在吃饭时嘬筷子本身就是一种无礼的行为，再配以声音，更是令人生厌。所以一般出现这种做法都会被认为是缺少家教。

（4）击盏敲盅：这种行为被看作是乞丐要饭，其做法是在用餐时用筷子敲击盘碗。因为过去只有乞丐才用筷子击打饭盆，其发出的声响配上嘴里的哀告，使行人注意并给予施舍。这种做法为他人所不齿。

（5）执箸巡城：这种做法是手里拿着筷子，旁若无人状，用筷子来回在桌子的菜盘里找菜，不知从哪里下筷为好。此种行为是典型的缺乏修养的表现，且目中无人，极其令人反感。

（6）迷箸刨坟：这里指手里拿着筷子在菜盘里不住地扒拉，以求寻找“猎物”，就像盗墓刨坟一般。这种做法同“执箸巡城”相近，都属于缺乏教养的做法，令人生厌。

（7）泪箸遗珠：这是用筷子往自己盘子里夹菜时，手不利落，将菜汤滴到其他菜里或桌子上，这种做法被视为严重失礼。

（8）颠倒乾坤：用餐时将筷子颠倒使用，这种做法是非常被人看不起的，正所谓饥不择食，以至于脸面都不顾了，将筷子倒使，这是绝对不可以的。

（9）定海神针：在用餐时用一只筷子去插盘子里的菜品，这也是不行的，这被认为是对同桌用餐人员的一种侮辱。在吃饭时做出这种举动，与欧洲当众对人伸出中指的意思是一样的。

（10）当街上香：往往是出于好心帮别人盛饭时，为了方便省事把一副筷子插在饭中递给对方，这会被人视为大不敬，因为只有为死人上香时才这样做。如果把一副筷子插入饭中，如同为死人上香一样。把筷子插在碗里是绝对不允许的。

上述十种使用筷子的禁忌，日常生活中应十分注意。从一双小小筷子的用法中，能够看到阜阳地区那深厚的文化底蕴。

第三节　建房习俗

阜阳地处黄淮之间，土地平旷，沃野千里，雨水丰沛，气候温润，“民淳讼简而物产美，土厚水甘而风气和”①，是宜于人居住的地带之一。长期以来，人们在这片土地上因利乘便，在建房居住、繁衍生息的过程中，从众多的事例和挫折中，从代代相传的经验教训中，逐渐形成了一套与传统堪舆理论一脉相承的建房习俗。

我国民房的基本结构是一明两暗的三间堂屋，这是普通百姓的住房规模。堂屋中间开门（明间），左右两间开窗（暗间）。中间开门的一间不住人，称作堂。堂靠后墙放条几、方桌，方桌两边放椅子、长凳、条几中间供奉祖先牌位、神佛。后墙挂中堂字画和对联。堂俗称堂屋当门，是家庭或家族祭祀、议事、待客和举行各种仪式的场所。如果是中等家庭规模，便在堂屋两侧和对面加盖过道和厢房，组成三合院或四合院。院子中间称为庭。

民间这种四合院的建筑在商代遗址中已有发现。原始氏族的横排式大房子是随着宗族的扩大一间一间横向连接而成的。后世民居的扩展，基本上是以三合院、四合院为基础，采取纵向、横向连接两种形式。其中以纵向连接最为常见，于是便有了二进、三进的院落。

四合院、三合院的正房由长者居住，厢房由儿孙居住，体现出尊卑长幼的差别，符合传统社会的宗法礼教制度。

英国首相丘吉尔有句名言，“人造房屋，房屋塑造人”。人们按照自己的喜好建造形形色色的房屋，这不同的房屋对居住者也会产生不同的影响，也就是说，有的房屋宜居住，有的不宜于居住。

在一些地方，建筑格局往往只注重“单体效应”，忽略了人与环境的关系。新建成的住宅形成一个个单调、失调、孤立的物质空间。人们长期

① 《正德颍州志》卷一，天一阁藏明代地方志选刊，上海古籍书店，1963 年版，第 4 页。

处在这种蜂窝、鸟笼、火柴盒、玻璃幕等建筑模式中，会感到烦躁和压抑。人们在想：为什么到青山绿水之中，到江南古民居之中，到山西乔家大院，到浙江兰溪八卦村等风景名胜区旅游，会感到心情舒畅，而一回到自己处于高楼广厦中的蜗居，就会感到困倦不适甚至生病呢？

中医理论认为，人之所以有病，不外乎三方面原因：

其一，外感“六淫”——风、寒、暑、湿、燥、火；

其二，内伤“七情”——喜、怒、忧、思、悲、恐、惊；

其三，劳倦和饮食不节。

实践证明，一处好的宅院，由于环境和谐、空间明亮，既可以外阻“六淫”（阻风挡寒，冬暖夏凉，排水去湿，不干不燥）；又可以内调“七情”（房屋结构合理，色调柔和，感觉舒适。装潢环保，无心理禁忌）。而“六淫”“七情”得到调节，就会神清气爽，举止文明，自然不会暴饮暴食和劳倦无度了。由此可见，住宅对人们的身心健康是多么重要。在西方国家，人们选择房屋，总是从有利于身体和精神两方面加以考虑，这与我们的认识可谓不谋而合。

下面从住宅选址和房屋建造两个方面介绍一下民间传统习俗。

一、住宅选址

住宅选址包括地势、土质、宅形等几个方面。过去选址，有条件的，请当地风水师用罗经观察分析龙穴砂水向五大要素，以望气、闻气等方法来测定空气质量，以品水、观鱼等方法测定水的质量，以捏土、称土、尝土的方法来测定土的质量，然后做出决定；没条件的，也要请有经验的泥瓦匠或读书人根据周围环境决定房屋格局（宽窄、朝向、出水），很少有不遵习俗胡扒乱盖的。

地势　一般说来，住宅地势应与我国西北高东南低的整体地势相一致，以北高南低为好（南偏东，南偏西均可）。民间有四灵之说，以“左青龙，右白虎，前朱雀，后玄武”的宅基最为理想，叫作“四灵护宅，福寿康泰”。一处坐北朝南的住宅，东边有缓缓流淌的小河（青龙），便于通畅排水；西边有平直的大道（白虎），可以方便出行；南方有视野较为开阔的地带（朱雀），有利于接纳阳光，祛邪杀菌；北方有较高的土坡、堤坝（玄武），可以阻挡冬季的寒流风沙。整个宅地好像有灵物守护，“前有平地后有岗，东边流水西道长，子孙世世居官位，紫袍玉带福禄强”，自然使居住者愉悦舒畅。住宅的地势最重要的是北高南低，如果是北低南高的“倒淋地”，则不宜作宅建房。如果没有别的地段可选，就用净土将这段地的北部垫高，使之成为北高南低的宅基地。

宅形 住宅地形以平整方正为好。“人要正，宅要方，方方正正能久长。”具体而言，住宅以南北向的长方形为好。民居往往建成三合院或四合院，长宽之比以三比二较合适（如南北长二十几米，则东南宽为十二三米），又不宜过于狭长或横宽。由于受各种条件的限制，住宅往往不是标准的长方形（对边不相等），遇到这不同的宅形，要具体分析。民俗认为：

左短右长（四边形的左边短，右边长），家势可昌；
右短左长，生财不旺；
前狭后宽，富贵平安；
前宽后狭，棺形破财。

其他如三角形、多边形的宅地，较为少见，一般人选择宅地，并不考虑这样地形的，大多任其闲置（种树，种菜无妨）。如果硬要在三角形地块建房，则大多不利。民间建房习俗认为：由路势形成的锐角三角形地块，名为剪刀地，在该地段建的房，名为“剪刀屋”。“剪刀屋”受三面道路夹击，灰尘大，噪音多，气场混乱，人若久居，易患失眠、高血压症和呼吸道疾病，若是遇到阴雨雾雪天气，车辆过往频繁，居住者更是提心吊胆。

土质 选择宅基，地面上的情况容易察觉，地表以下土壤的情况容易被忽视。一般说来，土壤可分为砂土、壤土和黏土三类，它们的含水量和耐压性能不同。作为宅基的土质，不光要地盘坚固，而且要含有生气。上海同济大学建筑学院张振山教授撰文指出“地无崩蚀，色泽油油，草木繁茂，流水清甜，飞鸟喜鸣，走兽活跃”的地方即是有生气之地。据说西方某些国家过去选择城堡或庄园用地，习惯于在备选的地块上放牧羊群。一年之后，哪块土地上的羊群生长发育良好，膘肥体壮，那块土地即被选中。

我国古书《耳谈》中说："凡锡产处不宜生殖，故人必贫而多迁徙。"研究发现，土壤中某些微量元素含量过高，会对人的健康造成危害。老百姓无须知道土壤中微量元素的情况，只需观察动植物生长发育情况就可以判断土质的优劣。民间选址总是既注意"顺承生气"，又注意"避开邪气"，决不把尘土飞扬的干涸之地，草木枯萎的贫瘠之地，烂泥沉积的潮湿之地和臭气熏天的不洁之地当作宅基。注意避开古窑址、旧井池、老塘底、坟场、粪坑、垃圾场和容易塌陷的有流沙暗河的地段。对于整个地块尚可只有少许水坑污土的地段，一定要彻底清挖，除净污泥，直到周围土色正常然后用鲜土填实，绝不用碎石、烂砖、炉渣填埋。

二、住宅的类型和吉凶

根据住宅院落不同进深层次，可将住宅分为静宅、动宅、变宅和化宅四个类型。

一个院落的住宅为静宅，如三合院、四合院。

两层至五层院落的住宅为动宅，如阜阳市颍东区程家大院。

六层至十层院落的住宅为变宅，山西省祁县乔家大院是典型的变宅院落，其中有六个大院，二十个小院，三百一十三间房屋，全宅布局严谨，设计精巧。

十一层至十五层院落的住宅为化宅。北京故宫的从南到北中轴线上来看，门、宫、殿共分十五层。故宫的建筑布局蕴含着我国正统住宅堪舆学的玄妙智慧。从南到北依次是第一层天安门，第二层端门，第三层午门，第四层太和门，第五层太和殿，第六层中和殿，第七层保和殿，第八层乾清门，第九层乾清宫，第十层交泰殿，第十一层坤宁宫，第十二层坤宁门，第十三层钦安殿，第十四层顺贞门，第十五层神武门。

民间最常见的住宅是三合院、四合院，也包括一幢整体结构的大房屋。

根据清代赵九峰《阳宅三要》[①] 一书，不管哪种民宅，只要大门、主卧和厨房三者配合得当，相生或比和即是吉宅，否则为凶宅。相生指五行相生，比和指五行相同。如坎门巽主相配，坎为水，巽为木，水生木，水木荣华，吉。坎门巽主与震灶相配，震为木，巽为木，是二木比和，因此为吉宅。为了确定住宅吉凶，古人住宅的大门朝向与八卦方位配合，将住宅分为西四宅和东四宅。西四宅的大门为乾向（朝向西北，下同）称为乾门；坤向（西南）称为坤门；艮向（东北）称为艮门；兑向（西）称为兑门。东四宅的大门为坎向（北）称为坎门；震向（东）称为震门；巽向（东南）称为巽门；离向（南）称为离门。《八宝明镜》一书以主房坐山为准。

东四宅为水生木，木生火，即坎（水）、离（火）、震（木）、巽（木），震巽居于东方，故称东四宅。西四宅为土生金，即乾（金）、兑（金）、坤（土）、艮（土），乾兑坤居于西方，故称西四宅。住宅有吉有凶，民间认同的吉宅类型如下。

乾门艮主型　乾门属金，艮主属土，土生金，为吉。西北方位的大门配以东北方位的主房，这种住宅为天医宅，与正西方位和西南方位的厨灶相配为吉。

乾门坤主型　乾门属金，坤主属土，土生金，为吉。西北方位的大门配以西南方位的主房，这种住宅为延年宅，与东北方位、西南方位、正西方位、西北方位的厨灶相配为吉。

坤门乾主型　坤门属土，乾主属金，土生金，为吉。西南方位的大门配以西北方位的主房，这种住宅为延年宅，与正西方位、西北方位、东北方位、西南方位的厨灶相配为吉。

坤门艮主型　坤门属土，艮主属土，二土比和，为吉。西南方位的大门配以东北方位的主房，这种住宅为生气宅，与东北方位、西南方位、正西方位、西北方位的厨灶相配为吉。

艮门坤主型　艮门属土，坤主属土，二土比和，为吉。西南方位的大

① ［清］赵九峰：《阳宅三要》卷二，陕西师师范大学出版社，2011 年版，第 236 ~ 250 页。

门配以东北方位的主房，这种住宅为生气宅，与东北方位、西南方位、正西方位、西北方位的厨灶相配为吉。

艮门兑主型 艮门属土，兑主属金，土生金，为吉。东北方位的大门配以正西方位的主房，这种住宅为延年宅，与西南北方位、西北方位的厨灶相配为吉。

艮门乾主型 艮门属土，乾主属金，土生金，为吉。东北方位的大门配以西北方位的主房，这种住宅为天医宅，配以西南方位、正西方位的厨灶为吉。

兑门乾主型 兑门属金，乾主属金，二金比和，为吉。正西方位的大门与西北方位的主房相配而成的住宅为生气宅，配以东北方位、西南方位、正西方位的厨灶为吉。

兑门艮主型 兑门属金，艮主属土，土生金，为吉。正西方位的大门与东北方位的主房相配而成的住宅为延年宅，配以正西方位、西南方位、西北方位的厨灶为吉。

坎门巽主型 坎门属水，巽主属木，水生木，为吉。正北方位的大门与东南方位的主房相配而成的住宅为生气宅，配以正东方位、正南方位的厨灶为吉。

坎门离主型 坎门属水，离主属火，水火既济，为吉。正北方位的大门与正南方位的主房相配而成的住宅为延年宅，配以东南方位、正东方位的厨灶为吉。

离门坎主型 离门属火，坎主属水，水火既济，为吉。正南方位的大门与正北方位的主房相配而成的住宅为延年宅，配以东南方位、正东方位的厨灶为吉。

离门震主型 离门属火，震主属木，木生火，为吉。正南方位的大门与正东方位的主房相配为成的住宅为生气宅，配以东南方位、正北方位的厨灶为吉。

震门巽主型 震门属木，巽主属木，二木比和，为吉。正东方位的大门与东南方位的主房相配而成的住宅为延年宅，配以正北方位、正南方位的厨灶为吉。

震门离主型　震门属木，离主属火，木生火，为吉。正东方位的大门与正南方位的主房相配而成的住宅为生气宅，配以正北方位、东南方位的厨灶为吉。

巽门坎主型　巽门属木，坎主属水，水生木，为吉。东南方位的大门与正北方位的主房相配而成的住宅为生气宅，配以正东方位、正南方位的厨灶为吉。

巽门震主型　巽门属木，震主属木，二木比和，为吉。东南方位的大门与正东方位的主房相配而成的住宅为延年宅，配以正北方位、正南方位的厨灶为吉。

三、建筑房屋

在选好的宅基上建房，花费的工夫更多。从确定建筑格局，购置建材、木料，到制作门窗、房架；从择日动工到夯地基、上梁完工；从室内布置到院外花木种植，每一步都有不少习俗讲究。

建筑格局　规划房屋，首先确定主房——堂屋的位置朝向。主房坐北朝南，或三间，或五间，很少有两间或四间的。再根据主房的朝向（南偏东或南偏西，但又不正对子午线），确定大门和厨房的位置。

购置建材　砖瓦木材以新为好，不用墓道、桥涵、庙宇拆下的旧料。

制作门窗　不用桑树、楝树为材，叫作“桑楝不入房”。窗棂、门撑用单数，五、七、九、十一、十三等阳数可用。双扇门和左右窗户要大小一致，左右形制统一。门边木料要根部在下，不可倒置，不可有大的树杈盘结纹理（疤瘌）。

制作房架　把木材制作成房架，俗称“砍房料”。以堂屋为例，中间的檩条应根部向东，两头开公榫；西间的檩条也是根向东，开母榫；东间的檩条根向西开母榫，这样好与中间的檩条衔接，不用加钉，只要燕尾槽合上就左右拉不开。大梁根部向南，不可向北；梁上的杈柱公榫在前，母榫在后，与大梁合成三角形支架，以便托住榫条。檩条用单数，三、五、七、九均可，视房屋宽窄而定。

动工择日　一切准备就绪，要选定吉日良辰开工。择日是大事，绝不随便选个双数日子（初八、十八等）就动工。民间将择日叫作“看好”。老年人听到谁家结婚、盖房子放鞭炮，就会说：“今天是个好啊。”所谓“看好”，就是要根据《万年历》上某日对应的天干地支来决定。按照《奇门遁甲》，六十甲子吉日有：

宝日：干生支名宝日，丁丑（丁属火，丑属土，火生土）、丙戌、甲午、庚子、壬寅、癸卯、乙巳、丁未、戊申、己酉、辛亥、丙辰。

义日：支生干为义日，甲子（甲属木，子属水，水生木）、丙寅、丁卯、己巳、辛未、壬申、癸酉、乙亥、庚辰、辛丑、庚戌、戊午。

和日：干支同类为和日，戊辰（戊属土，辰属土，同类）、己丑、戊戌、丙午、壬子、甲寅、乙卯、丁巳、己未、庚申、辛酉、癸亥。

附：制日，干克支名制日，凶，乙丑（乙属木，丑属土，木克土）乙丑、甲戌、壬午、戊子、庚寅、辛卯、癸巳、乙丑、丙申、丁酉、己亥、甲辰。

伐日：支克干名伐日，凶，庚午（庚属金，午属火，火克金）、丙子、戊寅、己卯、辛巳、癸未、甲申、乙酉、丁亥、癸丑、壬戌。

现在人们择日，以习惯与干支结合起来考虑。如初六、初八按干支推算，如果属于吉日可用，不属于吉日不可用。初四、十四等，干支虽吉，谐音不好，也不可用。一般人觉得，既然有那么多日子可选，当然要选个更好一些的吉日。

吉日选定后，要在上午开工，鸣放鞭炮，谓之良辰，表示蒸蒸日上之意（不在下午开工）。

夯地基 开工之日，根据规划放线，定好房屋外墙、内墙尺寸位置，做好灰线标记，然后开挖地槽，地槽开好后，就开始夯地基。先由房屋西南角动夯，沿前墙向东排打，同时燃放鞭炮，领工师傅领唱打夯歌。夯歌大意是：“东家盖高房哟……鞭炮齐欢唱哟……举夯向前排哟……平安又吉祥哟……”如果是盖房准备办喜事（结婚），还要加上：“房子盖得好哟……娶个美娇娘哟……夫妻多和顺哟……生个好儿郎哟……到时来喝酒哟……大家吃喜糖哟……”既有传统的歌词，也有临时的“创作”。

上梁 房屋墙壁垒好之后，还要择吉日上梁，先在柱脚（顶大梁的柱子，木根部在下，乡下称为柱脚）上贴上大红对联“青龙盘玉柱，白虎架金梁”“太公在此”“吉星高照”等。留下中间脊檩不上，将其他檩条全部上齐后，两名工匠用绳将贴上大红对联的脊檩提起，同时鞭炮鸣响，领工师傅从房架上撒下糖果和圆形小馒头（俗称龙蛋），四邻小孩聚在屋内拾取，欢声笑语不断。屋檩吊起放平合榫的同时，领工高唱上梁歌，歌词巧妙、谐音美好：“柏柱桐檩梓千金，枣脊榆梁杏树门，槐桌椿凳高堂放，菱花窗户柿合心……”大意是用柏木为柱耐久；用桐梓为檩弹性好，耐压；早积余粮枣脊榆梁，勤俭持家，自然幸福长久；用槐木取其结实耐用；用椿树取其清香；用柿木雕花为窗，取其纹理细密、色泽橙黄、事事如意。

据说上梁歌古已有之，多为颂赞吉祥之语。明代徐师曾在《文体明辨》称：“按上梁文者，工师上梁之致语也。世俗营宫室，必择吉上梁……匠人之长，以面（糖包、馒头之类）抛梁而颂此文以祝之……中陈六诗，诗各三句，盖俗礼也。”由此可见阜阳民间造房习俗流传之久。

室内布置　以三间堂屋为例，堂屋正中一间靠墙放条几，条几前面放八仙桌（方桌），两边放木椅。后墙挂中堂字画，字画以山水楼阁，仙人佛像为多。东西两边可放沙发，可谓中西合璧，新旧结合。东西两间放床铺柜橱，长辈住东间，晚辈住西间，以示尊卑有别。床铺不可放梁下，床头不可对门口，床上墙壁不可揳钉挂物，床下不可塞放杂物，民俗以为“床上有钉磨眼，床下塞物睡懒（浊气太重不利休息）”，“梁下放床不安，床头对门失眠”。据传阜阳城北某乡有一老者，善看眼病。求医者到门，看后，便说：“你家床头某某处有钉，钉上扯线，拔去便好。”病者不信，回去细找，果如所言。后来求医者渐多，老者分文不取。此中是否有科学道理，不得而知。

对于其他房间的字画悬挂也有些讲究，“下山猛虎”不易悬挂在阴暗的角落，以免“藏凶”；也不可悬挂在孕妇的起居室，不利胎教。“奔马图”要挂在宽敞明亮的地方，而且要马头向外，以显良马风姿；“行舟图”要船头向内，不可船头向外，向内意为“满载而归”，向外有“财源外流”之嫌。客厅宜挂“岁寒三友”“梅兰竹菊”“流水高山”等象征品格和友谊的字画；老人卧室宜挂“松鹤延年”“麻姑献寿”“神鹿灵芝”、百福、百寿等吉祥字画；书房摆设以清静雅致为好，一两幅励志字画之外，吊兰、文竹、菖蒲等植物有净化空气，宁心益智作用，可适当选放。

有的地方，喜欢在屋内摆放各种动物造型的工艺品。有人认为不能与生肖相冲。户主生肖属鼠忌马，属马忌鼠，属牛忌羊，属羊忌牛，属虎忌猴，属猴忌虎，属兔忌鸡，属鸡忌兔，属龙忌狗，属狗忌龙，属蛇忌猪，属猪忌蛇。兴趣而已，似无科学根据。

各个房间铁床和金属家具不可过多；灰暗色调的东西不可过多；三角形和尖刺状的摆设和图案尤不可取，“桌椅有棱，小心磕碰”。传统古式家具，如桌、椅、床、柜之类，其边、角、棱必做成微圆形，且打磨光滑。既美观又宜于老人儿童活动，不至于碰人。

室内家具和其他物件，宽窄高低要合适，色彩要协调，摆放位置要恰当，不能挡门遮窗，总体积不能超过室内空间的一半，“家具乱放，看着不畅”，会使人感到心烦气躁，有转不过身、透不过气来的感觉。

宅院布置　房屋建筑要井然有序、疏密合理，堂屋、厨房、过道、围墙、水井、厕所、花木要各在其位，配合成一座和谐的院落。

堂屋必须高昂，要比其他房屋宽大，各房排列不能紧逼。如是四合院，东、西、南、北各房间之间的走道不能窄于二尺，不能宽过五尺，太窄为蔽气，太宽为松散。对于整个宅院，民间有五虚五实之说。

五虚：

住宅宽大而人口少，一虚；
宅门高大而居室小，二虚；
院墙残缺凹凸不齐，三虚；
院内排水向南直流而出，四虚；
庭院宽大而房屋过少，五虚。

五实：

住宅不大而人口多，一实；

住宅宽大而门不大，二实；

院墙平整完好，三实；

住宅虽大而六畜多，四实；

宅前排水向东南方向缓缓流淌，五实。

有的地方以为宅前排水应由东向西再弯向东南流，六实。

民间传说的虚实没有具体标准。人住进之后，要以心情舒畅、安静、没有压抑感为好，没有“寒、热、枯、寂”的感觉为好。乡下有养鹅“镇宅子”的习惯，就是意在调节虚实。按照现代建筑理论，除去庭院，人均住房面积以不少于10平方米为宜。

五虚五实之外，尚有诸多禁忌，广为人知：

大门不对“路箭”（道路直射大门）、大树、烟囱、屋角、厕所、怪石；厕所不对堂屋正中后墙、不与厨房紧连；水井不能打在白虎头上（宅院西南）；门前不能堆粪、挖塘、种桑；宅内不能有枯树、朽藤；堂屋东西两头不能随便搭建小房（单耳房、孤独房）；房屋梁头、檩条不能长出檐外（露骨房），排水沟不能从门下经过，厢房前檐不能长过主房门边（滴泪檐），如此等等。有些习俗有道理，有些习俗似乎又很难说出其中的所以然来。

当今，随着人们对传统文化的日益重现，建房习俗作为一种民俗文化观念，逐渐引起人们的浓厚兴趣。特别是在广大农村，这些习俗总是存而不显地发挥着某种心理指导作用。因此，整理发掘这些习俗中的“合理内核”，对于购房和建房者来说，也许会有一些帮助。

第四节　出行风俗

人们生活在地球上，不管活动范围如何，总离不开出行交通，离不开跋山涉水。古代，由于生产力相对落后，交通困难重重，人们出门远行，都是靠步行；搬运东西，也只能靠人力背、抬、扛、挑，千辛万苦。怎样改善落后的出行状况，人们在不停地探索着。据传说，有一年夏天，我们始祖黄帝外出，忽然一阵大风把他戴在头上的草帽吹掉了，因为草帽是圆的，掉在地上随风滚出好远，他连忙追上把草帽捡了起来，受到草帽滚动如飞的启发，黄帝产生了制作车轮的灵感。经过多次试验、改进、制作，黄帝发明了世界上最早的独轮车。用车子搬运重物等比以前方便轻巧多了，人们从此进入了以车代步、以车代劳的交通新时代。为了不忘黄帝发明车子的丰功伟绩，人们尊称黄帝为轩辕氏。轩和辕都是车子的构件，横木称为轩，直木（竖木）称为辕。车子的发明和使用，对人类思维的进化以及对世界的认识，都起到了不可估量的作用。

车子发明之后，数千年来，在淮北一带，车子一直是最主要的交通工具。目前我们所能见到的古代车子实物是在河南安阳殷墟出土的单辕车，这种车子双轮，每个轮子有十八根辐条，车厢二尺多宽，四尺多长，可乘二三人，用两马驾辕。至商末周初才见四马驾辕的车。在古代，车驾二马的叫骈，车驾三马的叫骖，车驾四马的叫驷。到了汉代，双辕车逐渐代替单辕车，双辕车改变了以前单辕车系二马才能行走的情况，使单马拉车成为可能。汉代交通发达，除乘人的马车之外，载货运输的牛车也大量使用。牛车最初是商贾们用来贩运货物的运输车。我国自古重农轻商，所以历代以农业为立国之本。商人虽富，但在政治上却无任何地位，被列入庶民之列。在崇尚马车、以马车明尊卑的时代，乘牛车被视为是卑贱的行为。所以当时贵族死后，随葬品只有马车，绝对不用牛车。汉代车舆制度明确规定："贾人不得乘马车。"（《续汉书·舆服志》）当时，牛车成了商人的主要交通运输工具。

汉代乘坐马车，虽然是一种"有身份"的象征，但由于礼仪较为繁缛，受"乘人之姿"与"立车之容"等条规的限制，乘车者必须时刻保持君子风度，而不能左顾右盼，指手画脚。这对于汉代以后兴盛起来的士族阶层来说，是件颇为拘束的事，于是他们逐渐把喜好转向牛车。牛车车厢宽大，可以装棚施幔、铺席设几，乘者可任意坐卧，无拘无束。到了魏晋时期，牛车在门阀士族中大受欢迎。那时，诸王乘驾八牛的云母车，三公乘驾四牛的皂轮车，一改前期以乘马车为尊的旧俗。

相传三国时期诸葛亮发明了木牛流马，以运输粮草。据考证，“木牛流马”是改制汉代的独轮辘车而成的。木牛，意为车子不用牛马也能行走，好像一头不吃草料的老牛。流马，意指独轮转动灵便，运行轻快，好像一匹流转疾驰的马。辘车起源于穷乡僻壤之地，使用者是处于社会最下层的劳苦大众。当时一些贫寒的文人或落魄之士，有时也坐这种车。

南北朝时，牛车日益风行，连北魏皇帝出行时也乘坐“驾车十二”的大楼辇。由于贪求舒适，醉心享受，各种牛车相继出现。其时有不少特别之人，以乘特别之车为潇洒。据史书记载，南朝宋文帝“好乘羊车”。每入后宫，嫔妃竞相将竹枝放在住室门口，洒上青盐，引羊吃食，以便羊拉车入室。颜延之常乘“羸牛笨车”，沈庆之“每朝贺，常乘猪鼻无帷车”，一时传为美谈。南朝时期，汉代那种轻便的马车完全绝迹，以致建康令王复竟连马也没见过，偶尔见到马，便大惊失色（《颜氏家训》）。乘牛车之风，至隋唐也鲜有变化。到了北宋，驾车以牛为主，间有驴骡。由于道路崎岖，乘车多有颠簸。两宋以来，乘轿之风渐兴，达官贵人出行时不求快捷，但求安稳。宋人出行，或骑马，或坐轿，极少乘车。

明清以来，轿子开始有官轿、民轿之分。官轿等级森严，身份与官品不同，所乘轿子的质料、装饰、大小尺寸和轿夫人数，也不一样。明代皇帝所乘坐的轿子，因其顶髹红漆，称为红板轿；其他官民所用之轿皆禁刷红顶。明代文官三品以上方准乘轿，武官严禁乘轿。至正德以后，乘轿制度稍弛，各品文官皆可乘轿，甚至武官也有乘轿者，但只能坐无帷幔的显轿。

清代规定亲王之轿银顶、黄盖、红帏、轿夫八人；郡王之轿，银顶、红盖、红帏、轿夫八人。两王之轿，俗称“八抬大轿”。汉人文官三品以上轿用银顶，在京轿夫四人，出京轿夫八人；四品以下轿用锡顶，轿夫二人。无官爵的富人平民，皆乘民轿，黑顶、宅帏、轿夫二人。当时官轿出官府时都有侍从在前鸣锣开道，沿途喧哗，百姓见之必须回避让道。民国时期，乘轿已无等级限制，百姓结婚，多用披红挂彩的花轿，轿夫二至八人不等。随着这种习俗的盛行，专门经营迎亲仪仗的“喜轿铺”应运而生。娶亲的花轿，装饰力求华美喜庆，轿顶上插有喜鹊、凤凰或八仙过海等吉祥如意的花鸟人物，轿门两边的支柱、抬杠用大红油漆，漆得光彩夺目，轿围用红缎制成，很是讲究。

清末民初以来，阜阳各地马车、骡车、牛车、手推车等相互配合，各有用场。马车、骡车，型制相同，两轮，双辕，用马拉辕的叫马车，用骡子拉车的叫骡车。马车载货较少，骡车载货较多，骡子比普通马匹力气要大许多。长途运输，一般多用骡车。牛车，即农村常见的四轮大车，有的地方叫太平车。车体长方形，没有前后之分。使用时，牲口套在车子哪头，即可向哪个方向前进。可以在大路上拉，也可以在农田（麦茬地、豆茬地等）里拉，最适宜在田间装运庄稼和拉土拉粪，也可以拉人送物。手推车俗称小车子，独轮，前窄后宽，车把在后，两把之间系有车襻带，使用时将襻带挂在肩上，两手握把向前推。手推车木轮木轴，行走时轴耳（车耳有孔，插轴）相磨，叽叽作响，须不断在轴上加油，以免磨热生火。手推车可运人运物，可走较窄的小路乃至独木桥，使用起来较为快捷方便。过去使用小车子接客送人，运行停放很有讲究。上路时遇有青蛙长虫（蛇）等主动避开，不能碰伤，以免不吉；过桥上船等让乘坐的人下来步行，如在年节或初一、十五，还应在桥头水边放鞭炮，以求吉利。

四轮大车和独轮小车，在制作方面，有一套严格规制和统一的尺寸，所以各地车子的高低、大小基本相同，几百年来没有多大改变。20 世纪五六十年代时，进行工具改革，将四轮变为两轮，将木轮换成胶轮，但使用不久，逐渐被冷落搁置一旁。

至 20 世纪四五十年代，民间有不少专门用牲口驮人的“驮三脚户”。驮脚的牲口以驴为主，赶脚人身手麻利，手持短鞭，快步跟随骑驴人身后，要快要慢，根据骑驴客人的要求而定，加快时价钱加倍收取。那时从阜阳城到太和界首一线，骑驴的、赶脚的络绎不绝。普通驴子，一小时可跑二十里左右，赶脚人紧随其后，寸步不离。到了晚上，骑驴的等不到客人，只好“放空驴”回家，一般不舍得骑在驴背上，怕累坏了牲口。当时赶脚的行当，被认为是下贱的职业。人们形容某人办事匆忙，常说：“看你慌得，跟赶脚的一样，干啥!”稍微有身份的人家，儿女说亲也认为与赶脚的人家联姻不太合适，有所避忌。

过去，农家有无大车小车和车子的质量好坏，是财富和身份的一种标志。只有富裕人家才有大马肥牛、长耙坚车。人们十分爱惜自家的大小车子，一般盖有专门的车屋车棚存放，每隔一两年要用桐油油刷一新。过年的时候，车上要贴大红对联，有的地方还在车屋里烧香，祭拜路神（道神），祈求出行平安。马车、骡车在出远门之前，赶车的人也祭拜路神。

民间认为，路神是主宰人们出门旅行一路安危的神，也称行神，道神。东汉应劭著《风俗通义・祀典》引《礼传》说："共工之子修，好远游，舟车所至，足迹所达，靡不穷览，故祀以为祖神。"也有的书上说是黄帝之子累祖，"好远游而死于道，故后人以为行神也"（《史记・颜师古注》）。祭拜路神，古人称作"祖道"，起源于春秋战国时代，是人们祈祷行旅安全的一种仪式。据《吴越春秋》记载："越王勾践五年五月五日与大夫文种、范蠡入臣于吴，群臣皆送至浙江之上，临水祖道。"秦汉时代祖道之风十分盛行。汉宣帝时任太傅的疏广归老故乡，公卿大夫故人邑子设祖道，供张东都门外，送车者数百两（辆）。后人作诗咏赞此文说"朱轩曜金城，供帐临长街"，可见当时祖道仪式极为隆重。

祖道风习的盛衰是以交通发展的状况为背景的。随着交通事业的进步，人们对旅途风险的畏惧逐渐淡化。时至今日，人们送人出行，临别之时，常以"一路平安""一帆风顺"等祝词表示心愿。这也许可以说是古代祖道之风的延续与升华。

纵观古今交通，陆路交通工具以车轿为主，水路交通以舟楫为主。阜阳淮北一带，河渠纵横，水流平稳，利于船舶通行。过去，阜阳沿淮、沿颍、沿涡一带，有很多船民，他们以船为家，或载人，或运货，长年累月在水上辛劳，为阜阳社会经济的发展，做出了重要贡献。在火车汽车通行之前，阜阳的远程运输、出行主要靠船舶，可以北接运河，南通长江。新中国成立之初，颍涡之上，仍时时可见白帆点点，满载货物的大小船只，首尾相接，光着脚板的船夫，拉紧长长的纤绳，沿着水边弯曲的小路，缓缓行进。

旧时水上航运非常艰难，狂风、恶浪、急流、浅滩，时时威胁着航运的安全。在水上使船，说不定什么时候会出了什么差错，经常是处于危险的境地，禁忌的风气很浓，而语言的禁忌最能使人保持一种经常性的警惕。

做船的木料，以楸树为佳。“楸木船”要说成“梓木船”，不能使人听起来像“朽木船”。船行至某处，对地名也有讲究，行至“陈寨”，要改说成“老寨”；行至“彭桥”，要改说成“高桥”。因为陈与沉、彭与碰谐音。船上最忌讳的就是“翻、沉、破、碰、住、离、散、倒、火”等字眼。为忌“翻”字，船上称幡布为抹布，凡与翻字有关联，或者能够引起联想的事物都在禁忌之列。吃饭的碗，盛饭的盆，都不许口朝下放，连盖锅的盖子也因有翻扣的时候而不叫锅盖，叫“捂气”；摘下的帽子也要口朝上放，不能口朝下放。船上人都不能翻卷裤腿，煎鱼时忌讳翻面，吃鱼时忌讳翻个。为忌“沉”字，连盛饭的盛字也忌说，改为添饭。船上雇帮工，从不找姓陈的人上船，姓陈的人也从不使船。为忌“破”字，船上使用的碗碟多为竹木制品，或铁铝搪瓷制品，忌用陶瓷制品，怕不小心碰破。为忌“住”字，船上称“箸”为“筷”，并禁忌将筷子架在碗上，习俗认为碗像船，筷子像桨，把船桨架在船上，就意味着船要住下，无生意可做了。为忌“离”字，称“梨子”为“圆果”，为忌“散”字，称“伞”为“竖笠”，为忌“倒”字，称“倒水”为“清水”，称“倒桅”为“眠桅”。为忌火字，禁忌在船上小便，因为小便气味很臊，“臊”与“烧”谐音。因“筲”与“烧”谐音，所以“水筲”只能叫“水桶”。

过去，人们征服自然的能力很低，尤其水上行船，很难把握自己的命运，所以处处提心吊胆，谨慎万分。随着社会的进步和船舶的改进，水上航行的安全性大大提高，因而旧时的行船禁忌习俗已有很大的改变。不过，水上航行的危险性依然存在。禁忌的风俗、信仰也不会很快消失，它还会以各种方式存在于人们的心灵深处。

旧时，陆上交通也有很多规矩，出行的日期、方向和牛马车辆的选择，都是人们较为关心的问题。

从古至今，人们对出行一直非常慎重。《论语》中说：“父母在，不远游，游必有方。”这是从孝道出发对子辈的规劝，意思是不要轻易“远游”，既耽误侍奉父母，又让父母牵挂；假如真要出远门，也要有既定的去处，可以让家人放心，或者便于联系寻找。民间还有出远门占卜方向的习俗，以为出远门的方向是有吉凶兆示的。民间流传较广的出门俗谚是“老不上北，少不下南”“老不入川，少不游广”“老勿走新疆，少勿走苏杭”，等等。阜阳位于黄淮之间，以阜阳为中心向北走气候寒冷，向南走气候炎热，老年人阳气弱，一般都比较不耐严寒，不能轻易向北方去；年轻人阳气盛，不耐高温，容易上火，轻易不能到南方旅游，如果要去也应选择好季节。新疆荒远，苏杭繁华，老少出游，皆有所不宜，民间有的地方把人出生年份（属相）与出行方位联系起来，确定出行方位的宜忌，以互行相会者为吉。寅卯辰年出生的属虎、属兔、属龙的人，宜到东南方去；已午未年出生的属蛇、属马、属羊的人宜到南方去；申酉戌年出生的属猴、属鸡、属狗的人宜到西北方去；亥子丑年出生的属猪、属鼠、属牛的人宜到北方去。

民间在出行时间上的宜忌是：

正月初一元旦，不能外出。

元月初五为破五，不能出行。

每月的初五、十五、二十五日为黑道日，不能出远门。

有的地方有“要出走，三六九；要回家，二五八”的说法。每月初三、初六、初九，适宜外出。

民间流传最广的出行日俗谚是“七不出门，八不回家”，或者说是“七不往，八不归”。这里的七、八是逢七、逢八的意思，即凡是初七、十七、二十七日不能出行，凡初八、十八、二十八日忌回家。寓意是“七出”令人联想到古代休妻的“七出”之条；又因“七出”谐音“妻出”，当然不吉，“八归”之八，令人联想到王八之八，因而忌之；又因“八归”谐音“扒灰”，“扒裤头”当然不吉。

如果准备看望病人，忌讳初四、初五、初七、十四、二十四几日和下午出门。四谐音难听，五为破五，七与丧葬“三七”“五七”等谐音，均应避开，按阴阳之说，上午属阳，下午属阴，一般病人的病情多是旦慧、辰安、夕加夜甚，到了下午，应让病人好好休息调养，不能在这时去看望，以免引起不适，影响治疗。另外，下午出门看望容易使人联想到“日薄西山，气息奄奄”的情景，容易使人产生心理上的阴影。

民间还有一种避忌出行的日子，称作“杨公忌日”。依二十八宿顺序排列，“值室即为杨公忌”意思是某一天和二十八宿中的“室”星相配就是杨公忌日。全年的杨公忌日排列是：正月十三、二月十一、三月初九、四月初七、五月初五、六月初三、七月初一、二十九、八月二十七、九月二十五、十月二十三、十一月二十一、十二月二十九。每隔二十八天有一个忌日，逢到这些日子，禁忌离家外出。

旧时还有出行的忌月，俗谚云“六腊月不出门”，“六腊月出门，神仙也遭罪”，意思是六腊月大暑大寒，出门在外，神仙也受罪，一般人更应避免。

汉应劭《风俗通义》中还有“俗云五月到官，至免不迁”的说法，意思是官吏五月到官赴任，不利于以后升迁。

民间还有一些预兆性禁忌。《汉书》记载，景帝时曾被立为太子、后来废为临江王的刘荣，被景帝征召临行时祖道于江陵北门，“既上车，轴折车废”，江陵父老于是流涕窃言：“吾王不反（返）矣。”刘荣至长安，果然因罪自杀。《宋史》记载，刘锜沿淮河到东京赴任，突然遇大风折断桅杆，刘锜心有疑忌，恐有不吉，连忙下令拔锚起航，日夜兼程，未至东京，已闻金兀术率兵来侵，急忙带兵进入顺昌城设防，时隔不久，金兵已将顺昌包围，稍慢一步即被动挨打，后果不堪设想。民间出行也有类似禁忌，如刚出门遇见乌鸦叫，或是鸟屎落在头上，或是遇见鼠蛇等小动物有异常表现，都会心生疑忌，有人会因此而改变出行时间或方向。即使毫不在乎，出行也会更加谨慎一些。如果出门遇见喜鹊报喜（鸣叫），大多数人都会心生喜悦。

由于受传统出行习俗的影响，民间修路、建桥、造船、选车等活动，也会选择合适的日子。

为了保证出行的安全与顺利，过去人们对拉车的牛马驴骡的挑选非常讲究。《齐民要术》中的讲法一直流传至今。

对马的总体要求是："头要方（前额宽平），眼要光，脊要强，胸要张（开张），腿要长。"

观察马的方法是：肝要求小，耳朵小肝就小，肝小就知晓人意（通人性）；肺要求大，鼻子大肺就大，肺大就善于奔跑；心要求大，眼大心就大，心大就勇敢不怕惊吓；脾要求小，腋下软窝儿小脾就小，脾小就容易饲养；肠要求厚，腹部下面宽舒平正的肠就厚，肠厚消化吸收能力就强。

不适宜拉车远行的劣马分为几种。三羸：头大脖子细的马；脊背部瘦弱而腹部膨大的马（草包肚）；腿细小而蹄子过大的马。五驽：头大耳朵却竖不起来的马；头脖没有适当弯曲的马；躯干短而四肢偏长的马；脊椎长而胸廓小的马；髋部狭窄、股肉瘠薄的马。妨碍人的马：目小而多白的马多惊，眼窝凹陷的马凶恶，睫毛乱的马容易伤人，眼发红、睫毛乱的马会咬人，"汗沟"向上通到尾脊部的马好踢人，口吻后有旋毛名为"衔祸"，腋下有旋毛名为"挟尸"，左肋下有一道白毛一直向上的名为"带刀"，旋毛在眼下的名为"承泣"，白马四脚黑、黄马白嘴唇的均会妨人。

适宜拉车骑乘远行的好马是：赤毛黑鬃的骝马，肩部毛黑的骊肩马，毛色黄褐的鹿毛马，青黑色毛中夹有少量灰白毛的弹马，白马黑鬃的络马，生下来浑身没有毛的马，阴茎小睾丸在股间的马，尾根粗而尾毛短的马，肋骨超过十条的马（十一、十二、十三条），口黏膜鲜明红润、口气甘香的马，耳朵小而紧促、形状像斜削的竹筒子的马（尖耳朵），夜眼大的马，腹下阴前两边生逆毛伸到腹下面的马。（参阅《齐民要术》）

驴骡的优劣情况，与马大体相同。

民间对牛的总体要求是：眼宜大（眼大行走快）、蹄宜竖（蹬地防滑）、角宜细（温顺）、头宜瘦（有骨棱）、身宜紧（转动灵活）、臀宜宽（宽广有力）、背宜阔（宽，能负重）、唇宜厚（好饲养）、尾宜短（尾长无力）、毛宜固（短密，耐寒热）。

有毛病的牛是：两角中间有旋毛名曰"戴麻"，妨人；眼圈发乌、睫毛杂乱，抵人；耳生长毛，不耐寒热；眼下有旋毛，短寿；角冷、毛拳，有病；颈骨短、行动迟缓，俗称“老慢牛”；鼻孔小，难于牵挽役使；阴茎长，好乱爬；尾巴下垂至地、毛长毛稀，不耐寒热。

过去，人们对自己饲养的好牲口非常珍爱，民间流传着许多牛马救人的故事。与主人相伴十年二十年立过汗马功劳的牛马，老了，人们不忍心将它们卖掉，总会精心喂养下去，直至老死埋葬。如果谁“卸了磨杀驴吃”，会受到道义上的谴责，据说以后还会受到报应。民间流传着很多残忍屠宰牲畜终受报应的故事，足以警醒人心。

第六章 阜阳生老病葬习俗

生老病死是人生大课题。许慎《说文解字》："生，进也，象草木生出土上。"这里主要取"生长"之义，也包含"出生"的意思。出生意味着一个人进入现实世界和人类社会，开启了人的一生。所以自古以来，父母、家族均十分重视婴儿的出生，尤其是男孩出生，在以男性为中心的封建宗法社会中，男孩更是备受关爱。同时，医病养生，敬宅慎络一直是中华民族的优良传统。在生产力低下、科学技术极不发达的小农社会，人们无法掌握自己的命运，因而往往把生的幸福长久，死的尊严安详，寄托于天地神灵的护佑，因此民俗文化中的生老殡葬不仅礼俗繁多，而且带有很强的神秘感和仪式感。现将阜阳民间的生老殡葬习俗简介如下。

第一节　生子（女）习俗

民间对生儿育女十分重视，古人认为，“不孝有三，无后为大”（《孟子·离娄》）[①]。围绕婴儿的出生，形成许多寄托人们美好心愿，希望孩子健康成长的风俗习惯。

接生　孕妇到了临产期，家人要做好充分的准备，把卧室收拾干净，作为产房（旧时一般人家都是在家里生产）。取下室内悬挂的猛虎、怪兽等字画，换上麒麟送子、鲤鱼、花鸟等条幅，购买红糖、胡椒、鸡蛋和尿布等物，买双不买单，如六斤、八斤红糖，六十、一百个鸡蛋，八块尿布，等等。孕妇忌食辛辣、油腻的食物，有条件的人家，还要从药铺买些佛手散（当归、川芎等配制），产前服用，据说有助于分娩顺利。接生人员可以是自家婆婆、婶子、大娘，也可以是有经验的接生婆。如果准备请接生婆，要先送些礼物给她，如糕点、果子之类。接生婆一般会提前两三天来孕妇家看看（检查）情况，做些安排。到了分娩当天，接生婆换上干净服装，进行接生，当孩子落地时（旧时小孩生在地上，后来生在床上），家人要在门外院子里燃放鞭炮，向祖宗和神灵报喜。

小孩子降生之后，胎衣要埋在门后柱脚下面，寓意小孩长大要成为家中的“顶梁之柱”。

小孩子生下来不久（半天左右），要请身体健康、人品好的乳妇喂奶，俗称“头食”。据说小孩长大在某些方面会像喂头奶的乳妇。有的地方头食之后，要用京墨（存放较久、质量上乘的墨锭）研磨一些墨汁，让小孩喝下，希望小孩以后聪明好学、满腹经纶，俗称“一肚子墨水”。按药性分析，京墨含有麝香、冰片等药物，有芳香开窍、清热镇惊等功能，小孩喝下一些，多少会有些益处。

报喜　小孩生下第二天（有的地方是三朝），小孩子的父亲带上礼物

---

① 《四书五经》（上册），中国书店出版社，1985 年 11 月第 2 版，第 58 页。

到岳父母家报喜，如果生的是女孩，要带煮熟的红鸡蛋六个或者十二个，外加一些糖果糕点；如果生的是男孩，要带十个或者十六个红鸡蛋和一些糖果，另外加两瓶酒，红酒、白酒均可。酒瓶要系上红绫带（红线），意思是送给岳父母喝喜酒。有的地方无论生男生女，报喜的礼物都一样，以“四色礼”为好。

洗三 洗三又叫“洗儿会”。在婴儿出生后的第三天上午，宴请亲友，替婴儿洗身。亲朋要给小孩带见面钱和一些礼物。此习俗在唐代已经盛行，清代时又融入了满族特有的活动内容。事先请来洗三婆子配制沐浴香汤，给婴儿洗浴，一边洗一边念念有词，“洗洗头，长大做王侯”，“洗洗脸，长大做状元”，“洗洗手，长大捧金斗”，“洗洗腰，健康成长身体好”，等等。诸如此类的吉祥语，代表了人们的美好心愿。到了后来，普通百姓家给婴儿洗三，已不再请洗三婆子，而是自家的嫂嫂大娘给婴儿洗浴，洗浴之后，换上绣有吉祥图案的红色小衣服，在亲友的夸奖声中放在襁褓之中。香汤的配置较为简单，有的地方用留兰香（俗称香花子）和益母草，有的地方用木笔花（辛夷）和玉兰花，以清爽无刺激性为好。也有的只用干净的温水擦洗。

送中米 民间把娘家给刚生小孩的女儿家送礼称为送中米。中米二字含义不详，有人解释说，中指送礼的时间在满月之中，米指送挂面和大米。一般在产后十天或十二天送，最迟也应在满月之前。礼物包括吃、穿、戴、玩几类，吃的有红糖、鸡蛋、老母鸡、挂面等；穿的有小孩的衣服，小棉袄、棉裤、小被子、红布褯子；戴的有小孩的帽子、手镯等；玩的有花棒槌、布娃娃等。有的地方还要送给女婿一条长裤子，寓意女婿初为人父，要衣冠整齐，尽心尽力，关爱妻子儿女。民间很重视送中米，产妇的母亲、婶子、大娘、嫂嫂、姨母等都要备礼同来，少则几人，多则几十人，肩挑手提，结队行进，意在“装光”——争面子、讲排场。男家要鞭炮相迎，接入家中。产妇要抱着婴儿给娘家人瞧看，娘家人把备好的红礼包送给婴儿，产妇笑容满面，拉起婴儿的小手说“谢谢姥姥”“谢谢姨姥”“谢谢大妗子”等等，其乐融融。男家中午设宴款待客人，饭菜要丰盛，堆得高出碗碟，要有一碗甜菜，民间称作“甜菜席”，寓意圆满甜蜜。

满月　婴儿出生一个月叫满月。满月时做的庆贺活动叫“做满月”。一般男孩在出生后三十天，女孩在出生后第二十九天做满月。做满月一般包括给婴儿剃胎发、给产妇出汗、请满月酒几项活动。

理胎发的规矩很多，事先要准备葱、鹅卵石、铜钱、红鸡蛋、红鸭蛋等物，先将葱、铜钱和卵石放入浴缸中，加上热水给婴儿洗浴，葱取聪明之意，卵石取坚固之意，铜钱取发财之意。洗浴后，请理发师给婴儿理发，剃下胎发，一刀一缕地放在纸盒里，留作制胎发笔之用。理好发之后，家人用红鸡蛋、红鸭蛋在婴儿头上轻轻滚三次，“吉利高雅”（鸡鸭），希望婴儿长大能平步青云、功成名就，取得“红顶”（当官，有工作）。

满月之时，产妇身体已逐渐恢复正常。这天晚上，要捋下槐、柳、桃、杏、榆等树木的枝叶和嫩头，有的地方用“上路”的杂木枝叶，从家里出门，上路前行，碰到啥树捋啥树，捋到七八十来样时就带回来，但回来的路上不能再捋。捋回之后，放在锅里煮开，舀到浴盆中给产妇蒸熏出汗，外以被单蒙罩，待水温合适，再用温汤洗浴全身，洗后，换上干净衣服，就可以和普通妇女一样，出门、赶集，不避风寒了。请满月酒意在答谢婴儿出生后来看望产妇并送礼物的亲朋好友，可以在家中设宴，也可以在饭店宴客，如果天气合适，产妇应抱着小孩向客人一一致谢，如果天气不合适，大雨严寒，可以延迟请客时间。

百天　婴儿出生满一百天，举行庆祝仪式，有的地方称作过百天，有的地方称作过百岁。百天之前，婴儿一般要睡在床上，要把婴儿的身子放正，用小被子包好，扎上红带，只有喂奶时才解开抱一抱，据说这样可以使小孩长得头圆、背直、腿不弯（罗圈腿）。过了百天，婴儿身体逐渐强壮，骨骼基本定型，这时就可以抱起来活动了。民间将经常躺在床上的婴儿称作“睡着”，将抱起来活动的婴儿称作“起来了”。一般而言，婴儿不能睡太久，不利于智力发育，到百天抱起来较为合适。民间很重视给婴儿过百天。亲友前来祝贺，带来许多小玩具、小衣服和食物。过去，生活水平较低，外婆家要送来一百个包上红枣、点上红点的发面馒头，俗称送馍，叫“蒸（争）百岁”或“发百岁”。有的地方送烧饼（甜的咸的都有）一百个，象征香甜圆满。有的地方婴儿过百天，娘家来人把女儿和小外甥接到家里住几天，给小孩做套新衣服，买些好吃的和好玩的。娘家的婶子大娘也都分别请侄女带小孩到家吃饭。据说小孩到各家去，见到的人多，长大了不怕生，不会怵人，性格开朗。

抓周 小孩长到一周岁的时候，已经懂事，会选择自己喜爱的东西。根据幼儿的这一年龄特征，民间形成了满周岁让小孩“抓周”的习俗。

抓周仪式一般在小孩周岁生日，吃中午的长寿面之前举行。过去，讲究一些的殷实人家，先在床上放张矮桌子，上面摆放印章，儒、释、道三教的经书，笔墨纸砚、算盘、钱币、账册、首饰、胭脂、一些花朵、吃食、玩具，如是女孩抓周，还要加摆锅铲、饭勺等炊具，剪子、尺子等缝纫工具，绣线、花样子等刺绣用具。一般人家，限于经济条件，多予以简化，仅用一个较大的铜茶盘，内放私塾启蒙读物《三字经》或《千字文》一本、毛笔一支、算盘一个、烧饼油条各两个，女孩子加摆锅铲、剪子、尺子各一把。准备好之后，大人给小孩换上干净的衣服，洗过手脸，放在床头桌子或铜盘一边，令其端坐，不受任何暗示诱导，任其挑选所摆放的物件。视其先抓何物，后抓何物，以此来占卜其志趣、前途和将来要从事的职业。

过去，对抓周的解释是，如果小孩先抓了印章，则意味着长大以后必能承天恩祖德，官运亨通；如果先抓了文具书籍，则意味着长大以后勤奋好学、聪明有为、才学出众，能写得一手好文章；如果小孩先抓算盘，则意味着将来能谋会算、善于理财，成就陶朱家业；如是女孩先抓剪、尺之类的缝纫用具，或铲、勺之类的炊事用具，则意味着长大善于料理家务；如果小孩先抓了食物和玩具，也不能当场就骂他“好吃”“贪玩”“没出息”，而应该从好的地方加以理解，说“孩子长大以后必有口福，嘴大吃四方，一辈子不受穷”等。由此可见，抓周是长辈对小孩的前途寄予厚望，在刚懂事未懂事的一周岁之际，对小孩子的祝愿。

挂长命锁 过去，给小孩挂长命锁的习俗在民间十分流行。小孩出生后为了消灾辟邪，永葆平安，父母或亲朋出资请银匠打制一副银锁给小孩佩戴。长命锁多是用白银打制，也有黄金打制或者用玉石雕琢的。錾刻的吉语内容有“长命百岁”“福寿双全”“长命富贵”“福寿万年”等，装饰的纹样大多是吉祥八宝、莲花蝙蝠、祥云瑞兽以及一些相关的寓意吉祥的民间故事和神话传说等。长命锁从造型到装饰都富于巧思，给人感受最深的是一种超越“长命百岁”具体形式的人生理想和生命情怀。长命锁也叫“寄名锁”，是挂在儿童脖子上的一种装饰物。新生儿满百日或周岁举行的仪式中最为流行的是挂长命锁。锁是一种起封闭作用的器具，门、箱等一旦上锁，就只有用钥匙才能打开。把锁的用处加以夸张引申，便可用来锁住无形的事物。按照迷信的说法，只要佩挂上这种饰物，就能辟灾驱邪，“锁”住生命，所以许多儿童从出生不久，就挂上长命锁，一直挂到成年。千百年来，中国人通过生命历程的体验，经过千锤百炼、精雕细琢，把最重要、最美好的祝福凝固在长命锁上，并怀着无比虔诚的心情把长命锁佩戴到孩子身上。

第二节　寿诞习俗

古人将年寿列为五福之首。《尚书·洪范》称：“五福：一曰寿，二曰富，三曰康宁，四曰攸好德，五曰考终命①。”寿是年龄长久之称，是一切福祉的基础。寿诞又称寿辰、华诞。过去，100 岁称上寿，80 岁称中寿，60 岁称下寿。60 岁以上的老人庆祝生辰，才可以称为“做寿”“祝福”，而 60 岁以下的人庆祝生辰，只能称“过生”“做生日”，不能称“做寿”。由于传承习俗不一，有些地方做寿从 50 岁开始，甚至从 40 岁开始。但是，只有 60 岁以上的老人才可以称为“寿星”，50 岁以下的人可以做寿，但不能称寿星。

祝寿活动一般由子女或亲戚朋友出面举行，不能自己给自己庆祝。祝寿活动一般包括设立寿堂、发送请帖、准备寿礼、开展庆祝活动等程序。

设立寿堂　祝寿活动仪式较多，可繁可简，较为隆重的祝寿活动要设立寿堂。民间一般把老人居住的堂屋布置为寿堂，如果住室狭小，也可以在子女或亲戚朋友家设立。寿堂门外用麦秆、稻草、松柏枝等扎成彩门，

---

① 《十三经注疏》，第 193 页。

门上挂红绫横幅，写上“恭祝某某老人某某寿诞”等字样，两边配上寿联，院子里放上万年青、常春藤、罗汉松等长青盆景，寿堂后墙中间悬挂榜书红色大寿字，或是挂由书法家书写的百寿洒金大红中堂，中堂两边配以合适的寿联。寿堂条几上摆放象征长寿的吉祥物，条几前摆放八仙桌，挂上红色桌幔。

发送请帖　子女或是亲朋好友决定给老人举行祝寿活动之后，要提前发送请帖给有关亲戚朋友。请帖要端庄大方，措辞典雅，内容主要说明为谁祝寿，寿辰何日，寿堂何处即可。寿庆请帖与其他喜庆柬帖不同，通常由子女或亲朋具名，不能自己具名。子孙具名的请帖，父寿用“家严”，“家父”字样，母寿用“家慈”“家母”字样，双寿则“家严”“家慈”字样并列。如兄弟叔侄众多，可由长兄或推兄弟中对外较有声誉的代表具名，数代同堂者可用“率子孙鞠躬”字样，不必逐个连署。亲友具名的请帖，多适用于在政界、商界或是社会上较有声誉的人士，下面应列亲友代表若干人的名字，不必全体连署。

旧时寿庆请帖格式如下：

父母寿庆请帖式	妻寿请帖式
家严（慈）生辰荷蒙 厚仪〇日〇时洁酌候 教 〇〇〇鞠躬	拙荆诞辰叨蒙 厚仪〇日〇时洁酌候 教 〇〇〇率男〇〇〇鞠躬

寿庆请帖格式

大凡贺寿，送肉食米面贺者写厚惠，以包封（钱）来贺者写厚仪、厚赐，以寿联、寿幛、寿屏来贺者，写制锦、锦祝。参加寿宴礼包封面写

“寿仪”“祝敬”字样。

准备寿礼　祝寿要准备寿礼，选择寿礼要根据老人的性情、爱好和当时的季节而定。最常见的寿礼有寿糕、寿桃、寿面、寿联、寿幛、寿金和吉祥物等。一般只要准备其中的一两样即可。

寿糕与普通的蛋糕相似，上面有“福寿康宁”等字样；寿桃如季节不当令，可以用面粉制作，寿面即为长寿面，只有寿联、寿幛文化内涵较为丰富，可以悬挂保存。寿幛是用红绸布题字作为祝寿之礼，也称礼幛。寿幛用字简短，有一个字，如“寿”字，有四个字的，如“长寿百岁”等，有用红宣纸书写的立轴，称为寿轴，也有外装玻璃框的，通称“寿屏”。一般寿幛用语如下：

通用寿幛：

长寿百岁　松鹤延年
心旷神怡　余热生辉
老当益壮　家和人乐
乐享余年　福休长泰
如竹如梅　有福有寿

男寿通用寿幛：

日永椿庭　甲第生辉
天赐遐龄　树茂椿庭
松鹤献瑞　椿庭日暖
寿如日升　桑弧耀彩
乐天知命　年齐大衍（50 岁）
年臻耳顺　花开甲子（60 岁）
从心所欲　古稀人瑞（70 岁）
平安磐石　刻鸠进杖（80 岁）
颂献九如　福备九畴（90 岁）
寿庆期颐　荣登上寿（100 岁）

女寿通用寿幛：

春满北堂　慈竹长春
萱阁长春　璇闺喜溢
萱庭日丽　瑶池桃熟
金萱焕彩　慈云阴浓
寿征坤德　春满北堂
金萱不老　宝婺呈辉

双寿通用寿幛：

百年偕老　笙箫合奏
仙眷长春　福寿双全
双星并耀　椿萱不老
柏翠松青　星月争辉

长寿吉祥物　给老人拜寿，除送寿金、食物、寿联、寿幛之外，有条件的还要送长寿吉祥物。龟是麟凤龟龙四灵之一，鹤被认为是羽族之长，民间称为“一品鸟”，位居凤凰之下，百鸟之上，其寿无量。松树千年不老，抗风霜，耐干旱，四时长青。庆寿时如一时没有金龟、丹顶鹤、五针松，可以买陶瓷、石雕、木雕、玉雕的龟鹤造型吉祥物，上刻吉祥文字，尤为珍贵。

祝寿也可以送五瑞图。五瑞图是象征长寿的一种图画，一般悬挂在老人居室中。五瑞是指椿树、萱草、芝兰、磐石和竹子。椿树代表高寿，“上古有大椿者，以八千岁为春，以八千岁为秋”①；萱草又名忘忧草，据说能使人忘记忧愁；芝兰是兰花的一种，品格高尚，气味优雅，象征子孙美好如芝兰玉树；磐石是又扁又厚的大石头，放在地上屹然不动，长久不坏，有“寿石”之称；竹子象征平安，古人用竹笺写信回家，叫作“竹报平安”，信笺上多处印有竹枝竹叶。五瑞图象征老人福寿康宁，子孙昌隆贤明、家基稳固、百事平安，非常符合老人的心愿。

---

① 《庄子集释：逍遥游》卷一，中国书店出版社，1988 年 10 月第 2 版，第 5 页。

庆祝活动　庆祝活动一般在上午举行。一切准备就绪之后，请寿星在八仙桌上位就座，条几上红烛高照、香烟缭绕，老人面前摆放寿糕、寿桃等物，子孙或亲朋在桌前站好，司仪朗声喊道："欣逢吉日良辰，恭祝老人健康长寿。一鞠躬，再鞠躬，三鞠躬。"老人颔首答礼，随后，家人或亲朋代表讲话或读祝寿文，祝寿诗，表示感恩和祝愿。礼毕，端上热气腾腾的长寿面，大家陪老人一齐吃下长长的寿面，然后老人将寿糕、寿桃等分给大家食用。到了中午，摆上宴席，大家向老人敬酒祝寿，气氛热烈祥和。

寿诞的类型与宜忌　六十岁寿诞称花甲寿，旧时用干支纪年，从甲子到癸亥六十年一循环，年满六十称"花甲"，认为六十岁的人真正达到了寿数，从六十岁开始步入老年，身体逐渐衰老，因此，六十大寿要大办，一般由儿孙出面安排。老人到了六十三岁，被认为是凶兆之年，为了顺利度过这一年，子孙要买条活鲤鱼，到寺庙放生池放生，"六十三，鲤鱼跳河滩"，求神灵福佑老人，像鲤鱼跳过河滩一样重新游入深水中。也有的地方买条鲤鱼，收拾干净，蘸上面粉，放入油锅中炸成金黄的整鱼，浇上甜汤，端到餐桌上，配以酒菜，让老人享用。"六十三，买条鲤鱼猛一窜"，认为吃了鲤鱼，就可以躲过一关。吃的时候还有一些讲究，不能把鱼头和鱼身夹开，不能把鱼脊骨折断，不能让其他人吃，如一顿吃不完，可以下顿再吃。

老人到了六十六岁，又有讲究，"六十六，阎王请吃肉"，认为六十六是杀年，对老人养生不利。为了过这一关，女儿要做六十六块红烧肉给老人吃，没有女儿的，由儿媳代做。有的地方买六斤六两猪肉，送给老人随意做吃，也可以与家人共享。如果老人不吃荤，可以烤麸代替。

七十岁老人的寿诞称为古稀寿。杜甫《曲江》里有"酒债寻常行处有，人生七十古来稀"的名句，所以人们把七十岁叫作古稀之年，把七十岁寿诞举行的庆祝活动称作"过古稀大寿"。

八十岁寿诞举行的寿礼庆典称作"庆八十""过八十大寿"。

民间为老人做寿，在时间的选择上也有宜忌。就是在家里为老人祝寿，有做九不做十，做虚岁不做周岁的习俗。也就是说，在为老人过六十、七十、八十等寿辰时，要按虚岁到五十九、六十九、七十九岁生日时举行祝寿仪式。到了整十岁的时候，不再重复举行，这是因为民间认为

“十全为满”，满则招损，当然是不吉利的。因此把寿辰庆典提前到逢九的生日来做，九与久谐音，九为阳数，寓意年寿久长，阳气不衰。

长寿保健谚语 孝亲敬老是中华民族的传统美德，长期以来民间形成许多宜于老年人养生的保健谚语。不少老年人都耳熟能详、身体力行，收到很好的效果。阜阳地区较为流行的老人保健谚语如下：

家有百样宝，不如身体好
饭后百步走，活到九十九
吃药不忌嘴，大夫跑断腿
要想身体健，锻炼不能断
笑口常开，烦恼抛开
少怄气不发愁，人到八十不白头
家有老，是个宝，要得好，小敬老
早吃饱，午吃好，晚吃少
饥不暴食，渴不狂饮
饭吃八分饱，到老胃口好
一顿吃伤，十顿喝汤
饭前不要跑，肠胃受不了
节食祛病，寡欲强身
睡前烫烫脚，胜过安眠药

儿女们在孝敬老人时，说上一句两句，胜过啰唆半天，而且容易被老人接受。

第三节 民间治病习俗

人生天地间，外感六淫（风寒暑湿燥火）、内伤七情（喜怒忧思悲恐惊），加之饮食不节、劳倦过度、毒虫猛兽意外伤害，岂能无病？特别是在广大农村，旧时由于生活水平低下、缺医少药、困难重重，人们在与疾病做斗争的过程中，逐渐形成了一些防病治病的方法和习俗。其中有些做法简单可行，仍在民间使用。

（一）火罐疗法

火罐疗法又称拔罐法，最早以兽角为罐具，古称角法，在民间流传久远。过去农村普通人家都备有一两个像苹果大小的陶瓷火罐，有的地方用玻璃、竹、木火罐。当家人有病，根据以往经验，可以用火罐治疗时，一般不先去请医生诊治，而是在家里拔火罐。具体操作办法是，用面粉加水揉成面团，分成几个小块，捏成饺子皮大小的圆形面饼，点上油灯，准备好火纸条（也有用酒精棉球的），让患者脱去衣服，露出要拔的部位，用毛巾擦干净汗污和灰尘之后，把面饼贴在合适的位置，点燃火纸，投入火罐中燃烧，迅速将冒烟的火罐罩在面饼上，用力压住，火罐就会紧紧吸附在身上。过三五分钟，用力拔下火罐，揭去面饼，皮肤上就显出紫红的颜色和斑点。接着一罐一罐地“拔”下去。待患者感觉病情好些时才停下来不“拔”。一般五六次即可。

此法是通过局部温热及负压的作用，引发局部组织的充血及皮肉轻微而均匀地出血，从而使该部位血流通畅、代谢旺盛，使积累的寒湿诸邪随血运的通畅而得到宣泄。有活血、止痛、消肿、退热等作用，常用于头痛、头昏、关节酸痛、腹背疼痛、胸胁苦闷、脘腹胀满及局部红热肿胀等症候，应用得当，常即刻使患者获得轻松感，多次应用，可使疾病获得根本好转。

（二）刮痧疗法

刮痧疗法历史悠久，广泛流传于民间，是药物治疗之外的一种良好的辅助治疗方法。所谓痧症，为民间流行的俗名，又称“羊皮疔”。此症常见于夏秋二季，由于暑湿外邪阻遏、秽浊触鼻而发；或时饥时饱，劳逸不当，饮食不洁，过食生冷所致。主要症状为形寒微热、恶心呕吐，头昏或胀或痛，甚则上吐下泻，多起病猝然。

刮痧疗法使用工具较为简单，小酒盅一只，内盛麻油或清水（有用盐水的），铜钱或水牛角片一个。如无铜钱，用汤匙或酒盅代替。当上述工具准备好之后，让患者侧卧或伏卧在床上，也可趴在椅背之上，脱去上衣，露出脊背，家人手持铜钱蘸上少许麻油或清水，轻轻擦润脊柱两侧。然后捏住铜钱，由脊椎旁向两侧外下方顺肋间向下刮痧，由上而下，沿每一肋向下移，直至下背部。每一肋通常刮摩二十次左右，以皮下略现紫色为止。刮时来回刮动或一个方向刮动均可，也可不按肋间刮摩，而是顺脊柱两侧向下滑动。背部刮过之后，如果需要，还可以刮摩胸部，方法同前。颈部两侧可以拧痧，家人以右手的食指和中指蘸上清水，将皮肤迅速拧起又放下，以皮下现紫色为止。

有的地方采用拍打的方法治疗痧病，俗称“打羊皮疔”。让患者仰卧床上，伸开胳膊，卷起袖筒，露出肘关节内侧，家人手蘸盐水，将胳膊弯润湿，然后并拢手指，连续击打不断至胳膊内侧出现紫色斑点为止。一侧打过，再打另一侧。此法较用铜钱刮痧更为方便，可以不受天气寒冷与否的限制。刮痧疗法可用于内外五官等各种疾病，如感冒、气管炎、呕吐、便秘、腹泻、眩晕、失眠、头疼、落枕、腰扭伤、痛经、中暑等，还可以用于保健强身和预防疾病。

刮痧疗法之所以能治病，主要是刮、拧、打等手法，使脏腑秽浊之气由里及表，经肤腠而外达，使周身之气血迅速得到畅通，于是病情好转。凡是受过刮痧治疗的人，大都能体会其优点，不吃药、不打针、不花钱而又能迅速见效。时至今日，民间懂及此法的人日渐稀少。

（三）特别疗法

放血疗法：凡血盛或血气俱盛之体，合并外邪，致生痈疽，或眼睛赤肿、咽喉肿痛等症，民间往往采取放血疗法以配合药物治疗。操作时用三棱针选取皮下凸起胀满的血管，用酒精擦拭消毒后，刺开皮肤，使暗血缓缓流出，以少量出血为度，出血后以消毒纱布覆盖包扎，即可止血，愈合。也可用水蛭吸血，将一两条水蛭放在病处或小腿部，使水蛭叮住吸血，每条水蛭可吸暗血5毫升之多，水蛭吸满暗血后，便会自然脱落。

姜葱熨法：躯体较弱之人，卒中阴寒，发生吐泻、怕冷、无汗等情况，或风寒袭人、受冻成痹，可用葱白捣碎捏成饼状，置于肚脐之上或患处，盖上姜片，用艾炷灸热，可散寒回阳，缓解吐泻、疼痛。

铜壶熨法：以平底圆形铜壶，内盛热水，塞紧壶盖，包上绒布，放于患处或经穴部位，缓缓移动熨烫。此法可治疗腹腿寒痛、筋骨麻木不仁、小儿消化不良、食积腹痛，受寒停食、轻微吐泻以及胃部气痛、月经寒痛等症。

如无铜壶、“汤婆子”等容器，民间往往用烧砖、烧坯头代替。取大小合适的圆形旧砖块、小坯头放入锅灶中烧热，扒出时洒水降温，趁热用旧布包裹严密，感觉不太烫手时放于患处或胃脘小腹部，进行热熨。需要注意的是，不能过热，以免烫伤。

酒火疗法：如有上述寒症疼痛不适，民间还有酒火疗法，俗称“打酒火”。让患者仰卧解开衣服，露出不适之处，打酒火者把白酒倒入碗中，用火点着，将酒火碗放在患者附近，然后卷起袖子，四指并拢，快速伸进冒着蓝色火焰的碗中，蘸取热酒，带着火苗，忽地一下拍到患者身上，随即再蘸，再拍打，连续三五十下，到患者不适部位微现红色为止。接受过酒火拍打的人称，看见带火苗的手拍在肉皮上，不免有点紧张，唯恐烧着，一惊一暖，症状就减轻不少。据会打酒火的人称，当手蘸着火苗时念咒语，自然无妨。其中奥妙，不得而知。

热蜡疗法：蜂蜡和石蜡，常温下为固体，稍做加热即可融化，易于存热。将刚融的热蜡油糊，涂在绢帛或纸上，敷于患处，冷后变硬，即取下重做。也可以将和好的面粉捏成环状小圈，贴在患处，圈内放蜡屑指把厚，用铜勺盛炭火渐渐靠近蜡屑，使之融化熨烫患处。蜡疗法可以活血活络、祛邪消肿、以热散寒，治寒邪侵体、头风掣痛、手足寒痛、痈疽等症。

热泥疗法：用干净泥土拌上葱汁和成糊状放炉火旁烤热，粘贴在干净柔软的旧布上，包在患处，即可消瘀止痛，治跌仆损伤，瘀血作痛。

冷泥疗法：身体壮实之人，酒醉后神志迷糊，心胸燥热，取井底泥糊敷于心胸部，可解酒醒神。敷约一小时即可除去。

也有用蚯蚓泥、燕子窝泥，用井水或醋调敷于大头瘟、丹毒等红肿热痛部位，可以缓解症状。

黄鳝血疗法：民间杀黄鳝，将黄鳝剁头后立即趁热将黄鳝血涂到较厚的纸上晾干存放备用。若有人手脚等处划破出血时，可剪取干结的黄鳝血纸一小块，贴于小伤口处，止痛、消炎效果颇佳。如有人因中风引起口眼㖞斜，也可用黄鳝血贴于患处。

肉老鼠长药疗法：取肉老鼠（未长毛的小鼠）若干，配上生石灰，在石臼中捣和成团，晾干，碾成粉末，俗名长药。如有人小碰小伤，可用这种长药撒在伤口上，用干净纱布包扎，止血消炎，愈合较快。

蜗牛浆疗法：将旧茅草房麦草下面、房箔上面生长的小扁蜗牛（俗名旱蜗）取下，淘去灰土，捣成糊浆，用以包裹手指红肿疔疮，拔毒消炎。

鸡屎白疗法：腊月收取鸡屎白，烧干研成细末，功用甚多。用棉絮包住细末，咬在口中，可以治牙痛；流鼻血时，将细末吹入鼻孔，可以止血；用陈醋和细末，可以洗头疮白秃；耳内生疮，可以用细末敷上，消炎止痛；将细末同腊猪油调和成糊状，可以治瘰疬、痔疮。

念歌疗法：婴儿整夜啼闹不止，旧时抄写一张止夜啼歌贴在婴儿床头，到晚上小孩哭闹时，小孩的母亲或奶奶一边用手拍着小孩，一边念歌，歌词大意是如下：

天皇皇，地皇皇，
我家有个吵夜郎，
整夜不睡直吭吭，
吵夜郎、吵夜郎，
吵得邻居心发慌，
妈妈（奶奶）教你念三遍，
一夜睡到大天亮……

据老年人回忆，此歌在民间流传已久，有时真能治好小儿夜啼。也有将歌词稍作改动，抄写几份，贴在村头路口，让过往行人去念：“过路君子念三遍，一夜睡到大天亮……”

叫魂疗法：过去，小儿受到意外惊吓，食欲大减，无精打采，头毛发奓（不顺），被认为是吓掉了魂。大人先耐心寻问小孩何时何处被啥吓着了。乡间也有人会看掉魂，拉着小孩大拇指，细心观察，看有无异样。如发现有青筋暴露，就认为是掉了魂，就当着小孩的面对家长说，孩子被某某（动物）吓着了，回去叫三晌午就好了。家人按照吩咐，每到中午，一手把着门框，一手牵住小孩的手，高声叫道："某某（小孩名字）回家来吧。"其他人在一旁应道："回来了"。连叫三遍，答应三声。这样叫三天，据说就可以把吓掉的魂叫回到小孩身上，小孩慢慢就精神如常了。以上两种方法可能是一种精神疗法，过去在民间较为流行。

病人饮食宜忌　食物的种类很多，有动物、植物、水产类等，类型品种不同。按其性味可以将食物分为辛辣类、生冷类、油腻类、海腥类、发物类等。每类食物对于疾病均有利有弊，有利的宜食之，有弊的必须禁忌。各类食物对于病者的宜忌情况是：

辛辣类：这类食物包括葱、韭、大蒜、生姜、辣椒、酒等食品，这类食物性味辛热，少食有通阳健胃作用，故宜于寒症疾病，如胃病、腹痛、泄泻、水肿等疾病。然而，如果一次吃得过多便会生痰动火、散气耗血，损害健康。故对于阴虚阳亢之体及一切血症、咳嗽、目疾、湿病、痔瘘、痔疮、痈疽等病人均须禁忌。

生冷类：这类食物包括瓜果及生冷蔬菜。由于这类食物性质多寒，能清热解渴，故适用于热证疾病，如时症温病、便秘、喉痛、牙痛等疾病。然而，由于其性寒又多属生食，容易影响肠胃功能，故一切虚昏之体及肠胃疾病，如腹痛、胃痛、呕吐、泄泻、水肿等都应禁忌。

油腻硬固类：这类食物包括一切动物的肥肉、油脂及油炸的硬固食物。油脂性滑而润，有通腑的作用，故适于便秘、小儿蚘虫病。又因其味厚腻滞，有损脾胃的性能，凡外感诸病、黄疸、大便滑泄的患者宜忌之。油炸食物质硬、不宜消化，凡肠胃有病及老年人、小儿牙齿不健全者均应禁忌。

海腥类：这类食品包括黄鱼、带鱼、鲞鱼、虾、蟹、蚌肉等水产物，性味多为咸寒而腥，亦属发物一类，少食无大妨碍，多食则容易伤害脾肾，诱发疾病。故脾肾有病以及寒证疾病和有宿疾者均应禁忌。

发物类：这类食物除包括海腥类外，在蔬菜方面有香菌、蘑菇、笋、芥菜、雪里蕻等；荤菜方面有公鸡、猪头肉等，均为动风生痰、助火之品，最易诱发旧病（俗称“犯病”）、增重新病。尤其是肝病患者须要禁忌公鸡和猪头肉。疔疮、疥疮患者忌食香菌、蘑菇、冬笋、芥菜、雪里蕻等。

由于药食同源，对于某些慢性虚弱病，就须以肉类、鱼类、动物的内脏来调补。这类食物是血肉有情之品，补养性大，适合虚弱身体的需要，可以使患者加速恢复健康。如心悸病人宜食心，血虚及虚弱之人宜食肝，肾虚腹痛之人宜食肾，肺痨病人宜食鳗鲡鱼，腿酸脚软的病人宜食牛筋、蹄筋等。对于身体虚弱的病人，老百姓常说“买些肉补补身子”，看望病人，也往往买只母鸡、割块肉，送给病人食用。

服药后饮食禁忌 不同的药物服下后，应注意饮食禁忌：

服发汗药后禁食酸醋生冷；

服补养药后，禁食茶叶、萝卜；

服接骨药后，禁食酸辣、荸荠；

服鳖甲后忌食苋菜；

服荆芥后忌食水产动物；

服蜂蜜后忌食葱。

上述禁忌，多系口口相传，多数人家都比较讲究，但未必都有道理。

第四节 丧葬礼俗

传统丧葬有一套繁缛的礼仪规范，为体现出孝心，报丧、守灵、下葬等程序十分严谨，与城市相比，农村对于丧葬礼俗更为讲究。

丧葬礼俗是人生诸多礼俗中的最后一次。如果以太阳在一天中的运行来形容人的一生，生育礼俗有如喷薄而出的朝阳，充满生机，丧葬仪礼则似那隐没西山的夕阳。然而丧葬仪礼的隆重并不亚于人生仪礼中的任何一次，甚至有过之而无不及。究其原因，很重要的一点，即与民间传统的灵魂不灭观念，佛教“转世再生说”的影响有关。在人生仪礼中，丧葬仪礼被认为是有承前启后的作用，就像太阳晚上从西方落下，第二天早晨又从东方升起一样。

送终　老人弥留之际，子女守护在其身旁，听其最后的遗言，直到老人去世，这在习俗中被称为“送终”。民间认为有没有子女送终，是不是所有的子女都来送终了，是这位老人是否有福的一个标志。在老人临终之际，家人会把老人从卧室移至正庭中临时铺设的灵床上。有些较穷的人家，一时找不到灵床，就临时用苇箔或者高粱秆箔凳起来做灵床，以便在老人咽气前尽快将老人移至“堂屋当门”。移好以后还要将堂屋墙壁上悬挂的中堂字画取下，将后堂条几上方的神主牌位和佛像等移到其他屋里。在许多地方，人死以后，家人都会烧纸钱，称为“烧倒头纸”，有些地方称为“烧落气纸”。此外，还要燃放鞭炮，一是表示死者归天；二是向邻居报丧。人死以后，家人围在身边恸哭，人未死时，则忌讳家人哭泣。

报丧　人死以后，有的地方先在大门上粘挂一张火纸，称作“通天纸”，意思是把死者去世的消息告知上天。通常情况下，在死者小殓以后丧家会将死讯等报告亲戚朋友，以便他们及时赶到大殓之前前来吊丧。报丧的形式有口头的，也有持讣文的，民间一般以口头报丧为主。报丧的孝子要穿孝服，戴孝帽，腰间扎孝带，由引领人（专门请的邻人朋友等）引领着，到要去的人家前，向闻讯出来接的人（无论长幼）合悲叩头，以示对亲人去世的重视和对亲友的敬意。对那些至亲以及关系特殊的，尤其要注意礼数。而对那些远房的亲戚一般应由家族成员登门报信，不能让别人捎口信，否则将被认为是失礼。过去一些大家望族，孝子报丧时还带着报丧条子，上写“某老爷（某大人）恸于夏历某年某月某日某时寿终正寝（男曰正寝，女曰内寝），谨择于某日某时大殓，特此讣告”，下款写明府第和禀报人，收报人的姓名则用红纸条写好，粘在报丧条的上端。

入殓　入殓是把死者放入棺木，古礼装殓分小殓、大殓，或次日小殓，三日大殓。小殓多是趁弥留之际给死者穿上寿衣，这一方面是因为人死以后，身体僵硬不好穿戴，另一方面则是出于对死者的重视。民俗以为，没有来得及穿好衣服就咽气是“光着身子走了”，亲戚会感到十分内疚。大殓是指装殓入棺。大殓的时候，死者的至亲都要守在旁边，过去称

“亲视含殓”。棺木中，要铺盖俱全，比较讲究，死者放入棺木中以后，还要放一些小的陪葬品。大殓一般在成服（穿好孝服）以后进行，此时主要的亲友都已经到来，生死诀别的意义十分明显。过去，在某些地方，妇人去世后，要等娘家人来“验棺”，如果这些关系没有厘清、顾及就会发生礼仪性的纠纷，就是所谓的“闹丧”。

寿衣俗称“装老衣裳”，又称“装裹”，一般是在死者生前身体不太好的时候准备好的，通常选择有闰月的年份，给老人做寿衣，寓意日子久长。寿衣的衣料一律是棉的，不能用缎子，因为“缎子”和“断子”谐音；鞋必须是布底做出莲花图案，表示脚蹬莲花，成了正果，绝对不能用皮货。民俗以为，亡人如果用皮衣、皮鞋或皮底鞋，下辈子就会托生成牲口，内衣不钉纽扣只缝飘带，因为纽和扭谐音，怕犯了不利于子孙的忌讳。

大殓以后，接下来是“开光”“挽发”等仪俗。开光指死者的子孙为亲人揩拭面颊，亲友最后一次瞻仰遗容，全体孝子瞻仰过遗容后，要放声大哭，表示最后的诀别。

开光以后要把棺盖钉上，这时要挽发，即孝子孝妇们把自己的一些头发缠在钉子上，其意义是“身体发肤受之父母，还之父母”，以维系幽明，联络心性。钉棺盖要请来木匠，在棺材帮和棺材天（盖）上合适的地方开榫眼，俗称“开引钉”，引钉开好以后，把棺材合槽，用钉钉上，这时孝子们要放声恸哭，边哭边喊“亲人躲钉”，以免木钉伤及死者的灵魂。

成服 成服即穿孝戴孝，要在棺殓之前进行。我国很早就有“遵礼成服”的规矩。传统的“五服”制度早在周朝的时候即已基本定型。五服的名称是：斩衰（读 cuī）、齐衰、大功、小功、缌麻。从礼仪上说，斩衰是在五服中最重（指和死者关系最近）的一种孝服，用最粗的生麻布做成，衣旁和下边不缝边，所以叫斩衰，斩就是不缝边的意思；齐衰就是不缝缉的意思，齐衰次于斩衰，是用熟麻布做的，因为缝边整齐，所以叫作齐衰；大功次于齐衰，也是用熟麻布做的，但更比齐衰精细些，功指织布的工作；小功有又次于大功，比大功服更精细些；缌麻是五服中最轻的一种孝服，比小功服要更精细一些。在亲人去世以后，穿孝、戴孝必须遵守有关的礼制，不能有所差错。成服是丧仪中最基本的“礼”，它规定了何种关系应该属于哪一服，这一服应该穿什么料的丧服，服丧多少时间。过去，外人见到服孝者所穿的丧服，就能知道服丧者与死者的关系，以及服丧者之间关系。五服不仅表明了亲族内部的人际关系，也规定了这些人之间的权利与义务关系。

戴孝的轻重，与孝服遮体的多少有关。若是斩衰一服的，即父子、父女（未出嫁）关系，孝要从头到脚一身白，腰扎麻绳、头戴火纸，即所谓的“披麻戴孝”。按照五服制度，有的只戴孝帽子，却无孝服，有些要在孝服上加一些特殊的标志，如孙子、孙女的孝衣肩头缀一块红布，重孙缀两块，未过门的女婿孝衣上也缀一条红布。

在分配孝衣时，也有一定的讲究。一般的关系，由丧家的成员送上即可，而特殊的关系，如尊长、亲家等，虽然孝不重，却要由孝子跪叩呈上。在这种礼节中，起决定作用的是尊卑，如果这些礼节没有注意到，把尊卑、先后、亲疏的关系搞错了，就可能出现纷争。直到现在，很多地方依旧非常重视孝服的分配——谁该穿什么样的孝服，不能安排有误。成服的礼节，明确了多重关系，并且影响着其后一系列丧葬仪俗。

守灵　守灵也叫护灵，老人在弥留之际，由卧室移到堂屋灵床之上，换上寿衣，由死者的子女、儿媳、孙媳等守候在灵床边，称作守护灵床。大殓以后，遗体被移入棺材，子女守灵称作守护灵柩。

按照过去的迷信说法，人刚死去，灵魂还没有升天，子女守护在遗体周围，可以避免外鬼侵扰，也可防止猫狗等老人生前饲养的小动物接近尸体。民间传言，当人刚死时，如果有猫狗到尸体上，尸体就会立刻抱住猫或其他衣物不放手，为了防止出现异常情况，守灵人员必须时刻不离。

大殓以后，灵柩安放在堂屋正厅，棺头向外，棺材前点上长明灯，摆放好香炉，点上线香，有的地方还放上蒸馍和筷子，对死者的灵柩进行祭奠。守灵礼仪十分庄重，所有应该守灵的人都要穿上孝服参加，男在左边，女在右边（有的地方女的不参加守灵），按照辈分和年龄大小，从前到后地跪着，手里拄着用柳树棍缠上白纸做的“哀思棍”。当有亲友前来拜祭死者时，守灵人员要燃纸钱，叩头向亲友行答谢之礼，直到出殡，守灵才算结束。

吊唁 老人去世以后，亲友闻讯，必行吊唁之礼。哀悼死者称为吊，安慰死者家属称唁。孔子曰：“葬之以礼，祭之以礼。”在我国广大地区，吊唁的仪礼非常隆重。因为亲友与死者关系亲疏远近不同，吊唁的礼数、方式也有许多不同。

当死者的所有至亲，接到讣告以后，要及时奔丧。属于斩衰一服的至亲儿子、儿媳等，由于实际感情的深厚，民间沿袭的习俗是，在接到讯息后，首先要哭悼，然后问明老人死时的情况，接着不顾一切地上路奔丧，临到家时，要“望乡而哭”。出嫁的女儿，如果相距不远，更有一路哭来的，到家后，先到灵前跪叩、哭悼，直至有人多次劝慰才止住大哭。比较亲近的亲族成员，吊唁时也要表现哀切。

亲友前来吊唁，吊唁人要先到灵柩前行四拜叩首礼，后世多行鞠躬礼。守灵的孝子们还礼后，经礼宾人员劝慰后，即到账房交礼。有些地方，关系较远的亲友前来吊唁，也可以不带礼金，只带礼品在灵前施礼，烧上几张纸钱，即表示哀悼；关系较远的亲友可以只带礼金，也可以既带礼金又带礼品。常见的礼品有挽联、挽幛、香烛、纸钱、冥器等，挽联无论质料如何，必须是蓝灰青白等素色，上边贴上白纸幛光（纸条），写上“英名千古”“典型尚在”等幛词。过去，有的人家办丧时也送祭品，摆在桌上，压上大幅白色绸带，上书“××老大人尚飨”字样。如果送礼金，要准备专用的黄色的封套，贴上蓝色长签，贴条上写着礼金数额，后世，一般都是直接到账房交付，以免弄错。有些地方，挽幛也可用红、黄、紫等颜色被面代替，主要是从实用方面考虑。

出殡 出殡又叫“出山”。将死者的灵柩移到坟地里埋葬，叫出殡。民间出殡前可以请阴阳先生查看坟地，选择出殡的吉日吉时，这叫“开殃榜”。出殡之前，要祭丧、辞灵。祭丧时要摆放丰富的祭品，按照戴孝者的辈分和年龄大小依次祭奠。祭奠时要由懂得规矩的司礼人员指挥引领和读祭文，负责指挥祭丧仪式全过程的叫“大唱先生”，带领主祭者跪拜叩头的叫“引礼先生”，宣读祭文的先生叫“读文先生”。整个仪式包括上香、奠酒、跪叩、读祭文等程序。

祭丧礼毕，进行辞灵。先把刚才祭奠时的饭食装进瓷罐里，俗称“填馅食罐”，出殡时由大媳妇抱着，最后埋在棺材前头，然后是“扫材”，即把棺材头抬起，孝子放些铜钱在棺下，然后用新扫帚、新簸箕扫棺盖上的浮土，倒在床席底下，称“扫材起棺”，取“发材（财）升棺（官）”的意思。

出殡的程序为：先转棺，将棺材移至门外，再抬起棺材头。丧主跪拜，接着，送葬的孝男孝女在棺材的周围绕行三圈，称为“旋棺”。旋棺之后，请来的抬棺人员用绳索、抬杠捆好棺材，准备起行。送葬的队伍做好一切准备，一般是长子打幡在前，次子抱灵牌随后，次子后面的孝属们持裹着白纸的“哀思棍”（又叫哭丧棒），长媳双手抱“馅食罐”。准备妥当之后，大唱先生喊声“起棺”，抬棺人员齐声应和，即抬上肩，与此同时，由长子或长孙把灵前祭奠烧纸用的瓦盆摔破，俗称“摔老盆”，这个仪礼很重要。有的地方摔盆之前还要由孝子在盆底用钻钻出许多小洞眼，每人都要钻几个，据说，钻眼是为了表示对先人的思念之深。如果逝者无儿无孙，就要另找别的晚辈来摔盆，这一仪礼表明摔盆的人与逝者的关系变得更加亲近，甚至可以确定以后的财产继承关系。摔盆讲究一次摔碎，而且是越碎越好（有的地方先在一旁放上砖石），老盆一摔，杠夫起步，正式出殡，送葬队伍随行。由于各地的风俗不同，出殡的队列、形式也有差异，有的地方在出殡的路上，还有其他的礼仪，较普遍的做法是“扬纸钱”，一般由专请的司礼人员在孝子面前扬撒纸钱。纸钱用白纸做成，犹如铜钱，抬棺经过桥梁、十字路口、河沿、寺庙、城门和到墓地落棺时，都要扬纸钱，用意是为了打发路边的孤魂野鬼，这是迷信的做法。

落葬　又称下葬、埋葬。将棺材抬到墓地后，抬棺的人员要齐声吆喝，快步绕圆圈将棺材在墓地一旁落下。这时，再次整理墓地，把随葬的馅食罐、长明灯放在墓坑壁上龛内，扫去脚印，然后将棺木徐徐落下。阴阳先生用罗盘仪矫正好方向后，先由丧主铲几锹土掩棺，再由抬棺的人一起掩埋堆土，一般这时只堆成高出地面的圆丘，到三天圆坟时再添加坟头。坟丘堆好后，孝子将幡杆插在坟前，有的地方还在坟堆里埋上铜钱和弓箭，箭头向外，据说是防护坟茔，避免恶煞凶鬼侵扰。

坟茔堆好以后，抬棺人员离开，孝子亲友们在坟前焚烧纸钱，燃放鞭炮，磕头祭拜，然后送葬人员徐徐离开，留下几个人在坟前焚烧死者生前使用的枕头和衣物。

农村一般是三天出殡，如果第三天的日子不宜于出殡，“犯煞”，也可以停棺在家，一般搁棺七天，甚至搁棺十几天或者更长。

过去民间常用的下葬吉日称作“大葬日”和“鸣吠日”。大葬日是：壬申、癸酉、壬午、甲申、乙酉、丙申、丁酉、壬寅、丙午、己酉、庚申、辛酉。鸣吠日是：庚午、壬申、癸酉、壬午、甲申、己酉、丙申、丁酉、壬寅、丙午、庚寅、庚申、辛酉。大葬日与鸣吠日基本相同，只是鸣吠日多了庚午、庚寅二日。民俗认为，这些日子宜于出殡下葬。民间认为丧葬凶日是重丧日，专指每月辰日。三葬日：春辰日、秋戌日、夏未日、冬丑日。

居丧 居丧是指死者家人后辈自死者去世时起服丧，节制其生活的许多方面，一般在一个月或百日以内，不能理发，不能会见亲友，不能参加宴会，不能逛庙会等，尤其在安葬之前，这些习俗必须严守，否则不吉。通过这些举措，表示对死者的哀悼和思念，居丧的基础是孝道和亲情。

传统的观念是，小孩出生后三年不离开父母亲的怀抱，时刻都要父母呵护、照料，因此，在父母亡故后，儿子应该还报居丧三年。过去很多为官在外的人，当祖辈或父辈的亲人去世时，官方按例允许其长假回家居丧。居丧，明清时代又称“丁忧”，即晚辈对长辈的去世表示忧伤和思念之意。在居丧期间，有的地方还有“送浆水”和“迎七”的习俗。送浆水，有些地方也称“送茶”，是指从死者去世那天算起，三天之内，每天中午和晚上，家人要送浆水，浆水是加上生面粉的清水，搅拌成浆以后，用桶抬到门前十字路口，洒在路上，同时点燃纸钱，送葬的人员放生恸哭，有的地方还要献酒。据民间迷信说法，送浆水一是为了祭奠死者，二是为了打发周围的鬼魂，协调旧鬼新鬼之间的关系，使逝者的魂灵在阴间得到安歇。“迎七”就是指从死者去世那天算起，每逢七天就是一七，共七个七，每到逢七那天，死者的家人就到死者的坟前祭奠，烧纸钱、放鞭炮、放声哭悼，一直到七七四十九天，就算满七了，如果满七那天，逢上农历初七、十七、二十七，就是犯七，犯七意味着有罪，子女要请来尼僧或道士“做七”，超度，唱功德歌，送死者的灵魂早日升上天堂。

居丧之礼节，对孝子的要求最严。古礼要求居丧三年，后世民间满七以后就可以恢复正常。民间在老人去世后，第一年春节贴火纸（无字），第二年春节贴蓝纸对联，第三年春节贴绿纸春联，这大概是古时居丧三年的遗俗吧。

祭奠 居丧期满以后，平时对先人的祭奠可分为家庭祭奠和扫墓祭奠两类。

家庭祭奠，一般是在先人的生辰或忌日举行。其仪式是主祭者要沐浴更衣，面对先人的遗像或牌位，焚香三炷，放上水酒三杯，或者是用素色鲜花一束作为清供，或是摆放一些水果糕点和先人生前喜好的食物作为供品。祭品摆放好以后，点燃黄表纸，向先人叩头或鞠躬，祝愿先人在天之灵安息，表示不忘先人恩德，传承作风。

扫墓祭奠，一般在清明节、中元节（七月十五日）或春节前举行。传统的祭扫活动，包括设供焚香、烧纸、燃放鞭炮、行跪拜大礼和修整陵墓等内容。修整陵墓一般在清明节前进行，俗称包坟，即给先人的陵墓培土加高，装上坟头，或是在墓旁植树种花作为纪念。植树多为松柏、桂树，种花以栀子、菊花、玉兰、万寿菊为宜，也可在墓表贴种草皮，以防水土流失。

棺木 民间给年事已高的父母、祖父母制作棺木多有讲究。阜阳一带，棺木以柏树、梓树为优，松树、槐树、桑树次之，椿树、泡桐、榆树、柳树等又次之。纯用一样树木的棺材以树木的名字称名，如柏树棺材、梓树棺材等；几种棺木配合做成的棺材名字多为吉祥之语，以柏树和梓树配合做成的棺材俗称“柏梓共福”（百子共福）；以梓树和槐树做成的棺材称作“槐抱梓”（怀抱子）；以红椿和泡桐做成的棺材称作“树绿桐椿”（福禄同春）等。

棺材板的厚薄尺寸配合要得法，棺材底（俗称棺材地）、棺材帮、棺材盖（俗称棺材天）的尺寸要依次增大，不能一样厚薄。棺材的底、帮、盖常用的尺寸标准是：三三四（三寸底、三寸帮、四寸盖，下同）、三四五、四五六等几种。棺材每边以三块整木板为好（不能拼接），制作时要树根向前（头），树梢在后（尾），做到首尾一致，根前尾后，不能颠倒使用。

人死以后，大殓入棺，也是头前足后，与棺材头尾一致。棺材天在上，棺材地（底）在下，人在天地之间，符合天地人“三才”之道。古人认为，天为阳，地为阴，人在阴阳之间为和，只有三才相配，关系和谐，才能福泽绵绵，古人制作棺材，深意在此。

棺材，俗称寿木。给老人制作棺材，像办喜事一样，要举行仪式。选好吉日，燃放鞭炮，亲友祝贺，吹响奏乐，设宴招待工匠和宾客以后，才能动工。旧时富裕之家，还要在棺材之外，另做套棺，俗称“内棺外椁”，至清末民初之时，尚有制作套棺的习俗。

附录一　与民俗文化相关的研究论文

试论民俗文化在戏曲发展中的决定作用
——以皖北地方戏曲兴衰为个案

刘　宏
（阜阳师范学院文学院教授）

学术界关于我国戏曲兴衰原因的考察与研究历来是见仁见智、众说纷纭。各家见解虽均有一定的道理并得到不同程序的认可，然而时至今日这仍是一个悬而未决的问题。笔者认为，在诸多因素中，民俗文化在戏曲发展尤其是在地方戏曲兴衰中起到决定性的作用，这是尚未引起足够重视的一个根本原因。本文拟通过对皖北地方戏曲兴衰原因的考察，试图说明民俗文化在戏曲发展中的决定作用，以就教于大方之家。

一

何谓民俗文化？众所周知，“民俗”与“文化”是两个十分复杂且争论不休的学术范畴，要给“民俗文化”下一个科学而严密的定义更是难上加难。本着“复杂问题简单看”的原则，我们对“民俗文化”作这样的理解：这是一种与官方推行的正统的主流文化相对应，又与文人崇尚的高雅的精英文化相区别的，在民间产生、保存和发展，常处于亚文化状态的文化形态。它虽不像主流文化表现得那样理直气壮，也没有精英文化那样的纯粹高雅，但它在百姓之中根深蒂固、源远流长，具有顽强的生命力。它通过民间信仰和百姓风俗表现出来，又在二者之中得以保存和发展。在社会生活中，民俗文化常常处于被压抑、被挤兑的状态，但在某些社会动乱、礼崩乐坏、百姓灾难深重的历史阶段，在正统文化处于暂时的疲软状态，精英文化通过各种方式和途径与民俗文化互相影响的情况下，民俗文化则会开始兴盛，甚至表现出某种程度的“亢奋”。这样的历史背景和文化氛围会导致多种多样的结果，而在文学艺术领域，古代戏曲特别是地方戏曲的勃兴则是诸多结果之重要一种。反之，在正统文化与精英文化一定程度地合流并处于强势地位，民俗文化相对沉寂的历史阶段，古代戏曲特别是地方戏曲就会理所当然地走向衰落。

那么，我国的民俗文化主要有哪些内涵和表现呢？据笔者的理解和粗浅的认识，应该包括以下诸多方面：对天地神灵的信仰、依赖以及正义得不到伸张时的困惑与抗争；对“恶有恶报，善有善报”的笃信不疑以及希望“现世现报”的强烈愿望；在“爱也无奈，恨也无奈”的困境中对宿命论的最终认同；“万物有灵”的泛神泛仙崇拜以及对花妖狐魅的信仰；渴望豪杰之士奇迹般地改变现实并拯救民众于水火之中；对清官判案的期盼和为民请命的政治诉求；对义气和友情的珍重以及对互帮互助义举的推崇；对为富不仁者的愤恨和对劫富济贫行为的赞赏，当然还应包括民间的种种禁忌，如此等等，不胜枚举。略加考察即可看出，上述观念与戏曲作品的思想内容息息相关，构成了戏曲文学中最常见的主题思想，无论是悲剧、喜剧、历史剧、公案戏、水浒戏、爱情与家庭问题剧等莫不如此，像元杂剧中的《窦娥冤》，南戏中的《琵琶记》，明清传奇中的《清忠谱》等剧就是其中最典型的代表。

仅从民俗文化的内涵和表现与戏曲文学思想内容的联系上直接得出民俗文化决定着戏曲的发展的结论似乎缺乏充分的说服力，如对我国古代戏曲产生发展的历史略加审视，则更能看清楚二者之间的必然联系。

我国古代戏曲起源于原始乐舞，乐舞则起源于民间祭祀。在祭祀风俗盛行的时代，民俗文化一枝独秀，古代戏曲就在这样的文化氛围中孕育成长。陈多、谢明在《先秦古剧考略》一文中认为，《诗经》《楚辞》中就有一些民俗生活剧和男女风情剧[1]。早期戏曲的具体内容和表演形式我们不得而知，但从至今尚存的傩戏的题材、内容和表演形式我们可以推知其大略。傩戏是戏曲的“活化石”，是民俗文化的艺术载体，这是学术界的共识。

被吴国钦先生誉为我国“最早的剧目”的角抵戏《东海黄公》[2]，是汉代百戏之一种，显然也是民俗文化中精怪信仰的产物。正当古代戏曲成长发展势头良好的时候，汉武帝时的董仲舒提出了“罢黜百家，独尊儒术”的主张并被采纳，奠定了儒学作为主流文化形态的强势地位。从汉至唐，处于上升时期的封建统治者极力推行的主流文化长时期地把民俗文化排挤到民间下层苟延残喘，使我国戏曲发展缓慢，迟迟未能成熟兴盛，这种状况至两宋有增无减。直至金元时期，北方少数民族入主中原，因其意识形态发展滞后，不重视礼乐教化和思想控制，正统的主流文化暂时失去了往日的强势。更兼当时知识分子地位低下，他们被迫回归民间，于是精英文化与民俗文化有了一定程度的合流互惠，从而促使了从金元之交到元中后期杂剧的兴盛。这是我国古代戏曲的第一次繁荣。

从明初到明中叶，宋明理学复炽，戏曲又一次陷入低潮，一百多年成就了了。从明中后期到清代前期，社会发展到了新老交替时代，主流文化出现了空前的危机，又赶上明清易代，灾难深重，正统文化又一次处于相对的弱势，这促使明清传奇戏曲的兴盛。明清传奇的繁荣也体现了精英文化的介入，其代表作大都出自著名文人之手。也许正因为如此，民俗文化在明清传奇中未得到充分的张扬，因而作为我国古代戏曲第二次繁荣时期代表文体的传奇戏曲，在繁荣程度和总体成就上都没有超越元杂剧，成为我国戏曲史上的一大缺憾。这种缺憾在清中叶以后，由于地方戏（花部）的蓬勃兴起、遍地开花而得到了一定程度的弥补。地方戏曲更多地出自民间艺人和下层文人之手，没有堪称一流的名剧出现，众多剧目互相移植、借鉴、炒作，琐屑的题材、平庸的思想、大众化的精神追求、实用性的价值取向、世俗化的审美趣味等活生生地反映了民俗文化的思想内涵和审美特点，以及它固有的种种局限。这并不意味着戏曲发展的倒退，却更有力地证明了我国戏曲与民俗文化不离不弃、相濡以沫的密切关系。

台湾地区学者唐文标先生说：“我认为中国古戏的主要起源在民间。古剧之所以晚起，所以羼杂无数民间杂艺，它的通俗的大众化的语调外形，它的平庸的思想，人情世故的主题，它之所以跟世界上希腊悲剧和印度梵剧大异的地方，完全由于它来自民间，以满足平民阶层的娱乐消遣为第一要点。”[3]这里虽未明确提出民俗文化在古代戏曲发展中的作用，但

“民间”二字已涵盖之，可见笔者之见与唐文标先生是不约而同的。

二

皖北地方戏曲是我国戏曲的一个缩影，对其兴衰历史的考察与研究，可更具体地说明民俗文化在戏曲发展中的决定作用。

据资料记载虽然皖北地方戏曲有的剧种起源相当早，如道情戏滥觞于唐宋[4]，清音戏发端于元末[5]，但大多数剧种均形成或引进于晚清近代，如嗨子戏的产生[6]，豫剧、曲剧的南渐等。这与全国地方戏曲的产生和发展几乎是同步的，并且有着共同的大文化背景。

清代乾隆以后，封建统治逐渐走向衰落，内忧外患接踵而至，大多数知识分子对清政府采取了不合作的态度，精英文化与民俗文化形成了前所未有的“统一战线”，这促使正统的主流文化迅速走向衰退，民俗文化伴随着百姓的苦难进入了前所未有的亢奋状态。特别是鸦片战争到新中国成立之前这段历史时期，清政府腐败、列强侵入、军阀混战、天灾频仍，人民大众生活在水深火热之中，爱也无奈，恨也无奈，这导致了民俗文化、民间信仰以及各种习俗和禁忌空前活跃，这正是全国地方戏曲蓬勃发展的最重要的原因。

除上述共同原因之外，皖北地方戏曲的茁发还有其特殊的土壤。淮河流域特别是皖北地区，历来有着丰厚的民俗文化的积淀。这里北接中原、南连荆楚、东邻齐鲁和吴越，是几大文化板块碰撞交融的地带，更兼历史上的多次移民和多民族杂居，使这里成了我国民俗文化的“风水宝地”。“据史书记载，阜阳移民大多来自山西、陕西、山东、河南、河北、江苏，如蒙城即是东晋时侨置的蒙县。从民族构成来看，阜阳除汉族以外，还有回、满、壮、苗、侗、彝、白、傣、朝鲜、蒙古、哈尼、维吾尔、达斡尔等十多个民族……多方人口的迁徙、杂居，造成了多元文化的碰撞、交融、渗透和影响。”[7]

皖北地方戏曲发展的全盛时期是在辛亥革命之后到新中国成立之前，特别是抗日战争时期，更是盛况空前。除了上述地域、历史等原因之外，还有现实的特殊条件。淮河流域本来就多水旱虫灾，在军阀混战的岁月中，民不聊生，皖北地方戏中的不少剧种，就是民间艺人为逃难糊口，在流浪演出过程中形成的，如嗨子剧、花鼓戏等。当时民谣“秋后一场水，农民悲泪啼，挑起衣和箱，南方唱大米”，正是这种情况的真实写照。

皖北地方戏曲的“出奇繁荣”正是在抗日战争最艰苦的年代。当时日本军队借水陆交通之便抢先占领了皖北周边地区：北方的黄河沿岸和陇海线南北先后沦陷，南方的长江、淮河中下游，西面的京汉铁路和东面的津浦铁路均被日寇控制，而皖北地区却形成了一块不大不小的“安全地带”。逃难的百姓、商人、军政人员纷纷聚集到这里，在阜阳、亳州，特别是处于豫皖交界处的界首等中小城镇暂住下来。“界首原是一个边境小镇，此时形成了从沦陷区通往大后方的交通咽喉。一时商贾云集，人口骤增，经济呈现畸形发展，文化亦空前繁荣，成了名噪全国的‘小上海’。[8]”

上述林林总总的条件：主流文化沉寂、百姓生活苦难、人口迁徙、商业繁荣等，这些民俗文化亢奋、地方戏曲勃兴的必要条件全都齐备，促使了皖北地区，特别是界首市戏剧的大发展。“界首自繁荣后，为适应群众娱乐生活之需要，各种艺剧接踵而至，而三镇（指界首市沙河南岸的刘兴镇、北岸的皂庙镇和东面的界首镇）之弦歌雅韵（应指戏曲等曲艺），实有与汉口新市场共同媲美者……当时上演的不仅有本地流行的剧种如梆剧（沙河调）、道情等，还有京剧（时称国剧）、话剧、评剧、曲剧（时称曲子）、豫剧（时称豫梆）、越调、庐剧、河北梆子（称范调）等剧种，一些稀有剧种如四平调、清音、嗨子戏、花鼓戏、二夹弦也先后前来，形成界首当时文艺上的独特繁荣景象。”[9]再加上阜阳、亳州、蒙城、涡阳等地流行的其他剧种如坠子、琴书、泗州戏、淮北梆子、四句推子等，当时皖北地方剧种计有20余种。这些城镇不仅剧种多，剧场多，而且演员云集，名角荟萃，演出频繁而精彩。各剧种在乡村的演出更是别有天地。每逢年节庙会，各乡村、集市“唱大戏”成为惯例，十里八乡，人烟辐辏，每场演出均观者如堵。各剧种在城乡各地频繁的演出中互相学习、交流、融合、提高，共同发展，形成了皖北地方戏曲异常繁荣的奇观。

各剧种上演的剧目从十几个、几十个到上百个不等，且多有不同剧种共同演出同一个剧目者，互相借鉴、移植，在修改加工中完善提高。新编和改编的剧目亦多从民间故事，前代小说、戏曲中选取题材，创作或加工而成，最终成为适合各剧种演出的剧本。这些剧目中多半都有人民在苦难中寄希望于天地神灵，祈求禳灾降福等内容，也不乏渴望英雄救世、清官断案的思想，但更多的则表现了“恶有恶报，善有善报”的观念，明显地反映着苦难中民间百姓的追求和寄托。这些剧本从题材和思想上看并不新奇，甚至不乏平庸和雷同之弊，但能受到观众的普遍欢迎，原因正如郑振铎先生在评论元杂剧中的水浒戏《双献功》等剧时所说的：“其事实几乎是完全相同的，全都是正人被害，英雄报恩，而以奸夫淫妇的授首结束。由此可见作家想象力的缺乏，可见他们是跟了当时的民间嗜好而走去的。”[10]皖北地方戏曲剧本的完成者也是“跟了当时的民间嗜好”而创作的。事实上，从著录于《阜阳戏曲史料集》（第1集）中的上百种剧目看，大多数剧目均打上鲜明的民俗文化、民间信仰和百姓风俗的烙印，都是苦中求乐并寻求寄托的穷苦百姓喜闻乐见的题材和故事。可惜的是这些剧本大多数已经失传，尚存的少量剧本亦有待进一步考察与研究，以论证其与民俗文化的密切关系。当然也有一些体现主流文化的剧目，如以抗日为题材创作的爱国剧目《打鬼子去》《保家乡》《保卫卢沟桥》《八百壮士》等，表现了中华民族同仇敌忾、与日本侵略者血战到底的不屈精神。但这些作品在整个地方戏曲剧目中显然是少数。

界首、阜阳、亳州等地的戏剧活动至抗日战争胜利后开始退潮。“1945年8月15日，日本宣布无条件投降。国民党军政机关纷纷撤离界首，富商大贾及流亡难胞争相离开这个名噪一时的商业城镇，戏曲演员各返故里，众多剧场亦随之拆除。界首戏曲活动空前繁荣的局面便一落千丈。”[11]当然，新中国成立前后直至20世纪五六十年代，皖北地方戏曲仍呈现出某种程度的活跃，但毕竟是强弩之末了，可以看作昔日繁荣的一种惯性延续。改革开放以来，皖北地方戏曲如同全国其他地方戏曲一样，开始了前所未有、似乎也是不可逆转的衰退，这是人所共知的事实。

三

现在让我们来探究一下导致我国戏曲全面走向衰落、不少地方戏曲已经濒临消亡的原因究竟是什么。原因当然是多方面的，但我们认为其中最主要的、起到决定作用的原因是民俗文化日趋式微，戏曲已经失去了往昔生长、存活的土壤，其衰微也就成了历史的必然。

新中国成立之后，党和国家十分重视意识形态工作，运用各种媒介宣传主流文化，并专门颁发文件推行戏曲改革。1951 年 5 月 5 日，由周恩来总理签署的《国务院关于戏曲改革工作的指示》中规定："目前戏曲改革工作应以主要力量审定流行最广的旧有剧目，对其中的不良内容和不良表演方法进行必要的改革和适当的修改。"但可悲的是，随着极左路线大行其道，这类文件中合理的成分被曲解和破坏，执行过程中逐步转化为对传统文艺的严厉批判和无情摧残，更把民俗文化和民间信仰一律视为封建迷信。在"破除迷信，解放思想，移风易俗，树立新风"的思想指引下，"破旧立新"大军浩浩荡荡，民俗文化被彻底打垮，戏曲生存发展的土壤受到极大削弱。如果说南宋、明、清各代对戏曲的屡屡禁毁只是延缓了戏曲的发展，那么 20 世纪五六十年代的极"左"路线对戏曲则给予了毁灭性的打击。笔者认为这是我国戏曲，包括皖北地方戏曲衰微的根本原因和第一阶段。

第二阶段是"文化大革命"十年，极"左"路线变本加厉。"四人帮"为推广样板戏，逼迫全国各剧种移植京剧样板戏。当时除少数剧种如豫剧之外，全国地方剧种均无一例外地都要排练和上演京剧"八大样板戏"，为"四人帮"推行极左文艺路线服务。笔者以为现在京剧成为"扶不起来的阿斗"，其原因之一正在这里。

我国戏曲衰落的第三阶段是改革开放以来这些年。这一阶段开始之初的 1980 年前后，戏曲又有过几年的相对活跃期。人民群众对用戏曲形式表现粉碎"四人帮"的喜悦和迎接新时代的到来是认可的、欢迎的，但这样的主流意识形态与根植于民俗文化的戏曲缘分似乎太浅，于是这种短暂的活跃成了戏曲衰微过程中的一次回光返照。

随着改革开放新时代的到来，中国社会几千年来第一次真正迎来了科学、民主的新阶段。经济发展、社会稳定、人民群众的生存状态大大改善。改革开放新时代的中国人民逐步掌握了自己的命运，苦难的生活已经成为过去，民主、科学的意识正在觉醒，几千年来民俗文化和民间信仰所代表的思想观念及其所派生的对天地神灵的崇拜，连同在苦难中形成的价值取向、习俗和禁忌等开始从根本上动摇了，民俗文化本身失去了昔日生存发展的良田沃土。

导致戏曲衰落的原因之中还有一个十分重要的新的因素，那就是打开国门之后，西方文化及其各种观念与习俗随之涌进中国。它们借助于现代信息社会所拥有的各种先进传媒，尤其是在互联网技术的推动下，势不可挡地侵袭着本已处于极度弱势地位的中国民俗文化。尤其对当代青年人来说，这种“新文化”很有吸引力。在他们看来，戏曲及其所代表的民俗文化是“土老帽”且“已过时”，只有影视屏幕和互联网上的东西才是新潮而值得感兴趣的。所以，青年人最不爱看戏曲，这也是人人皆知的现实。

现代传媒本身对戏曲的冲击又是一个新的重要因素。对人民群众而言，它从根本上改变了人的生活方式。试问当今哪一家没有电视机？人们进家一按遥控器即可坐在沙发上看世界各地最精彩的文艺娱乐节目，这类节目中包括被录制成戏曲片的各大剧种中的代表剧目，由名演员精彩演出，通过荧屏传到千家万户。还有必要去剧场吗？而离开了剧场的票房价值，戏曲能无偿地上演吗？即便可以让人免费去看，恐怕人们还嫌麻烦呢！这样一来，戏曲衰落就成了无可避免的事情。

那么，戏曲艺术就是死路一条吗？显然不是！荧屏播戏曲受欢迎，这就是它存在的价值和必要性。但这里需要的是精品，思想平庸、艺术上粗制滥造（这正是地方戏曲的通病）的戏曲节目是无人爱看的。因此，保留一些有代表性的、有成就和影响的剧种，如京剧、豫剧、越剧、黄梅戏、川剧、秦腔等，集中人力、物力、财力将它们建设好、发展好，使之真正成为国粹。对其余剧种给予发掘、保存和研究，吸取精华，弃其糟粕，为保留剧种提供艺术营养。这一措施和过程应由市场选择而非人为扶持，优胜劣汰，适者生存。因而，对有些剧种，特别是一些价值不高的地方剧种走向消亡，也无须大惊小怪。对有生命力的剧种还要给予它们充分的自由发展空间，包括让它们充分吸取我国民俗文化的思想和艺术营养发展壮大自己，以避免重蹈过去的覆辙。这也许正是让我国古老的戏曲艺术生命之树常绿的正确选择。

参考资料：

［1］陈多，谢明．先秦古剧考略［J］．戏剧艺术，1978（2）．

［2］吴国钦．中国戏曲史漫话［M］．上海文艺出版社，1980：8.

［3］唐文标．中国古代戏曲史［M］．中国戏剧出版社，1985：239.

［4］见《阜阳戏曲史料集》（内部资料）（第1集），第22、13页。

［5］见《阜阳戏曲史料集》（内部资料）（第1集），第22、13页。

［6］刘宏．“天下独一戏”——安徽阜南嗨剧考察［J］．戏曲研究，第65辑。

［7］亓龙．阜阳文化摭谈［J］．阜阳师范学院学报，2002（2）．

［8］见《阜阳戏曲史料集》（内部资料）（第1集），第6、7页。

［9］见《阜阳戏曲史料集》（内部资料）（第1集），第6、7页。

［10］郑振铎．《水浒传》的演化．//竺青．名家解读《永浒传》［M］．山东人民出版社，1998：62.

［11］见《阜阳戏曲史料集》（内部资料）（第1集），第10页。

［12］纪永贵．黄梅戏电影《天仙配》的改编与影响．//首届皖江地区历史文化研讨会论文集［C］．第117页。

《窦娥冤》民俗文化解读

刘金亮
（阜阳师范学院商学院教师）

“民俗文化原本是戏曲具有原生态性质的存在基础”[1]，戏曲作品则成为民俗文化的艺术载体和思想宝库。本文通过对关汉卿《窦娥冤》的民俗文化解读，阐述我国民俗文化中的一些基本观念和民间信仰在《窦娥冤》一剧中的生动体现，并揭示《窦娥冤》在古代戏曲创作，尤其是悲剧创作中的示范意义。

一

解读一部文学作品，首先要理解和把握作者关于这部作品的总体构思。关汉卿《窦娥冤》总体构思的指导思想是什么？很显然是“恶有恶报，善有善报”。

“恶有恶报，善有善报”是我国民俗文化中最基本、最普遍的观念，也是老百姓惩恶扬善的一条道德评判准则，十分典型而鲜明地代表了民间正义诉求，在人民群众的心目中，具有“基本法规”的地位和作用。

因果报应观念应源于先民对于事物发展因果相连的朴素认知。这种认知是基于生活经验的，其主要倾向应是唯物主义的。但自佛教传入中国，其“因果报应说”给这种认知蒙上了一层神秘的宗教色彩。又因为中国民众在长达数千年的封建社会中生存状态十分艰难，社会上的不平和罪恶屡屡发生，平民百姓每每受到侵害，人民群众常处于“爱也无奈，恨也无奈”的境地，而“恶有恶报，善有善报”并不能如民众所希望的那样应验不爽，所以在万般无奈之中，只能将应验的希望寄托于天地神灵。这样既可以在心理上求得平衡，在精神上有所寄托，又能使人觉得冥冥之中有天地神灵在主持正义。相信因果报应迟早都会发生，“恶有恶报，善有善报，不是不报，时机未到，时机一到，一切都报”，常常是老百姓挂在嘴边的

“箴言”，甚至成为他们苦难生活中的精神支柱，因而也就成为我国民俗文化中的最基本、最普遍的信条。

在元代那个民族压迫、阶级压迫异常沉重和惨烈的时代，“超经济的高利贷剥削，超法律的恶霸横行与超政治的官吏腐败”[2]，使平民百姓生活在水深火热之中。作为恶者，他们伤天害理、无恶不作，但是总不能像民众所期盼的那样“恶有恶报”；老百姓遵纪守法，慈善为本，也往往未能兑现“善有善报”，因而他们心中郁积着极大的愤懑与不平。关汉卿作为一位富有人民性、同情心和责任感的志士仁人，站在人民群众的立场上，把老百姓的这种强烈愿望化作创作的源泉和动力，通过作品的总体构思，爱憎分明地表现了自己对社会人生的见解，使《窦娥冤》成为揭露社会黑暗、官府腐败，鞭挞社会恶势力，同情百姓的不幸遭遇，表现“恶有恶报，善有善报”的悲剧典范。

请注意，这里是把“恶有恶报”放在前面的，这当然不是一个简单的语序问题。在日常生活中，作为一种道德价值取向，人们通常把“善有善报”首先提出来；而在面对经常发生恶势力肆虐的社会现象时，则往往把“恶有恶报”有针对性地放在前面。这种表达不仅有社会生活的真实作为基础，而且在《窦娥冤》的总体构思中得到鲜明的印证。

在社会生活中，平民百姓由于人生经历的平凡和经济条件的局限，很难有大善之举，也很难表现出对别人的大恩大德；民众中较优秀者也往往只是“小才微善”而已。而身居高位有权有势的官员、贵族，则有条件有机会作威作福、贪赃枉法，甚至草菅人命；在黑暗社会中如鱼得水的流氓无赖、社会强梁等恶势力乘机加害于民，甚至与官府相勾结横行霸道、欺压良善，使弱小者更是雪上加霜。《窦娥冤》所表现的正是这样司空见惯的故事。流氓无赖张驴儿和江湖庸医赛卢医均属在黑暗社会中浑水摸鱼的社会恶势力，企图霸占一老一少两个寡妇，甚至在光天化日之下谋财害命，其恶不可谓不大；而以桃杌为代表的贪官污吏，则将贪赃枉法视为家常便饭，公然无耻地宣称，“我做官人胜别人，但来告状要金银”，对无辜的弱女子窦娥屈打成招，处以死刑，其利令智昏和凶狠残忍达到了无以复加的程度。最终，张驴儿被凌迟，“押赴市曹中，钉上木驴，剐一百二十刀处死”；赛卢医被“发烟瘴地面，永远充军”；桃杌等“各杖一百，永不叙用”，都得到了“恶有恶报”的下场。

作为受害者的窦娥和蔡婆婆，剧中并未表现她们的“大善大德”。蔡婆婆是一个小债主，因为她放高利贷也是当时社会所允许的，所以无可厚非；窦娥因替父抵债而到了蔡家，与蔡婆婆结下了不幸的婆媳关系。从蔡婆婆在全剧中的表现考察，除她尚能善待作为童养媳的窦娥（这点作者也未着力表现）之外，她基本上不能算是“大善之人”；她在窦娥冤情昭雪之后应窦娥请求被窦天章收养，“尽养生送死之礼”，也算是“善有善报”。虽不能说作者做这样的安排有些勉强，但从中可以看出关汉卿所要表现的侧重点在于“恶有恶报”，而不是“善有善报”。即如窦娥这位悲剧的主人公，其善良品格只在奉养、保护婆婆等方面有较充分的体现，除此之外，我们只能看到她作为一个安分守己的年轻寡妇，为保持名节守身如玉，在与恶势力抗争中也堪称能言善辩、不屈不挠，这些也只能证明她是一个“小才微善”之人。这同样说明了作者构思作品时所要表现的重点在于对贪恶的官府和社会恶势力的揭露和批判，即“恶有恶报”。

事实上，我国民间正义往往体现在“疾恶如仇”方面，而不在于对“善有善报”的热切期盼。有时不但不要求“善报”，甚至为了惩罚恶人，善良的百姓宁可再付出一些代价也在所不惜。剧中窦娥被恶势力杀害之后，楚州大旱三年，百姓并无怨言，因为唯其如此，恶人才能得到恶报，在大旱中所遭受的苦难成为百姓心甘情愿付出的代价，说明百姓是多么热切盼望“恶有恶报”得到应验！

总之，关汉卿对于《窦娥冤》一剧“恶有恶报，善有善报”的总体构思，使剧中的人物善恶各有所报，给人民群众在心理上和精神上以极大安慰。这样的悲剧结局被认为是拖了一条“光明的尾巴”，或称广义的“大团圆”。王国维曾论及如此结局的原因，认为：“吾国人之精神，世间的也，乐天的也，故代表其精神之戏曲小说，无往而不著此乐天之色彩：始于悲者终于欢，始于离者终于合，始于困者终于亨……”[3]笔者认为，此处所说的“吾国人之精神”，在很大程度上是中国民俗文化中所表现出的民间价值取向及其理想追求，其最终的落脚点就是“恶有恶报，善有善报”。人们希望悲剧有一个符合百姓心愿的结局，而且只有符合这种良好愿望的结局才是人民群众所欢迎的，“非是而欲餍阅者之心，难矣”[4]。正是在这个意义上，我们认为《窦娥冤》是我国古代悲剧的典范之作，而“恶有恶报，善有善报”也就成为我国戏曲小说在思想性方面的一个“标志性特征”，它体现了我国叙事文学往往以大团圆为结局的一大特色，并为善良的中国人民所喜闻乐见。至于这种结局在艺术上和现实中的得失长短，则另当别论。

二

《窦娥冤》一剧中推动剧情发展的内在动因是什么？笔者认为正是民俗文化中对于天地神灵的信仰与矛盾。在我国，天地神灵的存在除在寺庙观宇中以偶像的形式“显性存在”之外，在民俗文化中更多的是以“无所不在，全知全能”而又看不见摸不着的形式“隐性存在”的。这些“隐性存在”的天地神灵通常以“显灵”的方式进行着“显性的履职”；但更多的情形是，苦难中的百姓亟待他们“显灵”的时候却往往“呼天天不应，唤地地不灵”，处于“显性失职”的状态。考察《窦娥冤》的剧情发展，正是这种对于天地神灵的信仰与矛盾推动着剧情波澜起伏、紧张曲折地向前发展，直至达到“三桩誓愿”应验的高潮。

在《窦娥冤》第一折中，悲剧主人公窦娥出场时就唱道“满腹闲愁，数年禁受，天知否？天若知我情由，怕不待和天瘦”。此时，她已经失去丈夫，在闺中守孝三年。作为年仅20岁的寡妇，当然少不了独居的苦闷，所以有着“满腹闲愁”。早年丧母、离父的悲惨遭遇还未淡忘，丧夫的切肤之痛又萦绕心头。出于对这种人生悲剧的困惑和迷茫，她发出了“天知否”的呼唤。这是在天地神灵对窦娥的悲苦命运置若罔闻的情况下，她在“爱也无奈，恨也无奈”之中表现出的怨天尤人的悲叹。不言而喻，她无法改变自己的命运，转而寄希望于天地神灵——“全知全能，无所不在”的神灵，应该十分清楚她的苦难遭遇，但依旧让她度日如年。这又是为什么呢？天地神灵公平吗？在短暂的怀疑发问之后，她很快归于对命运的认同：

［油葫芦］莫不是八字儿该载着一世忧？谁似我无尽头！须知道人心不似水长流。我从三岁母亲身亡后，到七岁与父分离久。嫁的个同住人，他可又拔着短筹；撇的俺婆妇每都把空房守，端的个有谁问，有谁偢？

［天下乐］莫不是前世里烧香不到头，今也波生遭祸尤？劝今人早将来世修。我将这婆侍养，我将这服孝守，我言词须应口。

这两支曲子所表现出的窦娥对天地神灵的心路历程，显然是从怀疑到认同的。疑问反思的结果，她将自己的不幸遭遇的原因归结为两点：一是“八字儿该载着一世忧”，即命运不好；二是“前世里烧香不到头”，即没有敬好天地神灵。既然如此，那就听天由命，安心熬下去，侍养婆婆，守孝守节，并且要说到做到（言词须应口）。这里，我们看到天地神灵的“隐性存在”和“显性履职”从矛盾达到了统一，因而窦娥从迷惘困惑到心安理得，做好了安心过这种苦日子的思想准备，并且还“劝今人早将来世修”，足见她对天地神灵的虔诚。这样的生存状态和对天地神灵的态度是我国民间处理天人关系和神人关系的一种常态，数千年来莫不如此。所以，百姓虽通常处于苦难之中，但信命由天，相安无事，在困惑与迷茫中寻求心理的平衡和生活的延续。这种生存状态是既可悲又可怜的，这正是鲁迅先生所说的，处于“暂时做稳了奴隶的时代”；但是更有甚者，还有“想做奴隶而不得的时代”[5]，窦娥接下来的遭遇正是如此。

流氓无赖张驴儿父子闯入蔡家，并要强行霸占这一老一少两个寡妇。如果说张驴儿父子因对蔡婆婆有“救命之恩”而使蔡婆婆对其无理要求显得优柔寡断，那么，“人在家中坐，祸从天上来”的窦娥则坚决拒绝了张驴儿的凌辱。在张驴儿原欲害死蔡婆婆，却阴差阳错药死了自己的亲爹之后，窦娥凭着自己的无辜与清白，并天真地认为官府会“明如镜，清似水，照妾身肝胆虚实”，断然拒绝了张驴儿提出让窦娥嫁给他而“私了”此事的要求，宁愿与张驴儿见官。楚州太守桃杌是一个不折不扣的贪官、昏官，毫不理会窦娥在大堂上的辩解，通过严刑逼供，屈打成招，以“药死公公”这种荒唐至极的罪名判了窦娥死刑，下入大狱。这就是从第一折到第二折的剧情发展。

在窦娥遭此千古奇冤的过程中，她仍相信天地神灵是存在的。在遭受桃杌严刑拷打时，窦娥呼唤道：“天哪，怎么的覆盆不照太阳晖！”在被判死罪之后，她仍坚信：“想人心不可欺，冤枉事天地知！”然而事实上她被诬陷，定了死罪，关入大牢，只等开刀问斩。天地神灵在何方？为什么不主持正义与公道？天地神灵的“隐性存在”与“显性失职”形成了尖锐的矛盾，正是这种信仰与现实之间的矛盾形成的强大张力推动剧情向高潮发展，也为第三折中淋漓尽致地表现窦娥的反抗精神做好了足够的蓄势。

第三折开头窦娥唱的两支曲子［端正好］与［滚绣球］相当典型地体现了我国民间对天地神灵的信仰与态度。［端正好］一曲承上启下，着重表现窦娥在现实中遭受的巨大冤屈及由此而产生的对天地神灵的抱怨：

没来由犯王法，不提防遭刑宪，叫声屈动地惊天！顷刻间游魂先赴森罗殿，怎不将天地也生埋怨？

埋怨的理由是什么？接下来的［滚绣球］一曲说得很分明：

有日月朝暮悬，有鬼神掌着生死权，天地也，只合把清浊分辨，可怎生糊涂了盗跖颜渊？为善的受贫穷更命短，造恶的享富贵又寿延。天地也，做得个怕硬欺软，却原来也这般顺水推船。地也，你不分好歹何为地？天也，你错勘贤愚枉作天！哎，只落得两泪涟涟。

窦娥在遭受巨大冤屈，眼看就被押赴刑场时发出了对天地神灵的指责与呼号，典型地代表了苦难中的中国老百姓在万般无奈的境遇下表现出的愤懑与不平，具有屈原《天问》的思想意义和感染力量。在这里，天地神灵的“显性失职”与其“隐性存在”形成了尖锐矛盾，使悲剧主人公蒙受千古奇冤。对神灵的失望和对现实的不满交织成为反抗的烈火，使高潮中的剧情产生出感天动地的艺术感染力。然而即使对社会现实彻底绝望的时候，苦难中的人们仍相信天地神灵的“存在”（不相信又能怎样？实在是无奈的选择）。“埋怨”天地神灵是以他们“存在”为前提的。正因为如此，窦娥在刑场上发下的“三桩誓愿”才有理有据，而且是能够应验的。若离开了民俗文化的土壤看待作者的如此安排，几乎是不可理解的，甚至是矛盾而荒谬的。

直至第三折窦娥刑场受戮时，天地神灵终于“显灵”了，使窦娥临死发下的“三桩誓愿”——血飞白练、六月飞雪、亢旱三年一一得到应验。天地神灵如此“显性履职”使人民群众强烈的心理渴望得以满足，也为悲剧主人公窦娥的冤案得以昭雪做好了铺垫。可以想见，当“三桩誓愿”一一应验时，剧场中的观众定会群情激昂，拍手称快，在感叹唏嘘之中更坚信“恶有恶报，善有善报”，同时也更坚定了对天地神灵的信仰：他们最终还是会履行主持公道、伸张正义的职责的！

三

《窦娥冤》第四折所解决的是操作层面上的民俗文化诉求，即通过清官断案、为民请命，替窦娥昭雪冤情。因为天地神灵往往是通过征兆、灾异等超现实的形式“显灵”，故不可能解决现实中的实质问题，于是希望清官断案使百姓的冤情得以昭雪，就成了民间“合乎逻辑的选择”。

由于我国封建制度高度专制，权力高度集中，封建官吏特别是各级行政长官掌握着对百姓生杀予夺的大权，而这种巨大的权力在通常情况下基本上是没有监督和制约的，因而就滋生了如桃杌太守那样贪赃枉法、草菅人命的贪官污吏。在无力改变专制制度本身的情况下，平民百姓转而希望同样掌握着权柄，但为官清正廉洁，断案能主持正义与公道的“清官”为民请命。这便是我国古代戏曲题材内容方面的一个重要门类——清官戏、公案戏十分兴盛和历久不衰的根本原因。

“清官”不是严格意义上的历史概念，历史上通常称较好的官为“循吏”，即遵循王法办事的官员。“清官”是一个民俗文化概念，它产生于平民百姓对清明政治的期盼。然而，清官断案、为民请命往往只是平民百姓的“一厢情愿”。在数千年封建专制制度下，清官不仅如凤毛麟角一样稀少，而且在统治阶级内部其生存也十分艰难。在奸臣当道、群邪蔽贤的政治生态之中，他们本身的生存就时刻受到贪官、奸官、昏官，直至昏聩朝廷的威胁。从来做清官要比做贪官困难得多，即使在唐宗、宋祖那样“英明的皇帝”在位时也是这样。想通过清官为民请命平反冤狱就难上加难。但是，如果有朝廷的信任和授权（当然这里有一个前提条件，即朝廷、皇帝是英明的，这又是难得遇到的），清官为百姓主持正义与公道便能运用自如了。于是公案戏中的清官判案，往往随身携带着尚方宝剑，甚至被皇帝赐予先斩后奏的权力。清官戏中最热门的一类包公戏，包拯既拥有这样的特权，皇上还额外赐予他三口铜铡，是可以处死包括皇亲国戚在内的犯人的刑具，也是包拯拥有至高无上权力的象征。这种清官断案拥有特权的操作模式，是关汉卿的《窦娥冤》开创的戏曲范式。清官窦天章到楚州刷卷（复查案件），即随身携带着皇帝授予的“势剑金牌”，他是拥有“先斩后奏”特权的钦差大臣。此与包拯何其相似！其他清官戏、公案戏中的清官断案也大抵如此。

《窦娥冤》中的清官窦天章正是十六年前抛女赴京一举及第的那位穷秀才（后因蔡家迁居与女儿失去联系），早年的苦难经历，十年寒窗的苦读，知书达理的儒家文化修养等，应是他做清官的根底，使他能做到“廉洁清正，节操坚刚”；更有朝廷的信任与重用，“官拜参知政事”，加封“两淮提刑肃政廉访使”，带着圣上赐予的势剑金牌，“随处审囚刷卷，体察滥官污吏，容老夫先斩后奏”。这样的清官是有资格和权力为民请命，替窦娥昭雪冤情的。

窦天章办案的经过正体现了他作为清官的品格与才能。当他看到窦娥“药死公公”的案卷时，不因犯人“与俺同姓”而有丝毫姑息；当得知窦娥就是他失散十六年之久的女儿端云时，也丝毫没有因亲情而徇私舞弊的念头，而是义正词严地斥责窦娥：“你划地犯下了十恶大罪，受了典刑！我今日官居台省，职掌刑名，来此两淮审囚刷卷，体察滥官污吏。你是我亲生之女，老夫将你治不得，怎治他人?”这里所表现的刚正无私正是百姓所钦敬的清官品格。

在智慧和才能方面，窦天章也具有清官办案的精明强干。他先为女儿“搭伏定摄魂台”，以便让女儿的冤魂与恶人当公堂质对，又传来继任州官问清前任桃杌制造冤狱的来龙去脉，继之“分付该房佥牌下山阳县，着拘张驴儿、赛卢医、蔡婆婆一起人犯，火速解审”。在张驴儿抵赖罪行的紧要关头，他决定从赛卢医身上突破，很快使窦娥的冤情大白于天下。最后，根据罪行大小和情节轻重，恶人个个得到了应有的惩罚，窦娥的冤案昭雪了，窦天章答应了女儿的请求收养了蔡婆婆，为其“尽养生送死之礼”。如此英明果断、疾恶如仇而富有同情心的清官正是老百姓期盼和钦敬的“清天大老爷”，这在清官戏中也是司空见惯的。由此可以清楚地看到《窦娥冤》作为清官戏、公案戏的典型意义。

这里还有一个鬼戏问题。窦娥死后鬼魂显灵，数度将审阅案卷的窦天章惊醒，并且与之相见对话，申诉冤情；更以鬼魂的身份出现在大堂上与恶人面对面斗争。这是在宣扬迷信吗？历史上有段时间，这样的描写受到批判；直至今日还有人认为这是《窦娥冤》在思想内容方面的一个局限。事实上，这又是民俗文化在作品中的一个生动体现。

“鬼”在民俗文化中是普遍存在的。民间对灵魂不灭的信仰从古到今虽在淡化，但仍普遍认为鬼魂存在。“鬼”有善恶之分，善鬼“有鬼无害”，甚至有益；恶鬼则另当别论。像窦娥这样的善鬼、好鬼、冤鬼，正代表着民间正义和遭到迫害之后的愤懑与不平以及抗争到底的顽强斗争精神。正如恩格斯所说，这是“人间的力量采取了超人间的力量的形式”[6]，是民间为追求正义而敢于斗争的精神的化身，当然是值得肯定和赞扬的。《窦娥冤》这出鬼戏演得好，使古今中外的观众拍手称快。这样的鬼戏在我国传统戏曲小说中也具有示范意义，如明代传奇《红梅记》中的李慧娘即是一个有代表性的女鬼形象。《聊斋志异·窦氏》中的主人公窦氏死后化为厉鬼报南三复始乱终弃之仇恨，也许正是受到了《窦娥冤》这出鬼戏的启发，两位主人公皆为“窦氏”，似乎并非出自偶然。

当然，与大多数古代文学作品一样，我们在论述其成就和影响时，还应看到它的局限。笔者认为，《窦娥冤》在思想内容方面的局限主要存在于两个方面：一是窦娥在该剧最后一段唱词中表现出的时代和阶级局限。“从今后把势剑金牌从头摆，把滥官污吏都杀坏，与天子分忧，为万民除害。”由此曲我们可以看出，铲除滥官污吏的重要目的是“与天子分忧”，即不让这些胡作非为的滥官污吏对朝廷的统治构成危害；其次才是“为万民除害”，思想局限是显而易见的。二是对桃杌的处罚有过轻之嫌。桃杌是造成窦娥冤案的罪魁祸首，如果他清正廉明，张驴儿的诬告就不会得逞。但最终桃杌只受到“杖一百，永不叙用”的处罚，这是罚不当罪的，不足以解百姓心头之恨。当然，用历史唯物主义的观点看问题，这些局限是瑕不掩瑜的，不会损害《窦娥冤》作为我国古典悲剧典范的光辉。

总之，古典悲剧、清官戏、鬼戏《窦娥冤》从总体构思、剧情发展到“理想结局”都体现了我国民俗文化观念，惩恶扬善，提倡社会正义与公道，借助于天地神灵与鬼魂表现了民间百姓对“恶有恶报，善有善报”的坚定信念和正义诉求，具有典型的思想价值和历史意义，因而其生命之树是常绿的。

参考资料：

[1] 刘祯．戏曲与民俗文化论［J］．戏曲研究，第70辑第30页。

[2] 张燕瑾．中国古代戏曲专题［M］．第1版．北京：高等教育出版社，2002：41.

[3]［4］王国维．红楼梦评论［M］．长沙：岳麓书社，1999：11.

[5] 鲁迅．鲁迅全集［M］．北京：人民文学出版社，1981：213.

[6] 恩格斯．反杜林论［M］．北京：人民出版社，1970：311.

论宋元文化生态对《三国志通俗演义》成书的影响

刘金亮
（阜阳师范学院商学院教师）

我国宋元时代是一个“特殊的时代”：宋辽夏金元政权鼎峙更迭，封建制度走向衰落；社会动荡，战乱频仍；城市经济繁荣，市民阶层壮大；文人意识与市民情趣融合，新兴文体异军突起。这是一个“需要名著并且孕育了名著”的时代。以宋元话本和元杂剧为代表的新文体空前勃兴，三国题材说唱文学尤为繁荣，以“说三分”和三国戏为代表，两种民间文艺在彼此交流和借鉴中共同发展、互相映衬，既各自吸收史传内容，又互相汲取艺术养分，三国故事中的人物形象逐渐丰满，内容情节逐步完善，叙事结构也更为完整。三国故事在宋元三国说唱文学中广泛传播、继承发展、不断创新，历经数百年的发酵与升华，为世代累积型文学名著《三国志通俗演义》的产生做好了充分的准备。

在宋元时期的文化生态中，讲史平话和元杂剧的繁盛是在特定的政治、经济、文化因素共同作用下形成的，包蕴着共性的文化内涵和时代心理。宋金元时期，少数民族文化给汉族文化带来了剧烈的冲击。两种文化碰撞、交融，形成了一种自由开放的思想风气，这对文艺形式的创新与繁荣起到了推动作用。与此同时，汉族内部异质文化的离合交融更起到重要作用。从历史著作经由说唱文学再到小说名著的演变过程的不同发展阶段，以表现正统文化为主的官方叙事、以表现精英文化为主的文人叙事和以表现民俗文化为主的民间叙事方式也呈现出此消彼长、相反相成的复杂状态。因此，本文选取了文化融合、思想倾向、人物情节等三个维度作为分析的主要方面，希望能够更为明晰、深入地探讨在宋元特殊的文化生态中世代累积型历史演义小说名著成书的必要条件和内在机制。

一、正统文化、精英文化与民间文化的离合与交融

刘勰在《文心雕龙·时序》篇中指出："文变染乎世情，兴废系于时序。"我们之所以认为"宋元时期是一个需要名著而且孕育了名著的时代"，当然不是从元末明初出现了《三国志通俗演义》和《忠义水浒传》等文学名著这一简单的事实出发，而是要探索其中更深远的历史文化成因。

三国历史题材经过数百年在宋元话本和元杂剧中的不断演变和艺术积累，对孕育和产生《三国志通俗演义》这类世代累积型文学名著有着重要贡献，不仅使三国题材完成了从历史到文学的转变与过渡，更是实现了以知识分子为代表的精英文化与平民百姓为代表的民间文化的融合。

处于封建制度上升时期的汉唐各代，占统治地位的是以儒家思想为核心的正统文化。正统文化的强势使知识分子所代表的精英文化依附于统治者，在文学上则表现为汉大赋和盛唐诗这样的颂圣文学，也就是鲁迅先生所说的"拍马文学"。此时社会底层的民间文化处于极度弱势的地位，根植于民间文化土壤中的民间文学，除汉末的乐府民歌小有成就之外，整体上也就不可能大有作为。

宋元时代，封建制度历经巅峰之后开始走向衰落，正统文化的强势地位开始削弱，知识分子地位下降，他们作为社会中介于上层统治者和下层平民百姓之间的中间阶层，除少数跻身于官僚阶层，整体上与统治阶级逐步拉开距离，从"颂圣"转向清高，从积极入世到消极避世，再发展到对现实与正统采取否定与批判的态度，其思想意识逐步远离正统文化，其文学创作从"拍马文学"、隐逸文学发展到批判现实主义。与此同时，精英文化转而与民间文化结盟。这一过程是从中唐开始的，历经晚唐五代至宋初不断加强，中唐批判现实主义的新乐府运动，晚唐反映民生疾苦的诗人群体出现，直至宋初白体和晚唐体盛行，都是精英文化与正统文化渐行渐远在文学方面的表现。

这一过程的另一种表现则是在民俗文化土壤中滋生的民间说话的兴起。当然，这一过程是漫长而复杂的，其中两宋和元代虽相去不远，但知

识分子的生存状态却大相径庭。宋代的文士与唐代相比，其被重视的程度和与统治者的关系显然是今非昔比了，但由于赵宋王朝特殊的国策，知识分子的处境和待遇仍差强人意。通过科举这一进身之阶而跻身社会上层者甚众，“宋代每届进士及诸科少则三四百人，多则过千人，而元代的汉人、南人总计不过五十人”[1]。事实上宋代知识分子生存状态尚好，就连柳永这样迟迟未中进士的浪子也得以过着优游风雅、浅斟低唱的生活，而且最终也还中了进士，做了官。这在某种程度上延缓了正统文化与精英文化的分离，所以，宋代文士与平民百姓保持着一定距离，精英文化与民间文化少有交集，因而在民间说话基础上产生的《三国志平话》几乎无文士染指，基本上是民间叙事的产物。这从《三国志平话》的思想和艺术上也能得到印证：《三国志平话》开头以“司马仲相断案”领起，为三国故事打上了深深的因果报应烙印。因果报应观念正是我国民间信仰和民俗文化中最基本的信条。艺术上文字粗陋、粗陈梗概，更是民间叙事和民间文学最明显的标志。

到了元代，特殊的国情和扭曲的文化政策又突然加速了正统文化与精英文化的分离。元代的知识分子失去了通过科举入仕这个进身之阶，“四等南人九等儒”的艰难处境使他们被迫与平民百姓为伍，如关汉卿这样有才华的文士也不得不“偶倡优而不辞”。因而，在元代知识分子参与下创作搬演的元杂剧三国戏充分体现了民间叙事与文人叙事的融合，从而使三国故事在思想和艺术上得到雅化和升华，正如王丽娟在《三国故事演变中的文人叙事与民间叙事》一书中所说：“相比较而言，文人视角体现出理性，而民间视角体现出感性。经过文人视角的过滤，某些荒诞不经、不合情理之事是不会出现在文本中的。而在民间视角下，荒诞、怪异、夸张之事比比皆是，叙事主体以民间伦理、民间经验为基础，任其想象驰骋，体现了一种不受儒家正统规范限制、不受理性思维束缚的自由自在的民间精神。”[2]

历史证明，民间文化勃兴并与精英文化合流，不仅导致民间文学中的新文体元杂剧的兴起，而且为更高层次、更有价值的文学名著的产生做好了准备，其中的道理不难理解：没有正统文化的衰落、民间文化的兴起，文学就失去了民众培养的土壤；没有文人的参与文学作品就无法得到升华与提高。这种历史文化的重大变故还导致另一个重要结果，且对文学名著，尤其是世代累积型文学名著的产生有极大的影响，即历史与文学的结合与互相浸润最终导致了历史演义小说名著的诞生。正统文化、精英文化、民间文化的离合交融是产生世代累积型文学名著的决定因素，而这一过程只有经历宋元这样的“特殊时代”才能得以完成。宋元统治者特殊的对待知识分子的国策使正统文化、精英文化和民间文化完成了离合与交融，形成了这些文学名著产生的特定的文化生态。这就是世代累积型小说名著产生的历史文化背景。

二、“尊刘贬曹”思想倾向的承续与发展

无论是宋元“说三分”的故事、话本小说《三国志平话》，还是元杂剧三国戏，其中的三国故事都流露出一种强烈的爱憎情绪——尊刘贬曹抑孙，这种以蜀汉为正统的思想倾向非常鲜明，且一直延续到《三国志通俗演义》中。事实上，三国故事中拥刘反曹倾向的形成虽经历过漫长的过程，但在宋元时代得到大大强化则是明显的事实。

宋元时期社会动荡、战乱不断，先是金灭北宋，然后元朝灭金和南宋。元蒙政权入主中原，实行严苛的种族歧视政策，这种尖锐的民族矛盾和深重的阶级压迫唤起了汉族人民的反抗精神，这种反抗精神是时代的需要，具有一定的现实意义。就是在这种背景下，“人心思汉”和“恢复汉室”的诉求获得了群众广泛的支持和拥戴，“尊刘贬曹抑孙”的思想倾向作为一种民族情绪的宣泄被旗帜鲜明地融入元杂剧三国戏和《三国志平话》文本中，这种融入符合民众的理想、愿望，是一种自我疗伤和慰藉，更是一种情感和心理的民族认同。王意如在《论〈三国演义〉的民族接受》一文的序言中写道：“历史有两个不同的范畴：一个是某个时间阶段本身的流程，另一个则是人们对业已过去的某个时间阶段的描述。当我们把第一个范畴叫做‘历史’，而把第二个范畴叫做‘文化’的时候，我们发现，历史和文化时常会作出不同的选择。‘抑曹尊刘’倾向的出现是文化的选择，是由众多人的群体无意识形成的。作为我们整个民族的期待视

野，它构成了人们对三国这段历史和《三国演义》这部小说的接受定式。”[3]从这个层面上看，“尊刘贬曹”的思想倾向在《三国志平话》和杂剧里的体现是基本趋同的。

另一方面，历史著作及其中的思想观念，无疑是统治阶级所主宰的正统文化的产物。统治阶级要通过历史总结经验教训，为其建功立业和“长治久安”服务，故通过一些史家创作“正史”，以冷静的理性思维为主导，对历史事件与历史人物做“真实的记述”和“客观的评价”。除一些如《史记》这样的优秀代表之外，史传中的文学成分较为薄弱，“质实少文”是历史著作的特点。因此一般读者特别是广大平民百姓很少读史，这就决定了历史著作的受众有限，热心的阅读研究者通常是政治家和历史学家，其中主要是旧社会的帝王将相和新时代的领袖人物。古往今来，政治家和历史学家评论历史事件和历史人物均有一个不变的标准：古曰“成则王侯败则寇”；今曰“历史是不会谴责胜利者的”（斯大林语）。因而立足于历史评价人物，主要以成败为依据，而不屑于关注历史人物和政治领袖们的道德情操，或者可以说他们已经超越了道德层面，以“为国为民”（通常是为自己）、能否建功立业作为主要的评判标准。所以，对待曹操式的政治军事方面的领袖人物，历史学家与政治家们肯定褒奖有余，道德批判不足；而这与民间的立场和情感倾向大相径庭。百姓之间的和睦相处，遇到艰难困苦时互相救助，都需要仁义礼智信、温良恭俭让等道德原则作为纽带，在维持和谐相处的同时，互助互爱、共渡难关，以利于他们的生存并使得生存状态有所改善。所以，民间百姓对历史人物的评价往往从道德原则出发，无论历史人物，包括帝王将相、领袖人物成败与否，只要道德上有缺陷，则无一例外地采取否定和批判的态度，并且立场十分鲜明，情感倾向强烈，这正是文学作品，特别是民间文学的重要特点之一。

笔者认为，文学作品是给平民百姓阅读和欣赏的，故以情感陶冶为主，其中的鲜明的情感倾向是最重要的审美特征。要将“以成败评判人”的历史事件和历史人物作为题材，通过“演义”（艺术加工）的手段创作成“以情感陶冶人”的文学作品，就要从根本上转变立场、观点和褒贬倾向。所以，三国题材的历史著作中大都对曹操给予了“客观的评价”，肯定其历史建树；而在民间传说、说唱文学基础上创作的文学作品中几乎无一例外地采取了“拥刘贬曹”的立场。显而易见，在对三国人物评判中表现出鲜明而强烈的情感倾向正是在宋元讲史平话和元杂剧三国戏中完成的。尽管这一倾向在东晋史学家习凿齿那里，原因主要出于地理政治学因素——东晋偏安江左，北方五胡乱华，但对于南朝刘宋时期的裴松之则另当别论。裴松之为《三国志》作注，采用了大量的野史资料和民间传说中的三国故事，这些材料主要源于民间，均打上了民间文学、民俗文化的深深烙印，使“拥刘反曹”思想倾向得以强化并产生了重要影响。当然，裴松之的时代也有地理政治学的因素，但所起的作用是次要的。

历史与文学有诸多本质不同，但其中史贵理智、文重情感，应该是二者重要区别之一，甚至可以作为二者的分野标准。然而成书于文士之手的《三国志通俗演义》在历史与文学二者之间，找到了一个近乎完美的契合点：通过“七实三虚”对历史题材进行了艺术加工，完成了《三国志通俗演义》这部世代累积型文学名著。罗贯中个人的贡献自不待言，但起到了关键性的桥梁过渡作用的是《三国志平话》和元杂剧中的三国戏。可以说，没有话本和杂剧这些民间文学表现出的鲜明、强烈的情感倾向，《三国志通俗演义》的吸引力、感染力就会大打折扣，其文学性也会相应地受到削弱。

更值得称道的是，在仕途和政治上不得志的罗贯中于《三国志通俗演义》创作中，在充分表现民间强烈的“拥刘贬曹”倾向的同时，并未忽视三国题材中“历史”的特点，故将曹操塑造成“奸雄”形象。“奸”与“雄”的对立统一正体现了“历史”与“演义”的完美结合，“奸”的道德评价来自民间，赋予作品足够的感染力；“雄”的成败评价来自历史，体现了政治家的理性思考，使这部作品不失历史题材的参考价值。这些都体现了罗贯中运用和处理历史题材创作出成就巨大、影响深远文学名著的功力。这不仅是由于罗贯中具有卓越的文学才华和历史见解，更得益于《三国志平话》和杂剧三国戏的影响和浸润。

总而言之，三国故事的思想倾向不仅受到不同时代史书中正统观念的影响，而且也继承了千百年来民间对这段历史题材的情感倾向，史传观念、民间爱憎、民族情绪都是这种思想倾向形成的因素，罗贯中吸纳这些因素“据正史，采小说，证文辞，通好尚，非俗非虚，易观易入，非史氏苍古之文，去瞽传诙谐之气，陈叙百年，该括万事”[4]，写出《三国志通俗演义》，至此，这种“尊刘贬曹”的思想倾向可谓盖棺论定，再无异说。

三、人物形象的定型与故事情节的拓展

宋元话本和元杂剧对《三国志通俗演义》的贡献除在思想倾向、情感陶冶方面为这一文学名著的诞生注入内在动因之外，与此密切相关的在人物形象塑造方面的贡献也是巨大的，而且是决定性的。学术界论及世代累积型文学作品中的人物形象时，常以“类型化典型”概括之，并对此类人物形象做过多方面的精彩论述，笔者认同这种定性与相关阐释。但将问题推进一步，深究一层：为什么是类型化的？怎样形成这种类型化的人物形象并且取得如此大的成就和影响呢？这里的原因当然是多方面的，但笔者认为，其中一个不容忽视的重要原因乃在于宋元说话及话本小说和元杂剧中三国戏的贡献。

《三国志平话》和元杂剧三国戏不仅是三国人物形象流变的重要载体，还是三国故事情节拓展的重要介质。在从正史《三国志》到民间讲唱、戏曲流行，最终章回体小说《三国志通俗演义》完成的过程中，三国人物形象产生、发展，并最终定型。作为史传和章回小说的过渡，《三国志平话》和元三国戏对三国人物形象的丰富和故事情节的拓展起到了关键作用。从《平话》文本和现存元杂剧三国戏剧本来看，我们发现二者在创作时都是以蜀汉英雄人物为中心架构情节。《三国志平话》的整体情节布局就是以刘备、关羽、张飞、诸葛亮的个体故事连缀而成，其中侧重于张飞和诸葛亮；而元杂剧三国戏承继了《三国志平话》的这种情节形态，多以蜀汉人物为中心进行叙写，展开情节。在现存的元代三国戏中，除了《醉思乡王粲登楼》《锦云堂暗定连环记》二剧之外，其余八种都是刘备、关羽、张飞、诸葛亮的故事。这些在民间兴起的新的说唱文学，带着平民百姓鲜明的爱憎、褒贬的情感倾向，将某一历史人物按前代已有的性格总谱，如诸葛亮的智慧、刘备的仁德、曹操的奸诈、关羽的义气、张飞的勇猛等。按

照民间文学越传越奇的规律，老百姓沿着这一方向编织一些民间故事、野史传说，这使得使这一人物形象继承发展前代艺术积累的成果，达到理想的境界，直至超群绝伦，出神入化，于是出现了以毛宗岗谓之“三绝”人物为代表的类型化人物形象。这类形象性格单一，出场定型，有崇高感而缺乏认同感，其中的奥秘就在这里。我们可以用一个网络流行语“顶帖”来描述这种现象，某楼主发帖论某人某事，其他大量网友跟帖纷纷表示赞同并拼命转发，这种“顶帖”的结果使得楼主之论获得了极高的知名度和认同度，这一过程恰如类型化人物形象的产生过程。

类型化人物的局限亦产生于这一过程。民间风传某人某事，往往不顾其真实可信与否，更难以把握其中的“度”，口耳相传的过程中往往形成“言过其实”的局限性，因此鲁迅曾经评价《三国演义》：“欲显刘备之长厚而似伪，状诸葛之多智而近妖。”[5]此种现象说明宋元讲史平话和元杂剧在对类型化人物形象塑造做出积极贡献的同时，也免不了掺杂民俗文化和民间文学中的一些负面效应。但总体来说，这种贡献是可贵的，这使类型化人物形象成为我国文学人物形象塑造历史上一个重要的阶段，与性格化人物形象具有截然不同的审美价值，因此具有里程碑式的意义。

事实上，名著之所以成为名著，不仅由其本身的思想价值和艺术成就所决定，而且需要广大读者，特别是平民百姓中的“粉丝”们的捧场，热情传颂、高度认同、推崇赞美，否则，名著也无法成熟繁荣。鲁迅先生曾说：“中国确也还盛行着《三国志演义》和《水浒传》，但这是为了社会还有三国气和水浒气的缘故。”[6]鲁迅从传播与接受角度立论，故用了“还有”一词表述；从发生学角度立论，则《三国志演义》《水浒传》正产生于民间，鲜明地打上了民俗文化的烙印。

我国民间文学的另一个突出特点就是善于讲故事，这在宋元话本中表现尤为突出，《三国志平话》无疑是其中的优秀代表。三国题材之所以适合创作成历史演义小说，鲁迅有一段精辟论述：“事状无楚汉之简，又无春秋列国之繁，故尤宜于讲说。”[5]故能产生以述记故事见长的《三国志通俗演义》，成为我国古代小说中“述记派”小说的典型代表。

根植于民间说话的宋元话本对同属民间说唱文学而成熟繁荣稍后的民

间戏曲也有不小的贡献，故我国戏曲一般也以搬演故事为主，只有王实甫杂剧《西厢记》这样的文采派代表作才比较注重描写，通过诗一般的词曲描景抒情、烘托气氛、创造意境。王国维在《宋元戏曲考》中论述："元剧最佳之处，不在其思想结构而在其文章。其文章之妙，亦一言以蔽之，曰：有意境而已矣。何以谓之有意境？曰写情则沁人心脾，写景则在人耳目，述事则如其口出是也。"[7]罗贯中创作的《三国志通俗演义》自然会借鉴此类元杂剧的艺术技巧，但三国题材的元杂剧却少有文采派的作品，然而戏剧文学却善于表现场面、写意抒情的，故作为世代累积型文学名著成书过程中的一个重要阶段，讲史平话和元杂剧共同提供了丰富的营养，使这部作品既以述记故事见长，又不乏精彩的场面描写。这些都为世代累积型历史演义小说名著的出现做好了必要的铺垫。

此外，城市经济的发展，商业、交通的便利，印刷技术的进步，演艺水平的完善，也都客观上促成了宋代说话和元杂剧的繁荣。这些条件也是宋元文化生态中的重要因素。

我们的结论是：宋元时期特殊的文化生态滋养了《三国志平话》和元杂剧三国戏等说唱文学，使三国题材在思想内容、情感倾向、人物形象和故事情节等方面完成了从历史向文学的过渡，是《三国志通俗演义》出现的必要条件和内在动因。也许可以说，如果没有这样的机缘，世代累积型小说名著在元末明初出现的概率要小得多。

参考文献：

[1] 关四平．三国演义源流研究［M］．哈尔滨：黑龙江教育出版社，2009：158.

[2] 王丽娟．三国故事演变中的文人叙事与民间叙事［M］．济南：齐鲁书社，2007：43.

[3] 王意如．中国古典小说的文化透视［M］．上海：文汇出版社，2006：1.

[4] 高儒．百川书志·卷六·史部·野史．//朱一玄．三国演义资料

汇编［G］．天津：南开大学出版社，2003：202.

［5］鲁迅．中国小说史略［M］．《鲁迅全集》第九卷．北京：人民文学出版社，1991：129；鲁迅．中国小说史略［M］．上海：上海古籍出版社，2004：110.

［6］鲁迅．且介亭杂文二集·叶紫作《丰收》序［M］．《鲁迅全集》第六卷．北京：人民文学出版社，1991：220.

［7］王国维．宋元戏曲考［M］．北京：中国戏剧出版社，1999：47.

［8］游国恩．中国文学史四册［M］．北京：人民文学出版社，1982：13.

管子传说的文化意蕴及其他

马文莹
（阜阳师范学院信息工程学院教师）

管仲，名夷吾，字仲，谥敬，春秋时期著名的政治人物。后人称为管子、管夷吾、管敬仲，被誉为“千古一相”，是我国古代伟大的军事家、政治家、经济学家、改革家。《国语·齐语》《史记·管晏列传》《管子》《左传》等都记载有他的一些事迹。《论语》中也有几处关于孔子对他的评论，北宋苏洵的《管仲论》则对管仲做出了分析和批判。按照民间文化的名人崇拜规律，民间也理应有零散的管子记载，至少流传一些管子传说。这是研究管子的一个独特视角。但遗憾的是，长期以来在管子的故乡安徽省颍上县，有关管子传说并未引起文化界、学术界的足够重视。2011 年 5 月，安徽省文化厅公示了第三批省级非物质文化遗产名录，颍上“管仲的传说”名列其中，这一事件对管子研究有着重要意义。管子传说不仅成功申报为省级非物质文化遗产，而且使历史名人管仲的故里之争得以厘清，足以说明管子传说这一非物质文化遗产的研究价值。本文以颍淮大地流传的管子传说为依托，结合民间文学中传说理论，以求认识民间版的“管子”形象，丰富管仲研究内容。

一、管子传说的文化内涵

传说是人民口头创作的，是与一定历史人物、历史事件和名胜古迹、自然风物、社会习俗有关的故事。民间传说作为民间文学的一部分，是广大人民群众自己的语言文化艺术，这种古老的文学，包含着悠久的历史和优秀的文化传统。传说流传在民间，同人民的生产活动、宗教信仰、认知结构有着密切的联系，因此，传说具有其独特的文化内涵。

民间普遍存在着浓厚的英雄崇拜情结，这种英雄崇拜情结由来已久，从原始社会时期的“图腾崇拜”发展到后来的英雄崇拜。女娲造人、后羿射日、大禹治水，民众对于英雄人物有着自己独特的情感，所以在创作传说的过程中，民众赋予英雄人物浓厚的传奇色彩，特别是会对于出生、成长的经历等进行夸张的描绘，以人物传奇性的事件彰显其伟大的英雄品格和卓越才能。

传说是“传世之奇”，搜奇记逸传承奇闻异事。孔子曾言“言之无文，行而不远”，道出在遣词作文中要注重文采以增强对读者的吸引力。民间传说口头传播的特点与传说产生发展的规律，可谓“传之无奇，行而不远”。从民间传说的内容上来看，“传奇性”始终是传说的内核，这种传奇性对于民间传说的流传有着重要的作用。传说的传奇性还在于传说的“传说核”主要是民众所热爱的家乡风土或者喜爱的人物，民众在集体创作中对他们所喜爱的人物进行渲染，在传奇性的故事中传播他们的价值判断和思想感情，用传奇性表达他们对于英雄人物的崇敬以及价值的追求，使传说在传播过程中更容易被民众接受，并起到潜移默化的教化作用。

传说生长在民间，其土壤是民间文化。我国民间文化受道教的影响颇深，这造就了民间传说与民间鬼神灵怪的密切关系。以著名的八仙过海为例，八仙是民间传说中道教的八位仙人所组成的群体。他们中的汉钟离、吕洞宾等人本来就是道教早期著名的修道者，但后来逐渐成为民间传说中的主角，由此不难看出道教对民间传说的影响。又如天神二郎神三只眼、哪吒三头六臂、妈祖救人济世等都体现了道教之“道”“得道升仙”的教义。传说受到道教的影响，这使得传说处处闪烁着奇异的光彩。

结合英雄崇拜、富于传奇性和道家的影响，根据题材可以将管子传说分为以下几类：

（一）关于管仲出身的传说

通常一位杰出人物的出生都非同常人，总会伴随着神奇的色彩。人们在口耳相传中常常围绕着其出身编制一些神奇的情节，管仲也不例外。有这样两个传说故事流传于世：一、乳名“芒种”的由来。相传管母谷氏，过门九年后，才怀有身孕，临盆当日，正逢戊午年戊午月戊午日戊午时，五月初五正午时，传说当天彩云飞舞，阳光普照，又值芒种。后来，找来先生算命，说这个孩子占了五个午，恰逢收麦种豆的芒种时节，非龙即虎，主大福、大贵、大贤，将来定有辅佐圣君、一匡天下之才。夫妇高兴之余，请先生为子取名，先生说："芒种忙，乱打场，有吃有喝，就叫芒种吧。"所以，管仲的乳名叫芒种。二、管仲得名的传说。传说管仲四岁时，父亲管严身染重病去世，管父生前与鲍父相交甚好，鲍父念其旧情，请来教书先生，让管仲与子叔牙一起上学。管母谷氏把芒种的生辰和起乳名的经过说与先生，请为芒种起一学名。先生说道，生时五个午，吉祥如是，若能如算命先生所说，此儿定能管天下种地百姓，遂起名管种，号夷吾。管种，是管理天下种地百姓，为庶民造福之意，夷吾者，一五之谓。后来，管种改名为管仲。

管仲作为历史名相，自古是颍淮人民的骄傲。通过出生五午与"夷吾""芒种"与管仲的联系，一方面体现了民众对于管子这位历史英雄的崇拜情结，另一方面拉近了历史真实与传说虚构的联系。同时，也增加了传说传播的可信度。这种出生所赋予的传奇色彩，不仅让管仲拥有了"神人"的某些特质，便于流传后世；也证明民众对管仲这一人物的认可。传说故事的口口相传，构成世间丰富多彩的管仲形象。但是，试想一下，如果撇去管仲的出身，一出场就道出他的不平凡和神秘之处，往往会有人问"为何会有这般经历""因何会如此传奇"等之类的问题，一旦赋予了传奇色彩，管仲一生的传奇就会顺理成章了。

（二）关于管仲奇才异能的传说

在民众的认知中，具有政治和文化才能的名人，往往具有超凡的聪明智慧，民众根据自己的想象和喜好编制出一些传说作为对奇才异能的夸赞。有关管仲的传说中，有以下三个文本：其一，天赋异禀，十岁题诗。传说，管仲八岁读书，天资聪慧。先生考其学问，出题《仁义论》。管仲稍加思考，立写一文并赋诗一首："仁义治天下，农桑是根本。国正人心顺，强国先富民。"先生赞叹不已，称其为奇才。其二，经商传奇，誉为"商神"。鲍叔牙与管仲都是游说行商之人。春秋时期，凡饱学之士，都会游说各国，如遇明君赏识，便可官登高位，施展自己的政治抱负。游说的人，奔走各国的同时，还会察情辨利，贩货卖物，赚取利润。管仲、鲍叔牙善于经商，声望很好。管仲被后人誉为“商神”，主要在于他用商业思想治国理政，帮助齐桓公成就了大业，这些经济思想主要见于《国语·齐语》和《管子》中。其中经商奇才是其才干传说的重要体现。其三，富才实学，老马识途。传说，管仲和鲍叔牙在青年时期经商致财、获利颇多，买得一匹良驹，十分喜爱。后来，良驹走失，寻找数日，也不得结果。不料，数日后，良驹自己回来了。管仲得知老马有可以记忆归途这一本领，便牢记在心。管仲称相后，为齐国称霸战争屡建战功。在一次行军途中，管仲误中敌人诱敌之计，数十万将士被困迷路，后来管仲让人释放三千战马，跟着战马走出了困境，拯救了数十万将士的生命。这便是老马识途的来历。

“十岁赋诗”“商神”“老马识途”都展现了管仲的奇才异能。十岁赋诗这种非同寻常的天赋，体现了民众对于管仲才干的崇敬；“商神”则把管仲经商才干神化，体现出在道教的影响下，民众对于英雄人物的崇拜和敬重，这种神化也显现了传说的传奇性；老马识途更是为民众津津乐道，历史文献中也有记载。管仲的事迹被民众加以改造和虚构，一方面说明了管仲的富才实学，善于总结知识，发明创造；另一方面也表现了民众对于才干的敬仰，希望以此教化民众在生活中要善于思索，并对智慧经验创造性应用，这对农业社会生产力的提高和中华民族的文明进步是十分重要的。再者，在人物的传说中，流传后世的最重要原因要数人物的奇才异能。假如没有这样的奇才异能，而是在常人身上凭空添加了一些超越常人的合理成分，往往吸引不了民众的兴趣。

（三）关于管仲高尚品德的传说

在民众的观念里，地方名人，尤其是值得纪念的地方政治名人，都有贤良仁义的高尚品德，民众往往根据自己的需要创造一些情节，以宣扬名人的高尚品德。这种情节是在史实的基础上加以虚构。有关管子传说，主要有以下三种文本：

其一，不为私利，射蛇让金。相传管仲和鲍叔牙年少游玩时，鲍叔牙看见一条血口红信的两头蛇，十分害怕，伙伴看此情景，也十分恐慌。当他们向长辈叙述后，长辈们称这个两头蛇乃蛇精，告诫儿童不宜在其地玩耍。管仲得知后，准备自告奋勇上前探究一番，只看见一条十分粗大的双头巨蛇迅速向管鲍二人袭来，管仲镇定自若，搭弓射箭，正中蛇头。只见一道耀眼的霞光，直冲云霄。巨蛇消失，地上却有一块闪闪发光的金子，管仲二话没说，将金子放进鲍叔牙的怀里，鲍叔牙也不肯收其金块。后来两人把金子交与家中老人，家中老人就用这块金子请来先生教他们读书习武，这块金子也解决了管仲家贫无钱上学的问题。

其二，友谊典范，管鲍之交。相传，管鲍一起外出经商，鲍叔牙拿三分之二的本钱，却只分得一小部分的利益，别人都说管仲贪图便宜，叔牙却说，管仲家穷。后来，管仲当了官，带兵打仗时，却不敢身先士卒，打败仗时，总是第一个逃跑，别人讥笑他胆小如鼠、畏敌如虎，叔牙却说，其实管仲并非怕死，只是家中有年迈的母亲。管仲和鲍叔牙都宦游齐国，并且分别辅佐齐王的两个儿子——公子纠和小白。后来两位齐国公子为争夺王位自相残杀，公子纠被杀，小白即位，鲍叔牙立刻向齐王小白推荐管仲说："管仲是一位有才干的人，请大王聘请他做宰相。"经过叔牙的大力推荐，齐王终于采纳了鲍叔牙的建议，任命管仲为相。管仲整顿内政、开发资源、发展农业，齐国很快就强盛起来，齐桓公成为一代霸主。这种深厚的友谊，我们称之为"管鲍之交"。

其三，事母至孝，千里探母。传说，管仲在外经商时，路过鲁地，却身染疾病，经医治调理后，虽然痊愈，但是双脚又患痹症，无法行走，却又思念千里之外的母亲。后来鲍叔牙就为其传送书信，管仲因为脚疾，无法远行，只好等待叔牙的归来。谁料鲍叔牙一去数月，却毫无音讯。管仲怀念家乡，思念母亲，终日里茶饭无思，郁郁寡欢，每天都会到宅南高阜古槐下远目眺望。终有一日，看见鲍叔牙风尘仆仆，负重而来，急趋迎接，同到树下，共叙别后情愫。管仲闻知老母念子心切，归心似箭，便决定回家探母，才有了千里探母的千古佳话。

射蛇让金，体现了管仲的勇敢和果断，更体现了管仲得金礼让的高贵品质。民众赋予管仲高尚的品德，用这种品德教化后人。而蛇的意象，体现在道教的影响下，传说中的鬼仙能给人带来机遇和财富，极具奇幻的趣味色彩。管鲍之交和千里探母这是管子传说中广为流传的两则，分别是友谊和孝道的典范。自古以来，民间对于人物的价值评价，就在于“义”和“孝”，这在管仲身上都体现得淋漓尽致，以传说作为载体，把这种普世价值观念用一种趣味的方式表达，更深刻地教化百姓，树立道德观念。在我们看来，百姓喜欢传奇人物“仁义礼智信”，这是儒家思想重要影响力的体现。百姓在口口相传中往往会用一些礼孝仁义的事来言传身教，这就是管仲的这些传奇事件会流传下来的一个重要原因，这也是管仲传说生命力的重要体现。

二、民间传说的虚构与真实

从有关管子民间传说中，不难发现民众赋予管仲卓尔不群的天赋、高人一等的智慧、光明磊落的品质、崇高至上的人格。但在历史史料中，除赞许其辅佐齐桓公“九合诸侯，一匡天下”之卓越政治功绩外，在其为人方面，史料对他的评价却与民间传说大相径庭。孔子曾经批判他“不俭”“不知礼”。子曰：“管仲之器小哉！”或曰：“管仲俭乎？”曰：“管氏有三归，官事不摄，焉得俭？”“然则管仲知礼乎？”曰：“邦君树塞门，管氏亦树塞门；邦君为两君之好有反坫，管氏亦有反坫。管氏而知礼，孰不知礼？”（《论语·八佾》）。孟子称他是“以力假仁”。孟子在评价管仲相齐桓公一匡天下时这样说道：“以力假仁者霸，霸必有大国；以德行仁者王，王不待大——汤以七十里，文王以百里。以力服人者，非心服也，力不赡也；以德服人者，中心悦而诚服也，如七十子之服孔子也。《诗》云：‘自西自东，自南自北，无思不服。’此之谓也。”汉代刘向《说苑·尊贤》记载：管仲故城阳之狗盗也；天下之庸夫也，齐桓公得之，以为仲父。将管仲说成一个偷鸡摸狗之徒。《史记·管晏列传》记录管仲年轻时事迹，将其描绘成死贪财的形象。宋代散文家苏辙评价管仲“其家淫奢，不能身踏礼仪”（《晏子传论》）。又评价“管仲智有余而德不足”。（《古史论·齐论》）特别是南宋理学家朱熹，更是讽刺其“稍闲时又有三归之溺”。（《朱子语类》）

如此看来，史料中管子形象与民间管子形象在为人方面有着天壤之别，令人不免对管仲为人产生怀疑。且不论管仲真实人格，就这种差异我们可以看出史料与传说不同的特征。历史是为政治家们提供经验教育的，而传说则是民间为宣扬道德观念而灵活创造的。由于民间文化与官方文化的价值取向有些差异，所以历史与传说对管仲的评价显著不同。历史注重真实，重点在总结经验教训，且自古以来多是以成败论英雄，所以对于人物的评价自然就相对客观，历史是不带有个人感情色彩的。而民间传说则截然不同，传说尚虚构，重点在于宣扬传统美德，用夸张和传奇的手法进行艺术加工，是民众对过去历史的处理方法，之所以谓之传说，是由于有了传统历史观念的参照，并把用于教化的传统美德寓于传说之中。民众在口口相传中，由于对传说人物有崇敬感，所以会受其道德的教化，这种教化也在一定程度上促进了长期以来农村的稳定和谐。管子传说真实与虚构艺术特征具体表现在以下三个方面：

（一）表述方式的可信性与主要情节的虚构性

传说不需要真正的历史事实，但为增加其可信性，往往又以某种历史现象和史料为参照。传说毕竟不是历史本身，情节的虚构使得传说的人物和事件更加典型，被赋予传奇色彩；同时又增强了传说的艺术感染力。融入了广大民众强烈的人格追求和美好愿望，才有了流传久远的经典传说。管仲传说就是如此，管仲的才学出众是肯定的，但是十岁赋诗就可能不那么真实，这样具有一些虚构成分的传说会增加人物形象可塑性，从而大大提高了在民间流传的影响力。

（二）以传奇形式满足民众愿望

民间传说有真实可信的一面，也有人物超常、情节离奇的不可信的一面，民间传说具有传奇性，是它作为一种虚构的故事的特性决定的。民众以传奇的形式对传说人物进行夸张描绘，把自己喜爱的人物朝着完美的方向夸饰，把追求人的真善美的愿望寓于传说人物，建构出一个超人性的光辉形象。例如，管仲出生时的“五午”，非常人所有，再联系上管仲又名管夷吾，所以就被赋予了非同常人的传奇色彩，正如刘邦称帝后说自己斩蛇起事是赤帝子斩了白帝子一样，为其身份添加了一份超然，不能用正常思维去理解的部分，正是这些因素的叠加，导致管仲这一人物传说在民间富有传奇性并且流传甚广。

（三）非个性化塑造人物形象

在传奇人物身上，往往附加了一些传奇人物所共有的特征和事件。如包拯是大宋正直廉洁的清官形象，在民间传颂中，会将一些并不是他的事件和特性也附加在他的身上，以示民众对包拯这一传奇人物的喜爱和仰慕，随着时间的推移，流传至今的包拯就是一位富有一生传奇的“包青天”。管仲的十岁赋诗、千里探母、老马识途、射蛇分金等一系列的事件都会让我们觉得很熟悉，那是因为在传奇人物身上产生了一种共性。十岁赋诗让我们想到了民间传说中的“徐文长”，千里探母让我们联想到“四郎探母”，老马识途、射蛇分金更让我们想起了点石成金等传奇故事。所以，非个性化地塑造人物形象，让人物更容易为民众所接受，为世人所接受，从而才有了经久不衰的传奇故事，为世人津津乐道。

三、管子传说的影响及保护

首先，管子传说丰富了传统文化，具有一定民间文化史料价值。关于民间的管子传说不能说不丰富，只是缺乏科学化的搜集与整理。但是我们不可否认的是，管仲传说里承载了大量的民间文化史料，为考究民间文化提供了宝贵的财富。如，清代文人曾赋诗一首：“管鲍挚交手足亲，小小年纪互让金。不为私利世少见，匡治天下泽庶民。”由此可见管仲的射蛇让金故事为后世百姓所津津乐道，甚至在民间还附有一些“号子”流传于世，如“余生不辰兮遭俘囚，空报志兮横秋，岁月兮悠悠，今往兮何以雪吾生之羞，但倚剑兮悲感而心忧”。这是用来缓解旅途烦闷和疲劳时唱的号子，在管仲故里一直传唱至今。再者，像“老马识途”和“生我者父母，知我者鲍子”都是人们口头流传的一些常语，后来还被引用到书本上供人学习，由此可见，管仲传说影响之大。

其次，管子传说对研究当时的历史事件具有一定的学术价值。近年来，史学界有些“草根史学”派学者主张，口碑（包括传说）也可以作为史料不足的补充。因此，管仲传说虽然充满了神奇色彩，并具有一定的虚拟性，甚至还有后世民众添加的成分，但是不可否认的是，深入研究管仲传说，可以为春秋齐国历史研究填补一些史料上的空白。如，“管鲍之交”这一故事里就有关于齐国公子纠和小白为争夺王位而自相残杀的事件。这样的民间传说可以作为对正史记载过于简略的恰当补充。又如，在管仲故里流传的分金台、管谷村、文地春风等都有一定的历史故事蕴藏其中。现在整理管仲的传说，不仅对历史是一种补充，更是对管仲传说具有历史价值的肯定。当然，也有人认为传说是后世整理者编造的，没有历史依据，对传说心存疑虑，从而在一定程度上影响了管仲传说的历史价值。

再次，管仲传说的丰富与发扬，有利于宣扬地方文化，弘扬传统文化，为文化发展、旅游资源的丰富做出一份贡献。对于管仲传说，我们应该坚持弘扬的态度，这不仅具有民间文化史料价值，更是传统文化的一部分。当我们传承地方文化时，更应该将管仲传说纳入其中，它所包含的流传千年的传统文化价值，应该值得我们去重视、传承。民间传说是传扬地方名人、地方文化的有效体裁，是丰富旅游资源的重要资料，管仲传说也不例外，它是颍淮地域文化的一部分，也是一种重要的文化旅游资源。但是由于没有得到系统的整理，管仲传说具有零散和朴野性，既影响了地方文化的传播与宣传，也影响了旅游资源的利用和发挥。

最后，说说关于管仲传说的保护。由于时间的长久性和地域变迁，有关管仲传说的许多有价值的传闻都湮没在历史的长河中，只留下了一些经典的传说，这样，毫无疑问就会牵涉管仲传说的保护。作为非物质文化遗产的管仲传说可以从两个方面进行保护：

其一，管仲传说体现出来的多方面价值决定了保护的重要性，而传说的虚构性和表现形式决定了其随时间变化而变化。传说不同于手工艺和传统戏曲那样专业性很强，也不具有手工艺和传统戏曲那样的稳定性，因此，传说需要用特定的形式加以保护。在现代条件下，传说的传承特别需要传承人，传承人尽管不是一位杰出的文学工作者，甚至不可能像长篇史诗的演唱者那样以此为生，而是一些生活在基层的普通劳动者，他们将传说以讲故事的方式进行再现。

传承人是民间故事传说的主要载体和民间传说得以传播、传承的关键。关于管子传说的搜集和保护，颍上的一位农民传承人冯传礼功不可没，冯老几十年如一日，不遗余力地收集、挖掘和整理，已经收集管子传说二十余篇并编印成册。这些传说的文本考证了管子出生的时间，印证了管子的出生地，恢复了管谷村的古地名，这些工作对于一位时常被生计所困的农民实属不易。但管子传说的传承仅靠冯老一人的力量是不够的，需要更多的文化界学者和青年一代的加入。传说自身丰富的价值已不须多言，我们要做的就是保护好这些民间文化的瑰宝，充当传递文化传统的“火炬手”，让管子的传说在现世发挥其传承文化的重要作用。

其二，将立项成果编辑成册。管子传说与著录于《非物质文化遗产田野调查·阜阳卷》中的阜阳 40 多项民间传说一样，从总体情况看，大多数项目的搜集整理只是初步的，显然较为粗糙、简陋，精心打造、刮垢磨光的作品目前还来不及做，因而大多数民间传说只是“粗陈梗概”而已。这些都说明，有关民间传说的搜集和保护工作还有很长的路要走，也预示着这方面的工作是大有可为的。

中国非物质文化遗产保护工程是以非物质文化资源普查、保护、传承、弘扬为宗旨的国家战略。因此，我们应该呼吁更多的文化工作者投身于传说研究与保护，地方文化部门应该深入民间、积极搜索、认真整理，以编辑出一批具有传承价值的管子传说的规范文本，为传播地方文化、丰富传统文化做出一份贡献。

中国古典悲剧的“大团圆”结局及其文化生态论析

马文莹
（阜阳师院信息工程学院教师）

中国古典戏剧大都以“大团圆”作为结局，往往以真善美战胜假丑恶、光明正义战胜黑暗邪恶结束全剧。即使是悲剧主人公暂时失败甚至牺牲了，也往往会构思一个虚幻的理想结局作为最后的补偿。这种大团圆的结局有其形成的特殊文化生态，其中有社会历史方面的原因，有作者个人的原因，有中国传统文化特别是民俗文化的影响等因素。大团圆的结局对悲剧意识是加强了还是削弱了呢？我们认为大团圆结局是中国特有的悲剧结局，是在特定的社会历史环境中形成的，在中国特有的文化生态中，它更加强了悲剧的效果，并体现了人民群众的理想和愿望。

一、大团圆结局是不争的事实

“大团圆”是我国特有的一种文学审美现象，它主要出现在宋以后的戏曲小说之中。[1]《窦娥冤》中的窦娥自幼丧母，父亲为了赶考把她送给蔡婆婆当童养媳，丈夫去世后与婆婆相依为命。张驴儿想杀死蔡婆婆要挟窦娥成亲，却误杀了自己的父亲。张驴儿见窦娥不从就诬告窦娥杀人，窦娥被屈打成招，判斩刑。这位善良女子家庭爱情生命全部毁灭，还要背负杀人的罪名。这样整个故事情节也算是完整了。但作家设计了窦娥死后三桩心愿一一实现的情节。清官窦天章的出现更是奇迹，他为女儿平反，还女儿清白，坏人得到了惩罚。悲剧的结尾出现了恶有恶报，善有善报的“大团圆”结局，这才是人们想看到的结果。

《赵氏孤儿》描写的是晋灵公的武将屠岸贾嫉妒忠臣赵盾，为了铲除异己设计杀死了赵盾一家三百多人。程婴冒着生命危险救出刚生下来的赵氏孤儿，大将韩厥为了放走程婴和婴儿，牺牲了生命。故事中的公孙杵臼本应告老还乡，在家好好享受田园生活，他却为了帮助程婴救助赵氏孤儿放弃了一切。为了救下赵家的孤儿牺牲了这么多坚持正义的人，这样的故事是伤感的。但作家最后让赵氏孤儿在程婴的绘图中知道了自己的身世，为赵氏家族报仇雪恨。这一悲剧的大团圆结局，是典型的中国悲剧的结局。

《汉宫秋》描写了汉元帝为了排解深宫的寂寞在民间选取美女的故事。但是貌美的王昭君就因为没有贿赂画师毛延寿，只能待在冷宫中独守寂寞。偶然的机会使她的命运出现了转机，汉元帝听到她的琵琶声被她的真容吸引了，她终于受到宠爱。但好景不长，毛延寿行迹败露逃到匈奴，将王昭君的画像献给了呼韩邪单于，撺掇他按图要人。王昭君的命运又走向了低谷，由于国力衰微不能和匈奴抗衡，汉元帝只能做出牺牲，忍痛让昭君去匈奴和亲。女人就是男权社会的附属品，她们能做的只有牺牲。但是故事不会这样就结束的。王昭君在汉匈之交的黑龙江以身殉国，她的死唤起了单于的良知，呼韩邪将昭君厚葬于黑龙江畔，号为青冢；又把挑事的毛延寿送回汉朝，让汉元帝处置，同时表示汉匈和好。汉元帝在梦中与昭君相见，惊醒时听见孤雁哀鸣悲痛不已，将毛延寿斩首祭奠昭君。痛苦的人们看到了光明，至少坏人得到了惩罚，好人也得到了应有的补偿。民族关系和个人的命运都有一个光明的“大团圆”结局，成为中国古典悲剧的典范之一

《琵琶记》中蔡伯喈去朝中应试，其妻赵五娘在家照顾公婆，在大旱之年赵五娘把好东西都留给了公婆，而自己却吃糠咽菜。婆婆在饥饿与病痛中死去，公公也在不久后死去，为了尽孝她只有卖掉头发埋葬了公婆。赵五娘决定去京城寻夫。但是丈夫科举考试高中后，娶了牛丞相之女。作者和观众觉得这样是不公平的，善良的赵五娘在家无怨无悔地奉献自己的青春，却被抛弃了，这结局太悲惨了。所以在故事的结尾是赵五娘与蔡伯喈夫妻团聚，一夫二妇，牛氏作妾。在悲剧的结局处出现光明的尾巴。

《精忠旗》描写的是岳飞遭奸臣秦桧迫害而死的故事，但结局是秦桧被打入十八层地狱。《长生殿》写的李隆基和杨玉环占了情场，弛了朝纲的悲喜剧，两人的爱情在现实中得不到满足，最终在月宫中实现了。《娇红记》中的申纯和娇娘的爱情费尽周折，在人间得不到封建家长的同意，

只有在死后化为一对鸳鸯。《雷峰塔》中许仙和白娘子的爱情受到法海的阻挠，白娘子被法海关在雷峰塔下，最终雷峰塔倒塌，白娘子得救。如此等等，不胜枚举。中国的悲剧都在最后加上了光明的尾巴，善有善报，恶有恶报。除个别情况之外，“大团圆”结局成为中国悲剧普遍的结构模式，这是不争的事实。

二、大团圆结局形成的文化生态

我国有数千年的文明史，其文化生态是一种纷纭复杂的“活的文化系统”，其中的内涵十分丰富，这里只择取与悲剧结局密切相关的若干重要方面加以论述。

首先，传统的经济模式和特定的社会结构，是中国悲剧大团圆结局形成的根本原因。“中国自古是以农业立国，人们世代靠耕种生活，这种经济模式是封闭而稳定的。”[2]在这样的环境中生活的人们，希望得到的是安定的、没有纷争的生活。即使面对灾难他们也认为是上天的安排，是因为他们做错了什么事情，导致上天惩罚他们的。如果遭遇到不公平的待遇，他们也相信上天会看到的，会还给他们公道的。所以当他们面对灾难或不公平待遇的时候，也不会去奋起反抗，他们会把希望寄予别人的身上，或者是上天的安排，等待出现大团圆的结局。中国的社会组织结构是皇帝的专权统治，专权就是不能让任何人否定自己的统治。即使在文学作品中他们也不希望出现反抗自己统治的现象发生。文人写了反抗统治者的作品，就会遭到禁毁，甚至招致杀身之祸。当文人知识分子将社会中不公平的现象反映在自己的作品中，他们也会在作品的最后加上统治者为其平反昭雪，为他们伸张正义，或者清官出现为他们翻案。让人们相信统治者会还给他们公正的结果，要的只是人们等待，不要反抗。所以在悲剧中也往往会出现大团圆的结局。

其次是儒家思想的影响。儒家思想是中国的正统思想，自古至今都被人们奉为经典。儒家的思想不仅影响人们的思维方式，还指导着人们的日常行为。儒家思想也是中国历代统治者统一人们思想的武器。儒家的信徒努力实践着维护着这种理论，不允许任何人亵渎它的真理性。他们一直朝着这个方向前进着。当他们遇到什么灾难或不公平待遇的时候，他们不会去思考这些发生的原因，往往用自己的宽容和忍耐来解决问题。他们相信正义的力量会战胜邪恶，没有争取的必要了，一切都会大团圆的。儒家思想的核心人物自然就是孔子，孔子思想的核心和基础就是“仁”。他采取了以“仁”释“礼”的方法，礼是根植于人的内心的，上下长幼尊卑的秩序是人们必须遵守的，不需要人为强制。以仁为本的思想虽然维持着亲情和社会的稳定，社会不会出现不公平的待遇的。因为大家都是遵守着秩序的，在这样的社会中不会出现不公平的现象。在良好的社会秩序的维持下，其代价是个人的意志和反抗意识的压抑和消失。面对灾难或不公平待遇时，他们采取了两种态度，一种是走向自我的灭亡，另一种是以儒家的方式等待和忍受，相信政治的清明。为什么他们不去争取幸福呢？争就意味着批评君王，反抗统治，这和儒家的思想是背道而驰的。中国人不会主动自觉地争取自己的权利，往往是顺从和等待，等待一个大团圆的结局。中国的传统思想强调中和之美，“怨而不怒，哀而不伤”就是中和思想的体现。中和的思想往往要求悲剧的结局是大团圆的，这样的结局使观众比较容易接受，不会在悲伤的时候过度紧张。作品既充满了悲伤，最后也让人们的心灵得到了补偿，达到了“哀而不伤”的效果。[4]

其三，大团圆的结局也是中国尚圆思想的体现。“圆”在中国的文化中占据着重要的位置，它代表着循环往复的流动感。从古至今中国人都认为天地万物，循环往复周而复始。中国的传统农业也是依赖着一年四季的轮回，所以在年复一年中人们形成了圆形的思维方式，人们根据月亮的盈亏制定了农历，他们依据农历来生产劳动。以十二生肖六十甲子来计算人们的年龄。圆形的概念在思想和行为方面都产生了很大的影响。在文化中也是会出现圆形结构的作品，开始时是美好幸福的，在结束的时候也会回到开始。中国古典戏曲也在自觉或不自觉地实践着这种理论，大团圆就是这种圆形思维的一种体现，是悲剧主体情节的延续和发展，少了这一环节，主体就不能构成圆形整体了，这样的悲剧也就不符合中国人的审美要求了。

其四是作家因素。中国的古典悲剧大都产生于元明清三个时期。这三个朝代都是我国社会的“末世”，作家在这样的时代中得不到重用，他们的社会地位非常低下，大多数剧作家没机会走进仕途。他们没有生活的来源，只有与青楼戏子为伍，把自己的才华展现在下层民众的面前。这些作家由于长期生活在社会下层，他们更了解民众的疾苦，懂得人们的需求，加上自身的感受，很容易创造出反映人民愿望的作品。他们就是人民的一分子，为人民呼喊，为人民代言。作家描写的大都是小人物的生活，不希望看到他们的痛苦，因为他们的痛苦就是自身痛苦的表现，所以总会给他们一个美好的结局。所以在中国悲剧的结局往往会出现乌托邦式的理想世界，用来反抗现实的黑暗和残酷。人民生活在黑暗和痛苦之中，他们希望能够出现清明的盛世，幻想自己的理想能够实现。所以中国的悲剧就会在结局中寄托着人民的美好愿望。[5]

其五是中华民族的乐观精神使然。中国的文化自古就是乐观向上的，当人们面对苦难与死亡的时候，也表现出一种乐天的态度。因为他们相信在遇到苦难的时候，会有一种代表正义的力量来改变现在的局面，会出现“恶有恶报，善有善报”的因果报应。王国维在《〈红楼梦〉评论》中指出：“吾国人之精神，世间的也，乐天的也。故代表其精神之戏曲小说，无往而不着此乐天之色彩。始于悲者终于欢，始于离者终于合，始于困者终于亨。”[6]王国维指出了我国民族的乐观主义精神，在这种精神的指导下，我们面对极度困难的时候，也会看到希望。这种精神反映在文学作品中，就是人民不愿看到好人受到不幸的待遇，即使悲惨地死去，也会出现奇迹给予读者精神上的慰藉。即使在叙述一个悲剧故事的时候，也会加上一个光明的结局，这样是为了通过苦难的深刻体验，最后到达光明和幸福。这种乐观精神让人民在生活中积极入世，苦中求乐，即使遇到困难付出生命的代价也是值得的，因为前途总是光明的，希望还是存在的。在面对困难的时候，悲剧中代表正义的一方，无论遇到多大的挫折，都会在最后得到好的结局。于是悲剧结局会出现百姓希望的结果，以“大团圆结局”作结，成为百姓喜闻乐见的形式。

三、大团圆结局的得与失

大团圆结局的出现，表面上看来问题好像已经解决了，矛盾得到了化解，但在现实社会当中并不存在这样的超乎寻常的力量。幻想的结局和现实的差距，使现实的不团圆和非现实的团圆重新构成了不可调和的悲剧冲突，从而更加重了悲剧的效果。这样的团圆结局只是作家的想象与创造，是一种假定的团圆，有其虚幻性，是对现实苦难和缺憾的理想化超越。大团圆结局一方面是悲剧人物抗争在现实中得不到胜利，才把抗争延续到虚幻的梦想中；另一方面它毕竟是悲剧人物抗争的延续，也是正义的力量对邪恶力量的胜利。它在很大程度上深化发展了悲剧人物的抗争的精神和品格。表面的大团圆是更大的悲剧，因为那是不真实的团圆，所以才更能显示它的悲剧性。中国的悲剧精神在大团圆的结局中没有削弱而是得到了加强。大团圆的结局是整个悲剧的有机组成部分，不是可有可无的装饰品。这样的结局正是作者代表人民群众的价值取向在悲剧中的体现。

由于受戏曲观念的影响，我国的悲剧结构模式大都是“先悲后喜”的，这样的结构导致中国的悲剧结局形成了单一化的模式。结局中对真善美的推崇，对假恶丑的批判，导致了悲剧自身的虚幻性。像《窦娥冤》就是窦娥的悲剧发生后，又出现喜剧的结局，完全符合先悲后喜的悲剧结构。《赵氏孤儿》等其他中国古典十大悲剧的结构也大都是先悲后喜的模式。

中国的悲剧的结局就是对真善美的推崇，对假恶丑的批判，过度理想化导致了悲剧一定程度的虚幻。悲剧的结局都是善有善报，恶有恶报，没有像西方的悲剧那样，把美好的事物完全毁灭，让人们在痛苦的时候感到一种崇高的美感。而中国的悲剧不会让一个好人遭受不幸的结局，也不会让一个坏人得到幸福的结局。因为它要让人们相信真的善的美的事物会得到好的结果，假丑恶的东西是会遭到报应的。这种美好的愿望和现实生活中的事物是不相符的，所以作品结局给人以虚假的感觉，人们不相信这样的事情会发生在自己的身边，就像现在人们所说的那样，这样的事情只有电视上才能出现，生活中是不会发生的。在戏剧中出现喜剧的结局，会使人的思想麻痹，不经意间放过了对现实中悲剧制造者责任的追究，客观上起到了放纵恶人的作用。这对控制现实社会中悲剧的产生是不利的，因而中国古典戏曲这种光明的尾巴，在一定程度上削弱了悲剧的意义和价值。

这是大团圆结局美中不足之处。

中国古典悲剧的大团圆的结局是在中国特有的历史和社会环境下产生的。这样的结局有它的合理的部分，也有其局限的一面。当然我们应该把它放在历史的环境中去考察，不能片面地说这种结局好或者不好，更不能一概用西方悲剧的标准去衡量中国的悲剧。

参考文献：

[1] 熊元义．余三定．论中国古典悲剧的基本类［J］．长治学院学报，2005，22（3）．

[2] 陈才训．古典戏剧大团圆结尾的多维透视［J］．贵州师范大学学报社会科学版，2004，（6）．

[3] 陈珂．虚拟性（假定性）戏剧：从不同的思维背景来解读［J］．戏剧艺术，2004，（3）．

[4] 熊元义．中国悲剧引论［M］．北京：解放军文艺出版社，2007：50，51.

[5] 柯元．关于中国古典悲剧大团圆结局成因的探讨［J］．九江师专学报，1988，（2）．

[6] 王国维．红楼梦评论［M］．北京：商务印书馆，2001：12.

中国神话特点及其成因之我见

刘金亮　马文莹

神话是原始先民在劳动中最初感知并创造出的一种艺术形式，它体现了在社会生产力较低的背景下，先民对自然现象及其背后神秘力量的理解。马克思说："神话是'通过人民的幻想用一种不自觉的艺术方式加工过的自然和社会形式本身。'"[1]中国神话是我国先民在生活实践中逐步形成的关于自然与社会的艺术体现，它又是中国文学发展的萌芽和艺术素材的宝库。由于产生神话的时代一去不复返，神话在人类文化史上拥有不可替代的地位。历经千年万载，神话依旧向人们展示出它的独特魅力。神话在保存流传过程中启发人的心智，激发人们想象力和创造力；为文学艺术提供素材，启发无穷的艺术创作灵感。神话永恒的思想价值与艺术魅力源于它鲜明的特点。学者们关于中国神话特点及其成因的论述众说纷纭。本文拟从三个方面谈谈我们对中国神话特点及其成因的认识，以就教于专家与读者。

一、中国神话的现实主义精神

神话既然是原始先民想象的产物，从题材内容到艺术风格应该是最具浪漫色彩的。然而中国神话却具有明显的现实主义精神，这正是它的独到之处。

中国神话所体现的现实主义精神，主要是指大多数神话故事都是从现实社会中人民群众的生存状态和苦难处境出发，让一些神祇或英雄为救民于水深火热之中而创造出伟大业绩，从而体现了强烈的征服自然、改造自然的愿望。

被誉为中国"四大神话"的女娲补天、后羿射日、共工触山和嫦娥奔月，其中的现实主义精神显而易见：女娲补天的背景是"火滥炎而不灭，水浩洋而不息，野兽食颛民，鸷鸟攫老弱"[2]，结果是"颛民生"；后羿射日的原因是“十日并出，焦禾稼，杀草木，而民无所食”，结果是“万民皆喜”，二者均表现出厚生爱民精神和可贵的忧患意识。共工触山起因是现实社会中的战争，结果是改变了天地自然，重新安排了日月星辰；嫦娥奔月略带浪漫色彩，但故事的重点却是表现现实生活中的人事纠葛、情感苦闷以及追求解脱的愿望。这些神话中的现实精神在现存的中国神话故事中是司空见惯的，这与古希腊神话中奥林匹斯山上的诸神之间爱恨情仇的故事及其表现出的浪漫精神和享乐思想形成了鲜明对照。

东西方神话的特点显著差别的主要原因是什么？这是一个众说纷纭并且仍值得探究的问题。

鲁迅在《中国小说史略》中有过一段著名论述：“华土之民，先居黄河流域，颇乏天惠，其生也勤，故重实际而黜玄想……”[3]笔者认为这既是中国神话不发达的主要原因，又是中国神话现实主义精神的根本所在。既是根本所在，它又派生出与此相关的一系列问题，共同影响着中国神话，表现出与西方神话截然不同的特点。

华土之民与西方人性格上有很大的差异，西方人热情奔放更加浪漫，中国人传统内敛更加注重现实。西方神话中希腊神话以想象力为依托形成一个完整的众神体系，其中用大量笔墨描写情感欲望和富有传奇色彩的冒险，给读者外向的热情浪漫的感觉。中国神话则可以看作原始先民在艰难恶劣的自然环境中求得生存发展，祈求延续种族的奋斗抗争史。这在人类发展史上更具有代表性。人类社会早期生产力十分低下，人们对于自然的认知十分匮乏。自然环境中无法理解难以捉摸的现象，会使人们在恐惧中产生敬畏和神秘感情。一些不受人力控制的灾害尤其会引起人们的关注，如频发的洪水、地震，岁荣岁枯，周而复始的生老病死等。

以洪水神话为例，西方有诺亚方舟，中国有鲧禹治水。在人类发展的幼年时期，令人敬畏的洪水灾难给先民们留下极其惨痛的记忆，并成为一种集体意识，在种族延续中演变成不可磨灭的印记。诺亚方舟表现因人性的堕落，神给予人类的惩罚，毁灭掉所有的一切，重新构建新的合乎规矩的世界，是人对自身的深思反省批判。《山海经》中记载：“洪水滔天。鲧窃帝之息壤以堙洪水，不待帝命，帝令祝融杀鲧于羽郊。鲧，复生禹，帝乃命禹卒布土以定九州。”[4]鲧死后，其子禹为继承父亲未竟之志，采取疏导的办法探查各地地形地势，考察河道宽窄流向。禹在外治水八年，三过家门而不入，与各处水怪斗智斗勇，终于将洪水制服。中国神话中对洪水的描述，是先民与自然积极抗争积累智慧和经验的表现，具有非常乐观积极的现实意义。从神话中记载的治水时间之长，各处水怪之强大，可以看出洪水在先民内心深处留下的印记之深刻，是先民力求征服自然拓展自身生存空间的一种现实记忆的反映。

东西方文化有较大差异，但不论东方还是西方都有许多以创世或造物为中心的神话流传下来。在中国为人所知的盘古大神不仅开天辟地，还以身化物，毫无保留地把自己献给他守护的世界。由此可见，中国神话中的神祇是尚德尚善、勇于奉献、敢于牺牲的。西方的创世神话著名的有旧神谱和新神谱。以混沌神卡俄斯为主神的旧神谱，发展至宙斯形成新神谱，宙斯成为神王，领导波塞冬、哈迪斯等诸神掌管天地万物，形成了以奥林匹斯山为中心的神界体系。希腊神话中的诸神是追逐享乐的，他们不受规则约束，做事以自己的喜好为标准，有较多的人类情感。化作金雨、小牛四处拈花惹草的宙斯，嫉妒成性的赫拉，阿波罗与达芙妮的爱恋，与自己影子相依的水仙[5]……这些神话充满人间烟火的世俗气息，具有浓烈的浪漫色彩。相较之下，中国神话就较多地体现对众神奉献守护精神的讴歌赞颂，是先民生活中诸多需求的内化，更多地体现现实的现实精神。

《希腊神话》中著名的特洛伊之战是因美人引起的。不和女神厄里斯没有接到英雄婚礼邀请因此怀恨在心，在婚礼上抛出一个写着“送给最美的女神”的金苹果。天后赫拉、智慧女神雅典娜、爱神阿弗洛狄忒为此争执不下，请来特洛伊王子帕里斯做评判。最终，爱神得到金苹果，交换条件是她帮助王子得到世上最美的女人——斯巴达王后海伦。这就直接导致特洛伊战争的开始。长达十年、死去诸多勇士的残酷战争，它开始的原因却是倾覆江山只为红颜这样一个浪漫多情的故事。希腊神话中用诸多篇幅来描写战争，目的是歌颂通过争战成名的勇士。纷争形成的原因往往有较多的情感因素，勇士们乐于为爱情、为自己的理想奉献生命。希腊神话中的主人公多是不遵循规则、不受约束的，他们认为只有成为勇士才能实现生命价值，并且认为爱情与自由比生命更可贵。阅读希腊神话时会感到一股热情奔放的浪漫气息扑面而来。希腊神话有丰富的冒险精神和浓烈的浪漫色彩，这与中国神话有很大不同。在贾谊《新书》中散落的片断有“炎帝者，黄帝同母异父兄弟也，各有天下之半。黄帝行道而炎帝不听，故战于涿鹿之野，血流漂杵”[6]，我们可以看到残酷的逐鹿之战是由现实利益的纷争引起，不像特洛伊之战充满浪漫多情的色彩。

中国神话可以看作远古历史留下的足迹，能够真实再现中华民族发展之初经历的种种灾害和抗争。神话是中国文化的源头和萌芽，内含强烈的现实主义精神。在其后的发展过程中对人们性格的形成，乃至对民族精神的塑造都有着重要意义。

二、神话与传说相融合

神话与传说密切相关，这是学者们关于中国神话一个老生常谈的话题，然而至今仍值得探索。从严格意义上说，神话与传说是两个不同的概念。神话产生时间较早，是以人与自然的斗争为背景，把神塑造为故事主角，通过虚幻和虚构的艺术表达对神的崇拜，比如保存在《淮南子》中的后羿射日、鲧禹治水等，都是把先民对难以掌控的神秘自然力进行抽象化提升，表现了对神灵的崇拜。传说在发展早期属于是口头叙事文学，它是从神话发展脉络上演变出的一个分支，体现一定的社会准则和价值观。传说把人作为主角，表现的是对人杰的崇拜。传说发生在神话之后，是在生产力有所提高，人民的心智发展水平达到一定高度，对神秘自然力的了解加深，对自然发展变化规律的领悟增多的背景下，随着人类对于自身的关注增加，人性开始复苏崛起，从神性崇拜转向人性崇拜而产生的对英雄人物的歌颂。

紧接着原始神话之后的早期传说往往体现人类对英雄的崇拜，主人公通常是具有广大神通或奇才异能的人，只要他们是杰出的，能做出惊天动地的事情，就可以成为传说的主人、崇拜的对象，似乎与善恶美丑之类的价值取向关系并不密切。例如与颛顼争帝的共工，“怒而触不周之山，天柱折，地维绝”，不仅扰乱了天地，也给黎民百姓带来种种灾难，但是人们还是崇拜他，毛泽东也说“共工是胜利的英雄”。

神话具有以己观物、以己感物的思维特征。远古时期，先民的思维水平相对较低级，无法清楚辨识思维的主体和客体。原始先民的抽象思维不发达，抽象思维不能离开具体材料，这种思维特点使先民认为自然界与自己是一样具有情感灵魂的。在神话中经常出现一些以人体生理机能为参照系统的标准，春神句芒就是与东方、青色相连接[7]。《山海经》中“钟山之神，名为烛阴，视为昼，瞑为夜，吹为冬，呼为夏，不饮，不食，不息，息为风。身长千里，在无启之冬。其为物，人面蛇身赤色，居钟山下”，把自然力抽象化，并赋予它奇特的神性色彩。先民对自然力有本能的崇拜和害怕，神话在这种情境中产生。伴随着强烈的情感变化，神话就具有了象征意义和隐喻色彩，彝族人眼中葫芦就与母体崇拜有关。神话是先民不自觉的认知和表达方式，因为它源于民族发展初期生产力较低时的集体意识，所以披着一层神秘面纱。

随着社会生产力发展，人们对于自然的认识和改造能力越来越强。掌握自然规律后不再盲目敬畏崇拜自然。原始先民眼中神秘莫测的洪水、地震，太阳东升西落白昼交替，草木生长凋敝，人的生老病死等种种现象，在后来人们眼中不再是不可把握无据可循的。因为神话的散失使数量减少，因此神话在后期发展中出现“神不够人来凑”的现象。加之人类自身的各项条件都在不断优化发展，思维能力有显著的提高，衣食住行等各项生存条件得以改善，伴随着人性复苏，从对神秘力量的关注开始转向人的自身的探索。“鲧，复生禹，帝乃命禹卒布土宜定九州。”这就是神话里治水的鲧和禹，鲧破腹生禹具有一定的神秘性。后来又有书籍记载，使鲧禹的故事增强了人性色彩。鲧的妻子女嬉生禹，禹得到许多帮助并凭借自己的智慧最终平定洪水灾害，这则鲧禹传说中就有更多的社会准则和凡人化特征。从这个对比中能看到神话与传说在社会准则和凡人化特征发掘上出现的差别。

后世的民间传说就与倡导真善美和反对假恶丑的社会价值观、追求文明与进步的联系较为紧密了。我国著名的四大传说《孟姜女》《白蛇传》《牛郎织女》和《梁山伯与祝英台》，其中不仅以俗世中的人为主角，而且表现了世俗社会的道德观和人们的价值取向。梁祝的传说在《宣宝志》中有明确记载："英台，上虞祝氏女，伪为男装游学，与会稽梁山伯者同肄业。山伯字处仁。祝先归，二年，山伯访之，方知其为女子，怅然如有所知。告其父母求聘，而祝已许马氏子矣。山伯后为鄞令，病死，葬鄞城西。祝适马氏，舟过墓所，风涛不能进。问知有山伯墓，祝临冢号恸，地忽裂陷，祝氏遂并埋焉。晋丞相谢安奏表其墓曰：义妇冢。"[8]祝英台要扮作男子才能读书，说明当时社会的男权主义对女性的压制。"告其父母求聘，而祝已许马氏子矣。"说明封建社会婚姻中父母之命的重要性。聘则为妻奔则妾，青年男女没有自主婚恋的自由，萌动的情感只能受制于社会礼教习俗，最终酿成悲剧。梁祝这则流传千古的传说不仅讲述一个凄美的爱情故事，而且在人性与社会伦理上，表达了对社会准则和封建礼教的批判。从神话中的神性崇拜，以神为主角关注自然力神秘性，转向以人为中心发掘人性情感表现社会准则的故事构造，就能探知神话与传说的区别。这些传说虽是以普通人为主角，但总会在其中增加一定的神秘力量，如"祝临冢号恸，地忽裂陷，祝氏遂并埋焉"，梁祝最后的双双化蝶更为故事增加奇幻色彩。

鲁迅说："迨神话演进，则为中枢者渐进于人性，凡所叙述，今谓之传说。传说之所道，或为神性之人，或为古英雄，其奇才异能神勇为凡人所不及，而由于天授，或有天相者。"[9]鲁迅认为传说中人性色彩增加，但并没有完全排除神性色彩。在文学演变的历程中，中国神话表现出与传说相融合的现象。

传说即是"传世之奇"，目的在于迎合世人的求异猎奇心理和喜闻乐见、逸闻趣事的审美观。例如大禹治水为开通轩辕山曾化作一只大黑熊，而他的妻子涂山氏竟然是一只九尾白狐。《山海经》中的远国异人千奇百怪，更是不可胜数。传说因奇而生，这是后世民间传说大量产生的原因之一，也是神话与传说纠缠不清的重要原因。

三、后神话时期亚神话发达

后神话时期亚神话发达是我国神话的又一大特点。

所谓“后神话时期”是指原始神话的产生暂时告一段落，神话进入保存和流传阶段。在我国，神话时期与后神话时期的划分是以春秋战国中华民族理性觉醒为分野的。诸子百家及其充满理性智慧著作的出现，意味着中华民族走出了蒙昧时期，进入了更高层次的文明发展阶段。直至五四运动提倡科学与民主，我国才进入无神话时代。

后神话时期在我国从秦汉至明清历时两千多年，以农耕为主的生产方式一直占据着主导地位，生产力相对低下使民众的生存状态长期处于艰难困苦之中，百姓们无法掌握自己的命运，在“爱也无奈，恨也无奈”的境况下不得不乞灵于天地圣灵与神鬼仙怪。但是后神话时代毕竟不同于神话时代，于是就产生了许许多多的亚神话——仙话与鬼话。就是在这样的社会背景下，有神论的佛教在两汉之交传入中国；东汉后期，土生土长的有神论的道教也应运而生，更为亚神话的大量产生提供了肥沃的土壤。

佛教讲究生死轮回，因果报应，传入中国之后很快在苦难的民众中扎下根，并且迅速发展成为中国社会的一大信仰。其后儒道佛相互影响共同发展，形成中国传统文化核心理念，社会思想的变化反映到文学创作之中，《西游记》就是佛道相融的产物。故事中的唐僧是忠实的佛教徒，一心取经。因为师徒四人艰难的取经之路，使读者对其中的佛教色彩印象深刻，却忽视了道教色彩。但客观来说《西游记》中有关道教的内容的确是十分丰富的。设定孙悟空这个心猿形象，构筑了一个以玉皇大帝为中心的道教神权系统。师徒四人除唐僧外，孙悟空猪八戒沙僧等都具有道教性质，证明精怪可以通过修炼修成正果。里面的各路妖怪都想吃唐僧肉以求长生不老，各个国王访求仙丹灵药也都有明显的道教色彩。仙话可以看作人生命观念的觉醒。

道教是中华民族土生土长的，思想上起源于先秦时期的道家学说，继承上古巫祝，在东汉后期迅速发展。道教是中华民族本土文化中不可缺失的一部分，对文学发展有深刻影响。经过道教改造的神话可以称为仙话。仙话就是讲述通过修炼或仙人引导，人长生不老羽化成仙的故事，是中国俗文化的有机组成部分。神话中的神性是生来就有的，仙话则是描述凡夫俗子通过修炼修得神性的。这其中体现了人性的觉醒，展现人对自身的关注，认为通过自身努力可以获得更长的寿命，是对人本身的肯定。因为仙话是在道教影响下产生，所以仙话主要是集中于表现修炼、服药、长生不老、白日飞升的情节，因此仙话中人物身上所蕴含的民族精神等意蕴大大逊色于神话。

原始先民万物有灵的观念与道教通过修炼可以得道成仙信仰互相影响，使一切生物、无生物均有可能通过修炼成精、成仙。有趣的是在它们修炼过程中，往往要遭受“劫难”。若是“在劫难逃”，它们修炼的成果就会毁于一旦，甚至赔上生命；若有幸逃过一劫，则其“道业”就会大增，有助于它们更快地实现成精、成仙的目的。这似乎印证了我国民间信奉的一条人生哲理——艰难困苦，玉汝于成，是富有启发意义的。

在生活水平不高的古代社会，人们的寿命是短暂的，这就催生人们对于延年益寿、长生不老的渴望，道教因此迅速发展起来。仙话可以看成人生命观念的觉醒。道教认为生命是美好的，死亡是痛苦的，乐生恶死的观念对后世文化发展有深远影响，《古诗十九首》中有“服食求神仙”的句子。宋元时期，道教处于兴盛期，著名的马致远号称马神仙，他创制了大量神仙道话剧，《陈抟高卧》等负有盛名。明朝开始道教式微，但道教在民间仍有重要影响。明清的神魔小说兴盛就是道教影响在文学上的反映，《封神演义》和《绿野仙踪》是其中较有特点的作品。

魏晋时佛教、道教广泛传播，表现在文学领域就是出现大量记述神鬼怪异的小说，其中以干宝的《搜神记》和颜之推的《冤魂志》较有影响。真正将仙话、鬼话发展到高峰的是雅爱搜神、喜人谈鬼的蒲松龄所作的《聊斋志异》。道教乐生恶死的观念使人们产生了鬼的观念，体现了人们对死亡的恐惧。佛教宣传的地狱与轮回报应观念，使得人们对鬼及其生存的冥间更感到恐惧。幽冥世界的主宰者相当于人间的帝王、神仙界的神佛。幻想来自于现实，蒲松龄在谈鬼说狐中用广阔独特的视角省视现实社会。《考弊司》《席方平》虽是写冥间但意在讽刺俗世，“惨惨如此，成何世界”，“惨冤不能自舒”是作者对社会的控诉。《聊斋志异》以它丰富的艺术内涵和感染力成为鬼话的巅峰之作，在文学史上有深远影响。

中国神话是中华民族发展初期先民集体意识形态的结晶，拥有悠久的历史、丰富的意蕴和显著的艺术表现力。作为文学发展的萌芽和源头，它又是文学艺术的素材宝库，遍及中国文学各个角落，具有鲜明的特点和独特艺术感染力。研究中国神话的特点及其成因具有一定的学术价值和历史文化意义，笔者不揣浅薄撰写这篇短文权作抛砖引玉，并期盼更多学人发表真知灼见。

参考文献：

［1］马克思恩格斯选集［M］．第二卷．北京：人民出版社，1972：113.

［2］何宁．淮南子集释［M］．北京：中华书局，1998：574.（下引出于该书的著名神话不再注出）

［3］鲁迅．中国小说史略［M］．北京：中华书局，2010：10.

［4］山海经校注．［M］．袁珂，校注．上海：上海古籍出版社，1980：472.（下引出于该书的著名神话不在注出）

［5］本文所引述的古希腊神话均出于：斯威布．希腊神话故事［M］．周晨，译．武汉：武汉出版社，2009；于凤湘，曲厚芳．希腊神话［M］．济南：山东人民出版社，2010.

［6］贾谊撰．新书校注［M］．阎派益，钟夏校注．北京：中华书局，2000：70.

［7］袁行霈．中国文学史［M］．第一卷．北京：高等教育出版社，1998：42.

［8］王立．刚柔相济的古越儿女［J］．辽河，2010，(10)．

［9］鲁迅．中国小说史略［M］．北京：中华书局，2010：7.

饮食宜忌与合理搭配膳食

张凌凤
（云南中医学院硕士研究生）

随着社会的进步和人们生活水平的提高，出于对自身健康的考虑，绿色食物和膳食搭配引起了人们广泛的关注和浓厚兴趣，出现了回归自然、重视自然疗法的群体趋向。不少人由于缺乏对“药食同源”等有关知识的深入了解，仅凭民间传闻和虚夸的广告词语，就随意跟风，不讲究饮食禁忌和服药食忌，不能因人、因时、因地去搭配、制作饮食，甚至暴饮暴食，偏食厚味肥甘，因而对自身健康和疾病的防治造成了诸多不利影响和难以避免的伤害。三高人群，肥胖病、心脑血管疾病等富贵病患者越来越多，给家庭和社会带来了巨大的负担，这应引起我们的高度关注。

一、饮食禁忌理论的产生和发展

我们正处在传承和弘扬中华优秀传统文化的新时期，中医药典籍中有很多关于饮食和养生的论述，应该努力发掘，合理应用。

远古时期，先民们在摄取各种食物的过程中，经过长期的生活经验积累，逐渐发现某些食物在可以“管吃，管饱”的同时，还具有减轻身体不适和病痛，增进、恢复体力的作用。神农尝百草的传说表明那时人们已经在有意识有目的寻求既可食用又可治病的食材。《淮南子》中说：“神农尝百草之滋味，水泉之甘苦，令民知所避就。当此之时，一日而遇七十毒。”[1]

到了春秋战国时期，人们对各类食物的性能有了更明确的认识，知道一般食物也同药物一样，具有辛、酸、甘、苦、咸五种口味，它们与人体的五脏有着相对应的关系。《素问·五脏生成》[2]篇指出：过量食用带有咸味的食物，就可能会对心脏产生不利的影响（伤心）；过多食用带有苦味食物，就会对肺脏产生不利的影响（伤肺）；过多食用带有辛味的食物，就会对肝脏产生不利的影响（伤肝）；过多食用带有酸味的食物，就会对脾脏产生不利的影响（伤脾）；过多食用带有甘味的食物，就会对肾脏产生不利的影响（伤肾）。这是由于偏食多食而导致发生疾病，因五味过摄而伤及五脏功能。用时还指出了各种食物的口味："豆犬肉李韭皆酸"，"大豆豕肉栗藿皆咸"，"黄黍鸡肉皆辛"，"粳米牛肉枣葵皆甘"，"麦羊肉杏薤皆苦"。已经初步掌握了食物的药性特点。《素问·宣明五气》篇还进一步提出了"五味所禁"："辛走气，气病无多食辛；咸走血，血病无多食咸；苦走骨，骨病无多食苦；甘走肉，肉病无多食甘；酸走筋，筋病无多食酸。是谓五禁，无令多食。"[3]初步将食物和药物的配制原则和禁忌确立下来。

成书于秦汉时期的《神农本草经》是我国现存最早的药学专著，书中总结了秦汉以前的药物学成就，论述了药物理论及配伍规律，书中将人类的主食米、豆、禽肉、鱼类及多种水果蔬菜等都归入药物之中。明代李时珍的《本草纲目》，将种类繁多的各种食物分作谷部、菜部、果部以及虫、鱼、禽、兽等部，基本上包括了人类的主食、常吃的蔬菜瓜果以及主要的肉食，并对每种食物从释名、性味、主治、方剂配伍等方面做出了详细的解说。

尤为难能可贵的是，《本草纲目》从当时人们的饮食习惯和药物的配伍出发，列出了六十多种食物的"饮食禁忌"[4]，列出四十多种中药的"服药食忌"，指导人们合理搭配饮食，妥善服药。

饮食禁忌如下：

猪肉忌：生姜、荞麦、葵菜、胡荽、炒豆、牛肉、马肉、羊肝、麋鹿、龟鳖、鹌鹑、驴肉；

猪肝忌：鱼鲙、鹌鹑、鲤鱼肠子；

猪心肺忌：饴糖、白花菜、吴茱萸；

羊肉忌：小豆、豆酱、荞麦、鱼鲙、猪肉、醋；

羊心肝忌：梅、小豆、生椒、苦笋；

犬肉忌：菱角、蒜、牛肠、鲤鱼、鳝鱼；

驴肉忌：荆芥、茶、猪肉；

牛肉忌：黍米、韭薤、生姜、猪肉、犬肉、栗子；

牛肝忌：鲇鱼；

牛乳忌：生鱼、酸物；

马肉忌：生姜、苍耳、粳米、猪肉、鹿肉；

兔肉忌：生姜、橘皮、芥末、鸡肉、鹿肉、獭肉；

鸡肉忌：胡蒜、芥末、生葱、糯米、鱼汁、犬肉、鲤鱼、兔肉、鳖肉；

雉肉忌：荞麦、木耳、蘑菇、胡桃、菌、鲫鱼、猪肝、鲇鱼、鹿肉；

鸭子忌：李子、鳖肉；

鹌鹑忌：菌子、木耳；

雀肉忌：李子、酱、猪肝；

鲤鱼忌：猪肝、葵菜、犬肉、鸡肉、蜜；

鲫鱼忌：芥菜、蒜、砂糖、猪肝；

青鱼忌：豆藿、生胡荽、麦酱、生葵菜；

鱼鲊忌：豆藿、麦酱、蒜、绿豆；

黄鱼忌：荞麦；

鲈鱼忌：乳酪；

鲟鱼忌：干笋；

鲇鱼忌：猪肝、鹿肉、野猪；

秋鳝忌：犬肉血、桑柴煮；

鳖肉忌：苋菜、薄荷、芥菜、桃子、鸡子、鸭肉、猪肉、兔肉；

螃蟹忌：荆芥、柿子、橘子、软枣；

虾子忌：猪肉、鸡肉；

李子忌：蜜、浆水、鸭、雀肉、鸡、獐；

橙橘忌：槟榔、獭肉；

桃子忌：鳖肉；

枣子忌：葱、鱼；

枇杷忌：热面、炙肉；

杨梅忌：生葱；

银杏忌：鳗鲡；

慈姑忌：茱萸；

诸瓜忌：油饼；

砂糖忌：鲫鱼、笋、葵菜；

荞麦忌：猪肉、羊肉、雉肉、黄鱼；

黍米忌：葵菜、蜜、牛肉；

绿豆忌：榧子、鲤鱼鲊；

炒豆忌：猪肉；

生葱忌：蜜、鸡、枣、犬肉、杨梅；

韭薤忌：蜜、牛肉；

胡荽忌：猪肉、鱼鲊；

胡蒜忌：鱼鲙、鱼鲊、鲫鱼、犬肉、鸡；

苋菜忌：蕨、鳖；

白花菜忌：猪心肺；

梅子忌：猪肉、羊肉、獐肉；

生姜忌：猪肉、牛肉、马肉、兔肉；

芥末忌：鲫鱼、兔肉、鸡肉、鳖；

干笋忌：砂糖、鲟鱼、羊心肝；

木耳忌：雉肉、野鸭、鹌鹑；

胡桃忌：野鸭、酒、雉；

栗子忌：牛肉。

其中不少饮食禁忌和服药食忌的科学性已经被现代科学方法验证，如胡萝卜、黄瓜等含分解维生素C的成分，不宜与白萝卜、旱芹菜等食物配伍；牛奶等含钙高的食物不宜与含草酸多的食物配伍。其他如猪肉忌乌梅、桔梗，羊肉忌南瓜，蟹肉忌苋菜，鸡蛋、螃蟹忌柿子、荆芥；蜂蜜忌葱等，已为人们所熟知。另有不少禁忌内容须要继续深入研究，本人曾对牛肉忌韭菜一条进行实验，将牛肉加韭菜一同拌作饺馅，包成饺子，煮好一尝，发现饺馅颜色灰暗，有一股微酸的味道，口感不佳。对“猪肉忌生姜”“鸡肉忌生葱”也做过同样的实验，都有味道不佳的感觉。

二、常用入药食物的性能

《神农本草经》指出："药有酸咸甘苦辛五味，又有寒热温凉四气。"[5]这里的四气，又称作四性，它反应了药物对人体阴阳盛衰寒热变化的作用倾向。四气可分阴阳，寒凉属阴，温热属阳。对于入药的食物而言，同样可分为寒、热、温、凉四种，常用入药食物按四性归类如下，依据《本草纲目》分作五性列出：

寒性食物：苦瓜、马齿苋、莲藕、食盐、海带、竹笋、梨、西瓜、冬瓜、打瓜、柚子、甘蔗、香蕉等；

热性食物：芥末、辣椒、肉桂、花椒、胡椒、干姜等；

温性食物：韭菜、茴香、薤白、香菜、糯米、核桃仁、羊肉、羊奶、鸡肉、桂圆、荔枝、樱桃等；

凉性食物：丝瓜、茄子、白萝卜、苋菜、芹菜、大麦、绿豆、茶叶、菜瓜、草莓、无花果等；

平性食物：粳米、小米、圆白菜、黄豆、扁豆、莲子、鸭肉、南瓜、栗子、花生、苹果、银耳等。

上述食物，从生活经验和食疗效果来看，寒性食物多有滋阴、泻火、凉血解毒、清热利尿等作用；温热性食物多有温里散寒、补火助阳、温经通络等作用。平性食物大多具有滋养补益的功效。

药物的五味是指药物具有酸、辛、甘、苦、咸五种不同的药味。五味不仅是药物食物味道的真实反映，更重要的是对药物食物味道作用的总结或概括。五味与四气一样，也是有阴阳五行属性，《素问·至真要大论》指出："辛甘发散为阳，酸苦涌泄为阴，淡味渗泄为阳。"[6]后世将其概括为辛甘淡属阳，酸苦咸属阴。

辛味食物："能散能行"，具有发散、行气、行血的作用，如紫苏叶、葱白、干姜能发散风寒，适用于外感表证；陈皮、香橼、佛手能行气解郁，适用于肝郁气滞等症；

甘味食物："能补能和能缓"，有补益和中、调和药性和缓急止痛的作用。多用于治疗虚、痛等证，如蜂蜜，大枣，山药，饴糖等；

酸味食物："能收能涩"，具有收敛、固涩等作用，如乌梅安蛔止痛，石榴皮涩肠止泻、止咳，橘饼止咳、止痢、疏肝解郁；

苦味食物："能泄能燥能坚"，有清热泻火燥湿坚阴（泻火存阴）等作用，如苦瓜清热解毒，用于火热实证，杏仁润肺降气平喘，止咳化痰，适用于外感咳嗽、气喘等症；

咸味食物："能下能软"，具有泻下通便、软坚散结的作用，如海藻、海带等，适用于甲状腺肿大等。

药物食物除具有上述四性五气的性能之外，还具有归经作用，归经是指某种药物食物对某些脏腑经络有特殊的显著作用，即对于机体某部分的选择性作用，而对其他经络则作用较小或没有作用。如鸭梨、芹菜同属寒性食物，虽然都具有清热作用，但其作用的侧重点不同，鸭梨偏于清肺热，芹菜偏于清肝热，各有所宜。

常用入药食物的归经如下：

归心经的食物：百合、龙眼肉、莲子、酸枣、小麦等；

归肝经的食物：马齿苋、芹菜、枸杞、黑芝麻、茴香等；

归脾经的食物：粳米、小麦、大豆、大枣、猪肉、莲藕等；

归肺经的食物：梨、甘蔗、荸荠、枇杷、白果、罗汉果等；

归肾经的食物：猪肾、羊肾、海参、海马、桑葚、黑豆等；

归胃经的食物：粳米、小米、糯米、土豆、萝卜、牛肉等；

归膀胱经的食物：刀豆、玉米、冬瓜、茴香等；

归小肠经的食物：食盐、赤小豆、冬瓜、苋菜等；

归大肠经的食物：马齿苋、茄子、苦瓜、苦菜、荞麦、木耳等。

每一种入药食物，都具有性味和归经的属性，都是从一个侧面反映食物的特性，在根据需要选择食物的时候，要将多种性能综合考虑，合理搭配，才能收到良好的效果。如果不考虑食物的性味和归经，盲目地选配食物，不仅不能很好地强身健体，有时甚至会适得其反，对身体造成不利影响。

三、合理搭配食物注意饮食宜忌

人生活在天地之间，可利用的食物种类繁多。只有全面摄取人体所必需的多种营养成分，才能满足生命活动和健康长寿的需要。早在2000多年以前，《素问·脏气法时论》就提出了“五谷为养，五果为助，五畜为益，五菜为充，气味合而服之，以补益精气”[7]的合理搭配膳食的养生原则。中国古代养生家一贯主张“薄滋味，去肥浓”，提倡荤素搭配，以素食为主。“肉虽多，不使胜食气”[8]（《论语》，孔子语）。现代研究、蛋白质、脂类、糖类、维生素、矿物质、水和纤维素这七大类是人体所需的主要营养成分。而这些营养素，都存在于五谷、五畜、五果、五菜之中。可见内经中的养生原则和现代“平衡膳食”的提法是一致的。只有合理搭配饮食，“谨和五味”，才能保证人体的正常需要。《灵枢·五味论》指出：“五味入于口也，各有所走，各有所病。酸走筋，多食之，令人癃（小便不通）；咸走血，多食之，令人渴；辛走气，多食之，令人洞心（内心空虚）；苦走骨，多食之，令人变呕（发生呕吐）；甘走肉，多食之，令人悗心（心中烦闷）。”[9]现代研究发现，肥胖病、糖尿病与偏食甜食有关；高血脂、动脉粥样硬化等疾病与过食含食盐多的肉类有关。

另外，合理搭配饮食，还要注意寒热适宜，既要注意食物的寒热属性相协调，又要注意食物入口时的温度要适宜。《灵枢·师传》提出：“食饮者，热无灼灼，寒无沧沧。寒温适用，故气将持（正气护卫人体），乃不致邪僻也。”[10]孙思邈也指出：“热无灼灼，冷无冰齿。”长期食用“麻辣烫”和火锅等温热食物，容易损伤脾胃阴液。过食冰镇西瓜、汽水等寒凉食物，容易损伤脾胃阳气。殊不知脾胃乃后天之本，损伤日久则人体阴阳失调，变生各种疾病。科学研究发现，当食物的温度和人体大致相同时，体内的各种消化液才能充分发挥作用，否则脾胃失调，健康何来？正如民谚所说“酒肉不断，必有后患”。

我们在注意合理搭配饮食的同时，在日常生活中，不论是以食健身，还是以食治病，都要注意饮食忌宜。元代《饮食须知》强调：“饮食借以养生，而不知物行有相宜相忌，纵然杂进，轻则五内不和，重则立兴祸患。”[11]注意饮食忌宜，对身体保健、疾病的发生发展和转归都有着十分重要的影响。

补益饮食宜忌：人体虚损不足诸症，成因甚多，或因先天不足，或因饮食劳倦、情志所伤、病后失调等。虚证可分为阴虚、阳虚、气虚、血虚。虽各具证候特点，但总体上表现为身体乏力、精神萎靡、心悸气短、腰酸背疼、脉象细数或沉细。凡是能够补充人体养分，增进机体抗病能力，改善或消除虚弱证候的食物，都具有补益脏腑、扶助正气的作用，这类食物多为动物类、乳蛋类或五谷杂粮类食物：

补气：宜食粳米、小米、籼米、大豆、豆腐、牛肉、鸡肉、兔肉、鹌鹑、鸡蛋、鹌鹑蛋、土豆、胡萝卜、大枣等；

补血：宜食猪肉、羊肉、猪肝、羊肝、甲鱼、海参、木耳、桑葚等；

补阳：宜食羊肉、狗肉、鹿肉、兔肉、羊肾、猪肾、鸽蛋、鳝鱼、蚱、淡菜、韭菜、刀豆、核桃仁等；

滋阴：宜食鸡蛋黄、鸭蛋黄、甲鱼、乌贼、鸭肉、猪皮、木耳、银耳、桑葚、枸杞子等。

上述补益类食物各有所宜，阳虚忌服滋阴类食物，阴虚忌食补阳类食物，补气类和补血类食物也不能互相替代，《金匮要略·禽兽鱼虫禁忌并治第二十四》指出："所食之味，有与病相宜，有与身为害，若得宜则益体，害则成疾。"[12]不要以为都是补益类食物，就可以随意食用。阳虚者宜温补，忌寒凉；阴虚者宜清补，忌温热、辛辣食物。

脾胃虚寒、胃痛、呕吐、腹泻，忌食大量生菜、水果、冷饮、冷食、凉饭、凉菜等；

风寒感冒、咳嗽哮喘、斑疹伤寒、痤疮疹痘等忌食腥膻、辛辣发物，如无鳞鱼、虾蟹、羊肉、芫荽、葱、姜、蒜、芥等；

脾胃痰湿、夏月暑湿，忌食黏滑油腻之物、油炸制品、奶酪、糯米、粽子、汤圆等；

内热患者，忌食花椒、辣椒、葱、韭、芥、蒜等发物。

胎产饮食忌宜：怀孕生子时期，饮食要特别注意，妊娠期要保证胎儿的生长发育，应给予滋补营养的食物，避免吃辛辣、温热、不易消化的食物；分娩之后，可酌用鸡、鸭、牛肉、猪蹄炖汤，既可补充营养，又可催乳，应忌生冷、寒凉、辛辣之物。民间流传的忌食鱼鳖、螃蟹、兔肉、雀肉等物，在《本草纲目》也有记载，虽未必皆有道理，但有心理暗示作用，亦应注意尽量免食。

上述饮食宜忌之外，对于服药宜忌，也不可忽视。李时珍指出：“凡服药，不可杂食肥猪、犬肉、油腻、羹鲙、腥臊、陈臭诸物；凡服药，不可多食生蒜、胡荽、生葱、诸果诸滑滞之物。”[13]清代章杏云指出：“患者饮食，借以滋养胃气，宜行药力。故饮食得宜为药饵之助，失宜则反与药饵为仇。”[14]有的食物会减轻药物的作用，降低疗效，如萝卜会减弱补气补血类药物的功效，不可与人参、首乌、地黄同服，茶叶可以与多种药物发生化学反应，因而不可用茶水服药。

中华民族历来重视饮食文化，民以食为天，饮食卫生事关各类人群的家庭平安和身体健康。在《论语・乡党》中，孔子曾语重心长地提醒人们：“食饐而餲，鱼馁而肉败，不食。色恶，不食。失饪，不食。不时，不食。”[15]而在生活节奏加快的今天，人们渐渐淡忘了先贤的告诫，越来越不讲究饮食宜忌。在市井方面，饮食行业竞争激烈，不合格的饮食比比皆是，霉烂的粮食被加工成“精品”米面；腐臭变质的肉类被制作成熟食到处叫卖；违反食物禁忌，胡乱搭配的菜肴如鸡肉鳖肉相配，被冠以“霸王别姬”的美名端上餐桌，不合格的烧烤煎炸食品，卖上了高价。在家庭方面，不懂得上述“饮食禁忌”的主厨不在少数。炒鸡肉，不知道忌葱；烧猪肉，不知道忌姜；吃犬肉，不知道忌大蒜；炒牛肉，不知道忌韭菜、栗子；烧鲫鱼，不知道忌砂糖；喝牛奶，不知道忌酸物，等等。由于以上两方面的原因，各类食物中毒的事件时有发生，饮食安全、无公害食品、绿色环保等成了人们关心、议论较多的问题。

面对上述情况，应从两方面加以解决，一是国家有关职能部门和消费者协会应加大对餐饮行业的监管力度；二是普及饮食卫生常识，在适当的场合张贴不合格食品名录及危害，提醒人们有所顾忌。使广大民众在改善生活的同时，吃出健康，吃出幸福，吃出快乐。

参考文献：

[1] 陈广忠注．淮南子・修务训［M］．北京：中华书局，

2012：835.

［2］吴颢昕，唐雪梅．黄帝内经全注全译读本［M］．素问·五脏生成．长沙：湖南科技出版社，2014：281.

［3］吴颢昕，唐雪梅．黄帝内经全注全译读本［M］．素问·宣明五气．2014：318.

［4］［13］李时珍．本草纲目卷二序例下［M］．中国书店影印，1988：103.

［5］孙景衍，孙冯翼．神农本草经序例［M］．太原：山西科学技术出版社，2010：20.

［6］吴颢昕，唐雪梅．黄帝内经全注全译读本［M］．素问·至真要大论．长沙：湖南科技出版社，2014：468.

［7］吴颢昕，唐雪梅．黄帝内经全注全译读本［M］．素问·脏气法时论．长沙：湖南科技出版社 2014：316.

［8］［15］杨伯峻．论语译注［M］．北京：中华书局．1980：102.

［9］吴颢昕，唐雪梅．黄帝内经全注全译读本［M］．灵枢经．长沙：湖南科技出版社，2014：185.

［10］吴颢昕，唐雪梅．黄帝内经全注全译读本［M］．灵枢经．长沙：湖南科技出版社，2014：121.

［11］钱超尘．饮食须知［M］．北京：中华书局，2011：123.

［12］张仲景．金匮要略［M］．太原：山西科学技术出版社，2010：58.

［14］周仲瑛，于文明．调疾饮食辨［M］．长沙：湖南科学技术出版社，2014：345.

附录二　家训精选

家训精选

张杨海　裴　江

阜阳民俗，历来重视传世家训。过去，读书人家，总喜欢从家训中，选取精要，书写成中堂、条幅和镜片等悬挂于厅堂，时时观览欣赏，领悟深意。古语云："父母之爱子，则为之计深远。"（《战国策·触龙说赵太后》）从古至今，多少有识之士为孩子深谋远虑，希望"忠厚传家久，诗书继世长"，家业经久不衰，不至于"富不过三代"，于是不辞辛劳，在浩繁的古籍中搜寻适合孩子成长的家训经典，以便厚风俗、教子孙。有鉴于此，特从历代家训中选取有益世道人心的篇章，为便于阅读理解，或加注释，或附译文，视难易而定，不妥之处，多请谅解指正。

颜氏家训

《颜氏家训》是我国现存最早、影响最大的家训专著。被誉为"古今家训，以此为祖"。颜氏家训的作者颜之推（约531—595），南北朝时著名教育家、思想家，字介，琅琊临沂（今山东临沂）人。传为孔子弟子颜回三十五代孙。生于江陵（今湖北江陵），少传家业，精通古典，博览群书，善于文辞。初仕梁湘东王萧绎，为国佐常侍，加镇西墨曹参军。侯景作乱，被囚送建邺（今江苏南京）；侯景之乱平定后，还至江陵，为梁元帝萧绎散骑侍郎。江陵为西魏军所破，之推携家投奔北齐，官至黄门侍郎、平原太守。齐亡入周，为御史上士。隋朝统一中国后，被太子召为学士，后终于此职。颜之推所生活的时代，正是社会剧烈动荡、分裂割据的时代。他饱经忧患，终于找出一条安身立命的经验——父兄不可常依，乡国不可常保，一旦流离无人庇荫，当求之于自身。他以"务先王之道，绍家事之业”为目的，论立身治家之法，辨正时俗之谬，作《颜氏家训》20篇，以训诫子孙。《颜氏家训》内容广泛，堪称乱世之中的经验总结，也是我国古代重要的教育典籍，颜之推的家训思想，至今对人们仍有很好的参考借鉴作用。

教子

古者，圣王有“胎教”之法，怀子三月，出居别宫，目不邪视，耳不妄听，音声滋味，以礼节之。书之玉版，藏诸金匮。生子孩提，师保固明孝仁礼义，导习之矣。凡庶纵不能尔，当及婴稚识人颜色、知人喜怒，便加教诲，使为则为，使止则止，比及数岁，可省笞罚。

父母威严而有慈，则子女畏慎而生孝矣。吾见世间无教而有爱，每不能然，饮食运为，恣其所欲，宜诫翻奖，应呵反笑，至有识知，谓法当尔。骄慢已习，方复制之，捶挞至死而无威，忿怒日隆而增怨，逮于成长，终为败德。孔子云：“少成若天性，习惯如自然。”是也。俗谚曰：“教妇初来，教儿婴孩。”诚哉斯语。

【译文】古时候的圣王，有“胎教”的做法，怀孕三个月的时候，出去住到别的好房子里，眼睛不能斜视，耳朵不能乱听，听音乐吃美味，都要按照礼仪加以节制，还得把这些写到玉版上，藏进金柜里。到胎儿出生还在幼儿时，担任“师”和“保”的人，就要讲解孝、仁、礼、义，来引导学习。普通老百姓家纵使不能如此，也应在婴儿识人脸色、懂得喜怒时，就加以教导训诲，叫做就得做，叫不做就得不做，等到长大几岁，就可省免鞭笞惩罚。

只要父母既威严又慈爱，子女自然敬畏谨慎而有孝行了。我见到世上那种对孩子不讲教育而只有慈爱的，常常不以为然。要吃什么，要干什么，任意放纵孩子，不加管制，该训诫时反而夸奖，该训斥责骂时反而欢笑，到孩子懂事时，就认为这些是理所当然的。到骄傲怠慢已经成为习惯时，才开始去加以制止，那就纵使鞭打得再狠也树立不起威严，愤怒得再厉害也只会增加怨恨，直到长大成人，最终成为品德败坏的人。孔子说：“从小养成的就像天性，习惯了的也就成为自然。”是很有道理的。俗谚说：“教媳妇要在初来时，教儿女要在婴孩时。”这话确实有道理。

凡人不能教子女者，亦非欲陷其罪恶，但重于呵怒伤其颜色，不忍楚挞惨其肌肤耳。当以疾病为谕，安得不用汤药针艾救之哉？又宜思勤督训者，岂愿苛虐于骨肉乎？诚不得已也！

兄弟

夫有人民而后有夫妇，有夫妇而后有父子，有父子而后有兄弟，一家之亲，此三而已矣。自兹以往，至于九族，皆本于三亲焉，故于人伦为重者也，不可不笃。

兄弟者，分形连气之人也。方其幼也，父母左提右挈，前襟后裾，食则同案，衣则传服，学则连业，游则共方，虽有悖乱之人，不能不相爱也。及其壮也，各妻其妻，各子其子，虽有笃厚之人，不能不少衰也。娣姒之比兄弟，则疏薄矣。今使疏薄之人，而节量亲厚之恩，犹方底而圆盖，必不合矣。惟友悌深至，不为旁人之所移者，免夫！

兄弟不睦，则子侄不爱；子侄不爱，则群从疏薄；群从疏薄，则僮仆为仇敌矣。

治家

夫风化者，自上而行于下者也，自先而施于后者也。是以父不慈则子不孝，兄不友则弟不恭，夫不义则妇不顺矣。父慈而子逆，兄友而弟傲，夫义而妇陵，则天之凶民，乃刑戮之所慑，非训导之所移也。

笞怒废于家，则竖子之过立见；刑罚不中，则民无所措手足。治家之宽猛，亦犹国焉。

孔子曰：“奢则不孙，俭则固。与其不孙也，宁固。”又云：“如有周公之才之美，使骄且吝，其余不足观也已。”然则可俭而不可吝已。俭者，省约为礼之谓也；吝者，穷急不恤之谓也。今有施则奢，俭则吝，如能施而不奢，俭而不吝，可矣。

【译文】教育感化这件事，是从上向下推行的，是从先向后施行影响的。所以父不慈就子不孝，兄不友爱就弟不恭敬，夫不仁义就妇不温顺了。至于父虽慈而子要叛逆，兄虽友爱而弟要傲慢，夫虽仁义而妇要欺侮，那就是天生的凶恶之人，要用刑罚杀戮来使他畏惧，而不是用训诲诱导能改变的了。

家里没有人发怒、不用打板子，那童仆的过错就会马上出现；刑罚用得不恰当，那老百姓就无所措其手足。治家的宽仁和严格，也好比治国一样。

孔子说：“奢侈了就不恭顺，节俭了就固陋。与其不恭顺，宁可固陋。”又说：“如果有周公那样的才那样的美，但只要他既骄傲且吝啬，余下的也就不值得称道了。”这样说来是可以俭省而不可以吝啬了。俭省，是合乎礼的节省；吝啬，是对困难危急也不体恤。当今常有讲施舍就成为奢侈，讲节俭就进入到吝啬。如果能够做到施舍而不奢侈，俭省而不吝啬，那就很好了。

慕贤

吾生于乱世，长于戎马，流离播越，闻见已多，所值名贤，未尝不心醉魂迷向慕之也。人在年少，神情未定，所与款狎，熏渍陶染，言笑举动，无心于学，潜移暗化，自然似之，何况操履艺能，较明易习者也！是以与善人居，如入芝兰之室，久而自芳也；与恶人居，如入鲍鱼之肆，久而自臭也。墨子悲于染丝，是之谓矣，君子必慎交游焉。孔子曰：“无友不如己者。”颜、闵之徒，何可世得，但优于我，便足贵之。

用其言，弃其身，古人所耻。凡有一言一行，取于人者，皆显称之，不可窃人之美，以为己力；虽轻虽贱者，必归功焉。窃人之财，刑辟之所处；窃人之美，鬼神之所责。

勉学

人生小幼，精神专利，长成已后，思虑散逸，固须早教，勿失机也。吾七岁时，诵《灵光殿赋》，至于今日，十年一理，犹不遗忘。二十以外，所诵经书，一月废置，便至荒芜矣。然人有坎壈，失于盛年，犹当晚学，不可自弃。孔子曰：“五十以学《易》，可以无大过矣。”魏武、袁遗，老而弥笃；此皆少学而至老不倦也。曾子十七乃学，名闻天下；荀卿五十始来游学，犹为硕儒；公孙弘四十余方读《春秋》，以此遂登丞相；朱云亦四十始学《易》《论语》，皇甫谧二十始受《孝经》《论语》，皆终成大儒：此并早迷而晚寤也。世人婚冠未学，便称迟暮，因循面墙，亦为愚耳。幼而学者，如日出之光；老而学者，如秉烛夜行，犹贤乎瞑目而无见者也。

名实

名之与实，犹形之与影也。德艺周厚，则名必善焉；容色姝丽，则影必美焉。今不修身而求令名于世者，犹貌甚恶而责妍影于镜也。上士忘名，中士立名，下士窃名。忘名者，体道合德，享鬼神之福祐，非所以求名也；立名者，修身慎行，惧荣观之不显，非所以让名也；窃名者，厚貌深奸，干浮华之虚称，非所以得名也。

爱惜典籍

借人典籍，皆须爱护，先有缺坏，就为科治，此亦士大夫百行之一也。济阳江禄，读书未竟，虽有急速，必待卷束整齐，然后得起，故无损败，人不厌其求假焉。或有狼藉几案，分散部帙，多为童幼婢妾之所点污。风雨虫鼠之所毁伤，实为累德。吾每读圣人之书，未尝不肃敬对之。其故纸有《五经》词义及贤达姓名，不敢秽用也。

杂艺

真草书迹，微须留意。江南谚云："尺牍书疏，千里面目也"。承晋宋馀俗，相与事之，故无顿狼狈者（不会觉得为难窘迫）。吾幼承门业，加性爱重，所见法书亦多，而玩习功夫颇至，遂不能佳者，良由无分故也。然而此艺不须过精。夫巧者劳而智者忧，常为人所役使，更觉为累。韦仲将遗戒，深有以也。

唐太宗《帝范》

《帝范》共四卷，十二篇，是唐太宗李世民在晚年专门为太子（即后来的唐高宗李治）所写的一部有关帝王治国修身之道的政论性著作。此书虽然是一部有关封建帝王治国修身之道的教科书，但书中所反映出来的某些思想，如倡导任人唯贤、重视人才，宽大心态、谦虚恭谨、虚心纳谏，生活节俭、禁忌骄奢，重视农业生产、军事备战等，以及希望国家大治、民族繁荣兴旺的高尚理想，在今天看来也是难能可贵，具有进步性和现实意义。

诫盈

夫君者，俭以养性，静以修身。俭则人不劳，静则下不扰。人劳则怨起，下扰则政乖。人主好奇技淫声、鸷鸟猛兽、游幸无度、田猎不时，如此则徭役烦，徭役烦则人力竭，人力竭则农桑废焉。人主好高台深池，雕琢刻镂，珠玉珍玩，黼黻絺綌。如此则赋敛重，赋敛重则人才遗，人才遗则饥寒之患生焉。乱世之君，极其骄奢，恣其嗜欲。土木衣缇绣（土墙木柱披上锦绣），而人裋褐不全；犬马厌刍豢，而人糟糠不足。故人神怨愤，上下乖离，佚乐未终，倾危已至。此骄奢之忌也。

崇俭

夫圣世之君，存乎节俭。富贵广大，守之以约；睿智聪明，守之以愚。不以身尊而骄人，不以德厚而矜物。茅茨不剪，采椽不斫，舟车不饰，衣服无文，土阶不崇，大羹不和。非憎荣而恶味，乃处薄而行俭。

故风淳俗朴，比屋可封。斯二者，荣辱之端。奢俭由人，安危在己。五关近闭，则嘉命远盈；千欲内攻，则凶源外发。是以丹桂抱蠹，终摧荣耀之芳；朱火含烟，遂郁凌云之焰。以是知骄出于志，不节则志倾；欲生于心，不遏则身丧。故桀纣肆情而祸结，尧舜约己而福延，可不务乎？

【译文】身处太平盛世的明君，心中应常存节俭的美德，只有这样，才不会伤财害民、坏政败国；尤其是富有四海、贵为天子之后，就更应该时时事事以节俭为准绳来警诫自己，否则，国运就要衰微，社稷也必定倾覆。古代的圣王，虽然智慧高超、才能卓越，但都大智若愚、以拙藏巧。不敢因为自己身份尊贵就颐指气使、飞扬跋扈，也不会因为自己功德伟大就恃功傲物，不可一世。

那些明君圣主们，常常用茅草盖了房子，都不去修剪得漂亮一些，用柞木立了柱子，都不去砍削得光滑一些，甚至坐的车船也没有装饰彩绘，穿的衣服也一点都不华丽。不仅如此，他们还不去建造高大豪华的厅堂，而且连吃饭都只图饱腹，不求味美。他们之所以这样做，不是因为憎嫌荣华、讨厌甘美，是希望能率先垂范，用淡薄节俭的风尚为天下百姓做榜样。于是，风俗纯正厚朴，邻人和睦相处。因此，骄奢还是节俭，是荣辱的开端啊！骄奢还是节俭，关乎平安和危乱，而这一切都是由人自身决定的。

如果能清心寡欲，美好的命运就会长久地延续下去。相反，欲望横流，就必然要生出凶乱。所以，丹桂美艳芬芳，假使生出蠹虫，最终也会变成朽木；红色的火苗虽然明亮爽朗，倘若被细微的烟尘所覆盖，终究也将熄灭。由此我们可以知道，如果不防微杜渐，始善敬终，骄奢就会不招自来，恶欲就要急速生长。骄奢和恶欲得不到有效的遏制，就势必要导致身死国灭的惨剧。夏桀商纣因为纵肆情意，倒行逆施，从而引火烧身，自掘坟墓；唐尧虞舜却因为约己修身，顺乎民心，从而使帝业辉煌、江山永续。比较一下桀纣的败亡和尧舜的兴盛，难道不应该更好地躬行节俭的良方吗？

赏罚

夫天之育物，犹君之御众。天以寒暑为德，君以仁爱为心。寒暑既调，则时无疾疫；风雨不节，则岁有饥寒。仁爱下施，则人不凋敝；教令失度，则政有乖违。防其害源者，使民不犯其法；开其利本者，使民各务其业。显罚以威之，明赏以化之。威立则恶者惧，化行则善者劝。适己而妨于道，不加禄焉；逆己而便于国，不施刑焉。故赏者不德君，功之所致也；罚者不怨上，罪之所当也。故《书》曰：无偏无党，王道汤汤。此赏罚之权也。

温公家范

《温公家范》是北宋著名史学家司马光（1091—1086）的家训著作之一。被视为“古今仪则”，在家训史上具有举足轻重的地位。这部书，要在“本诸经训”，无论立论还是取材，都主要参照了“经”“史”，偶尔也涉及“子”部，处处言之有据，有较高的可信性，反映了司马光严谨的治学态度。在这部书中，司马光根据儒家经典，阐述和发挥了儒家的伦理关系、道德标准和教子治家之道。其中很多观点对于今人仍有积极的作用。如论述“才”与“财”的关系，作者认为人缺乏钱财固然会导致生活不易，但钱财多了，不会利用，也可能增加过错。再如论述“才”与“官”的关系，作者认为一个人的才能有限，但做了大官，于国于民都不利；而当官不为国为民，只知聚敛财富，则会积殃积祸。另外，此书还就在家庭中讲求孝道的问题进行了多方面的论述，有其独到之处。

治家

自古圣贤未有不先亲其九族，然后能施及他人者也。彼愚者则不然，弃其九族，远其兄弟，欲以专利其身，殊不知身既孤人斯戕之矣，于利何有哉？昔周厉王弃其九族，诗人刺之曰：“怀德惟宁，宗子惟城。毋俾城坏，毋独斯畏。”苟为独居，斯可畏矣！

孔子曰：“不爱其亲而爱他人者，谓之悖德；不敬其亲而敬他人者，谓之悖礼。以顺则逆，民无则焉，不在于善，而皆在于凶。德虽得之，君子不贵也。故欲爱其身而弃其宗族，乌在其能爱身也？”

孔子曰：“均无贫，和无寡，安无倾。善为家者，尽其所有而均之，虽粝食不饱，敝衣不完，人无怨矣。夫怨之所生，生于自私及有厚薄也。”

【译文】自古以来，圣贤没有不先敬爱自己的九族亲人，然后再把这种爱心施及他人身上的。那些愚蠢的人便不这样，抛弃他们的九族之亲，远离他们的兄弟，想到的是专意有利于自己，竟不知道自己既然孤身一人，那就会毁灭，还能得到什么利益？从前周厉王抛弃他的九族之亲，诗人讽刺说：“只有保持德性才能宁静，宗族之亲就像城墙一样。不要把城墙破坏了，不要只顾及个人。”假若只是自个顾自个，那将是一件可怕的事啊！

孔子说：“不恭敬自己的亲人而爱别人叫违背道德；不敬爱自己的亲人而敬爱别的人叫做违背礼节。让顺从者向逆反者去学习，那么民众就无法学习了，不一心一意去行善，而都在行凶为恶。虽然也叫作君子，但是不值得宝贵。所以想要疼爱自己却抛弃自己的宗族的人，哪里是真能爱惜他自己呢？”

孔子说：“分配平均就没有贫困者，和睦就不会有孤寡的人，安定就不会倾覆。善于治家的人，把他的一切都拿出来平均享用，即使是粗饭吃不饱，恶衣穿不暖，人们也不会抱怨了。怨恨之所以产生，是由于人有自私之心，以及彼此有厚薄不等。”

祖

为人祖者，莫不思利其后世。然果能利之者，鲜矣。何以言之？今之为后世谋者，不过广营生计以遗之。田畴连阡陌，邸肆跨坊曲，粟麦盈穗仓，金帛充箧笥，慊慊然求之犹未足，施施然自以为子子孙孙累世用之莫能尽也。然不知以义方训其子，以礼法齐其家。自于数十年中勤身苦体以聚之，而子孙于时岁之间奢靡游荡以散之，反笑其祖考之愚不知自娱，又怨其吝啬，无恩于我，而厉虐之也。始则欺绐攘窃，以充其欲；不足，则立券举债于人，俟其死而偿之。观其意，惟患其考之寿也。甚者至于有疾不疗，阴行鸩毒，亦有之矣。然而向之所以利后世者，适足以长子孙之恶而为身祸也。盖由子孙自幼及长，惟知有利，不知有义故也。

夫生生之资，固人所不能无，然勿求多余，多余希不为累矣。使其子孙果贤耶，岂蔬粝布褐不能自营，至死于道路乎？若其不贤耶，虽积金满堂，奚益哉？多藏以遗子孙，吾见其愚之甚也。然而贤圣皆不顾子孙之匮乏邪？曰，何为其然也？昔者圣人遗子孙以德以礼，贤人遗子孙以廉以俭。

【联想】林则徐诫子联：子孙若如我，留财做什么？贤而多财，则损其志；子孙不如我，留钱做什么？愚而多财，益增其过。

父

曾子曰："君子之于子，爱之而勿面，使之而勿貌，遵之以道而勿强言；心虽爱之不形于外，常以严庄莅之，不以辞色悦之也。不遵之以道，是弃之也。然强之，或伤恩，故以日月渐摩之也。"

【译文】曾子说："君子对待自己的儿子，疼爱他但不表现出来，使唤他但不要太随便，按照一定的规矩教育孩子但不要强迫他；心里虽然疼爱，不要表露到外面，经常以严肃的样子出现在孩子面前，也不用言语颜色去使孩子高兴快乐。不按照一定的道理去教育孩子，实际上是在抛弃孩子。但是强迫有时又伤害恩情，所以要一天一天地慢慢磨炼孩子。"

石碏谏卫庄公曰："臣闻爱子教之以义方，弗纳于邪，骄奢淫逸，所自邪也。四者之来，宠禄过也。"自古知爱子不知教，使至于危辱乱亡者，可胜数哉！夫爱之，当教之使成人。爱之而使陷于危辱乱亡，乌在其能爱子也？人之爱其子者多曰："儿幼，未有知耳，俟其长而教之。"是犹养恶木之萌芽，曰：“俟其合抱而伐之”，其用力顾不多哉？又如开笼放鸟而捕之，解缰放马而逐之，曷若勿纵勿解之为易也！

母

齐相田稷子受下吏金百镒，以遗其母。母曰：“夫为人臣不忠，是为人子不孝也。不义之财，非吾有也。不孝之子，非吾子也。子起矣。”稷子遂惭而出，反其金而自归于宣王，请就诛。宣王悦其母之义，遂赦稷子罪，复其位，而以公金赐母。

吴司空孟仁尝为监鱼池官，自结网捕鱼作鲊寄母。母还之曰：“汝为鱼官，以鲊寄母，非避嫌也！”

晋陶侃为县吏，尝监鱼池，以一坩鲊遗母。母封鲊责曰：“尔以官物遗我，不能益我，乃增吾忧耳。”

夫

丈夫生而有四方之志，威令所施，大者天下，小者一官，而近不行于室家，为一妇人所制，不亦可羞哉！自古及今，以悍妻而乖离六亲、败乱其家者，可胜数哉？然则悍妻之为害大也。故凡娶妻，不可不慎择也。既娶而防之以礼，不可不在其初也。其或骄纵悍戾，训厉禁约而终不从，不可以不弃也。夫妇以义合，义绝则离之。

妻

太史公曰：“夏之兴也以涂山，而桀之放也以妹喜；殷之兴也以有娀，纣之杀也嬖妲己；周之兴也以姜嫄及大任，而幽王之擒也，淫于褒姒。故《易》基乾坤，《诗》始关雎。夫妇之际，人道之大伦也。礼之用，唯婚姻为兢兢。夫乐调而四时和，阴阳之变，万物之统也。可不慎欤？”

【译文】司马迁说：“夏朝的繁荣，功在涂山；桀的流放，罪在妹喜；商朝的兴起，功归有娀；纣的被杀，罪在宠爱妲己；周朝的兴起是因为姜嫄及大任，而幽王的被擒，是因为褒姒的荒淫。因此《易经》基于乾坤八卦，《诗经》始于关雎之篇。夫妻之间的交往之道，是人类社会的道德规范的最大原则。《礼记》用于婚姻，只在于对婚姻要小心谨慎。”

为人妻者，其德有六：一曰柔顺，二曰清洁，三曰不妒，四曰俭约，五曰恭谨，六曰勤劳。夫天也，妻地也。夫日也，妻月也。夫阳也，妻阴也。天尊而处上，地卑而处下。日无盈亏，月有圆缺。阳唱而生物，阴和而成物。故妇人专以柔顺为德，不以强辩为美也。为人妻者，非徒备此六德而已，又当辅佐君子，成其令名。

古之贤妇未有不恭其夫者也。曹大家《女戒》曰："得意一人，是谓永毕；失意一人，是谓永讫。"由斯言之，夫不可不求其心。然所求者，亦非谓佞媚苟亲也。固莫若专心正色，礼义贞洁耳。耳无途听，目无邪视，出无冶容，入无废饰，无聚群辈，无看视门户，此则谓专心正色矣。若夫动静轻脱，视听陕输，入则乱发坏形，出则窈窕作态，说所不当道，观所不当视，此谓不能专心正色矣。

袁氏世范

《袁氏世范》是继《颜氏家训》之后，中国古代又一部重要的家训著作，简称《世范》。《四库全书》收编此书，按语云："其书于立身处世之道反覆详尽"，"大要明白切要，使览者易知易从，故不失为《颜氏家训》之亚也。"《袁氏世范》作者是宋朝人袁采。袁采，衢州人，宋隆兴元年（1163）进士，后官至监登闻鼓院，掌管军民上书鸣冤等事宜，即负责受理民间人士的上诉、举告、请愿、自荐、议论军国大事等方面给朝廷的进状。《袁氏世范》共三卷，分《睦亲》《处己》《治家》三篇，内容非常详尽。《睦亲》凡六十则，论及父子、兄弟、夫妇、妯娌、子侄等各种家庭成员关系的处理，具体分析了家人不和的原因、弊害，阐明了家人族属如何和睦相处的各种准则，涵盖了家庭关系的各个方面。《处己》计五十五则，纵论立身、处世、言行、交游之道。《治家》共七十二则，基本上是持家兴业的经验之谈。甚至还有置办田产，要公平交易；经营商业，不可掺杂使假；借贷钱谷，取息适中，不可高息；兄弟亲属分割家产，要求公正免争；田产的界至要分明；尼姑、道婆人等不可延请至家；税赋应依法及早交纳，等等。

睦亲之道

人之至亲，莫过于父子兄弟。而父子兄弟有不和者，父子或因于责善，兄弟或因于争财。有不因责善、争财而不和者，世人见其不和，或就其中分别是非而莫名其由。盖人之性，或宽缓，或褊急，或刚暴，或柔懦，或严重，或轻薄，或持检，或放纵，或喜闲静，或喜纷拏，或所见者小，或所见者大，所禀自是不同。父必欲子之强合于己，子之性未必然；兄必欲弟之性合于己，弟之性未必然。其性不可得而合，则其言行亦不可得而合。此父子兄弟不和之根源也。况凡临事之际，一以为是，一以为非，一以为当先，一以为当后，一以为宜急，一以为宜缓，其不齐如此。若互欲同于己，必致于争论，争论不胜，至于再三，至于十数，则不和之情自兹而启，或至于终身失欢。若悉悟此理，为父兄者通情于子弟，而不责子弟之同于己；为子弟者，仰承于父兄，而不望父兄惟己之听，则处事之际，必相和协，无乖争之患。孔子曰："事父母，几谏，见志不从，又敬不违，劳而无怨。"此圣人教人和家之要术也，宜孰思之。

人贵处忍

人言居家久和者，本于能忍。然知忍而不知处忍之道，其失尤多。盖忍或有藏蓄之意。人之犯我，藏蓄而不发，不过一再而已。积之既多，其发也，如洪流之决，不可遏矣。不若随而解之，不置胸次。

亲不失欢

骨肉之失欢，有本于至微而终至不可解者。止由失欢之后，各自负气，不肯先下尔。朝夕群居，不能无相失。相失之后，有一人能先下气，与之话言，则彼此酬复，遂如平时矣。宜深思之。

奉承家长

兴盛之家，长幼多和协，盖所求皆遂，无所争也。破荡之家，妻孥未尝有过，而家长每多责骂者，衣食不给，触事不谐，积忿无所发，惟可施于妻孥之前而已。妻孥能知此，则尤当奉承（体会家长的难处）。

顺适老人

年高之人，作事有如婴孺，喜得钱财微利，喜受饮食、果实小惠，喜与孩童玩狎。为子弟者，能知此而顺适其意，则尽其欢矣。

不可不孝

人当婴孺之时，爱恋父母至切。父母于其子婴孺之时，爱念尤厚，抚育无所不至。盖由气血初分，相去未远，而婴孺之声音笑貌自能取爱于人。亦造物者设为自然之理，使之生生不穷。虽飞走微物亦然，方其子初脱胎卵之际，乳饮哺啄必极其爱。有伤其子，则护之不顾其身。然父母于其子幼之时，爱念抚育，有不可以言尽者。子虽终身承颜致养，极尽孝道，终不能报其少小爱念抚育之恩，况孝道有不尽者。凡人之不能尽孝道者，请观人之抚育婴孺，其情爱如何，终当自悟。

【联想】孟子曰：世俗所谓不孝者五，惰其四支（肢），不顾父母之养，一不孝也；博弈好饮酒，不顾父母之养，二不孝也；好货财，私妻子，不顾父母之养，三不孝也；从（纵）耳目之欲，以为父母戮（羞辱），四不孝也；好勇斗狠，以危父母，五不孝也。（《孟子·离娄下》）

勿妄憎爱

人之有子，多于婴孺之时爱忘其丑。恣其所求，恣其所为，无故叫号，不知禁止，而以罪保母。陵轹同辈，不知戒约，而以咎他人。或言其不然，则曰小未可责。日渐月渍，养成其恶，此父母曲爱之过也。及其年齿渐长，爱心渐疏，微有疵失，遂成憎怒，抚其小疵以为大恶。如遇亲故，装饰巧辞，历历陈数，断然以大不孝之名加之。而其子实无他罪，此父母妄憎之过也。爱憎之私，多先于母氏，其父若不知此理，则徇其母氏之说，牢不可解。为父者须详察之。子幼必待以严，子壮无薄其爱。

须使有业

人之有子，须使有业。贫贱而有业，则不至于饥寒；富贵而有业，则不至于为非。凡富贵之子弟，耽酒色，好博弈，异衣服，饰舆马，与群小为伍，以至破家者，非其本心之不肖，由无业以度日，遂起为非之心。小人赞其为非，则有啜钱财之利，常乘间而翼成之。子弟痛宜省悟。

教子于幼

人有数子，饮食、衣服之爱不可不均一；长幼尊卑之分，不可不严谨；贤否是非之迹，不可不分别。幼而示之以均一，则长无争财之患；幼而教之以严谨，则长无悖慢之患；幼而有所分别，则长无为恶之患。今人之于子，喜者其爱厚，而恶者其爱薄。初不均平，何以保其他日无争？少或犯长，而长或陵少，初不训责，何以保其他日不悖？贤者或见恶，而不肖者或见爱，初不允当，何以保其他日不为恶！

爱子贵均

人之兄弟不和而至于破家者，或由于父母憎爱之偏，衣服饮食，言语动静，必厚于所爱而薄于所憎。见爱者意气日横，见憎者心不能平。积久之后，遂成深仇。所谓爱之，适所以害之也。苟父母均其所爱，兄弟自相和睦，可以两全，岂不甚善！

父念子贫

父母见诸子中有独贫者，往往念之，常加怜恤，饮食衣服之分或有所偏私，子之富者或有所献，则转以与之。此乃父母均一之心。而子之富者或以为怨，此殆未之思也，若使我贫，父母必移此心于我矣。

各安贫富

兄弟子侄贫富厚薄不同，富者既怀独善之心，又多骄傲，贫者不生自勉之心，又多妒嫉，此所以不和。若富者时分惠其余，不恤其不知恩；贫者知自有定分，不望其必分惠，则亦何争之有！

亲不多贷

房族、亲戚、邻居，其贫者才有所阙，必请假焉。虽米、盐、酒、醋，计钱不多，然朝夕频频，令人厌烦。如假借衣服、器用，既为损污，又因以质钱。借之者历历在心，日望其偿；其借者非惟不偿，以行行常自若，且语人曰：“我未尝有纤毫假贷于他。”此言一达，岂不招怨怒。

随力周济

应亲戚故旧有所假贷，不若随力给与之。言借，则我望其还，不免有所索。索之既频，而负偿冤主反怒曰：“我欲偿之，以其不当频索。”则姑已之。方其不索，则又曰：“彼不下气问我，我何为而强还之？”

故索而不偿，不索亦不偿，终于交怨而后已。盖贫人之假贷，初无肯偿之意，纵有肯偿之意，亦何由得偿？或假贷作经营，又多以命穷计拙而折本。方其始借之时，礼甚恭，言甚逊，其感恩之心可指日以为誓。至他日责偿之时，恨不以兵刃相加。凡亲戚故旧，因财成怨者多矣。

俗谓“不孝怨父母，欠债怨财主”。不如念其贫，随吾力之厚薄，举以与之。则我无责偿之念，彼亦无怨于我。

关防子孙

子孙有过，为父祖者多不自知，贵官尤甚。盖子孙有过，多掩蔽父祖之耳目。外人知之，窃笑而已，不使其父祖知之。至于乡曲贵官，人之进见有时，称道盛德之不暇，岂敢言其子孙之非！况又自以子孙为贤，而以人言为诬，故子孙有弥天之过而父祖不知也。间有家训稍严，而母氏犹有庇其子之恶，不使其父知之。

富家之子孙不肖，不过耽酒、好色、赌博、近小人，破家之事而已。贵官之子孙不止此也。其居乡也，强索人之酒食，强贷人之钱财，强借人之物而不还，强买人之物而不偿。亲近群小，则使之假势以凌人；侵害善良，则多致饰词以妄讼。乡人有曲理犯法事，认为己事，名曰担当；乡人有争讼，则伪作父祖之简，干恳州县，求以曲为直；以其所得为酒色之娱。殆非一端也。其随侍也，私令市贾买物，私令吏人买物，私托场人买物，皆不偿其直；吏人补名，吏人免罪，吏人有优润，皆必责其报；或同院子游狎，或干场务放税。其他妄有求觅亦非一端，不恤误其父祖陷于刑辟也。凡为人父祖者，宜知此事，常关防，更常询访，或庶几焉。

贪缪勿仕

子弟有愚缪贪污者，自不可使之仕宦。古人谓治狱多阴德，子孙当有兴者，谓利人而人不知所自则得福。

今其愚缪，必以狱讼事悉委胥辈，改易事情，庇恶陷善，岂不与阴德相反？古人又谓我多阴谋，道家所忌，谓害人而人不知所自则得祸。

今其贪污，必与胥辈同谋，货鬻公事，以曲为直，人受其冤无所告诉，岂不谓之阴谋！士大夫试历数乡曲三十年前宦族，今能存者仅有几家？皆前事所致也。有远识者必信此言。

劳逸相若

应高年享富贵之人，必须少壮之时尝尽艰难，受尽辛苦，不曾有自少壮享富贵安逸至老者。早年登科及早年受奏补之人，必于中年龃龉不如意，却于暮年方得荣达。或仕宦无龃龉，必其生事窘薄，忧饥寒，虑婚嫁。若早年宦达，不历艰难辛苦，及承父祖生事之厚，更无不如意者，多不获高寿。造物乘除之理类多如此。其间亦有始终享富贵者，乃是有大福之人，亦千万人中间有之，非可常也。

忧患顺受

人生世间，自有知识以来，即有忧患不如意事。小儿叫号，皆其意有不平。自幼至少至壮至老，如意之事常少，不如意之事常多。虽大富贵之人，天下之所仰羡以为神仙，而其不如意处各自有之，与贫贱人无异，特所忧虑之事异尔。故谓之缺陷世界，以人生世间无足心满意者。能达此理而顺受之，则可少安。

忠信笃敬

言忠信，行笃敬，乃圣人教人取重于乡曲之术。盖财物交加，不损人而益己，患难之际，不妨人而利己，所谓忠也。有所许诺，纤毫必偿，有所期约，时刻不易，所谓信也。处事近厚，处心诚实，所谓笃也。礼貌卑下，言辞谦恭，所谓敬也。若能行此，非惟取重于乡曲，则亦无入而不自得。然敬之一事，于己无损，世人颇能行之，而矫饰假伪，其中心则轻薄，是能敬而不能笃者，君子指为谀佞，乡人久亦不归重也。

悔心常备

人之处事，能常悔往事之非，常悔前言之失，常悔往年之未有知识，其贤德之进，所谓长日加益，而人不自知也。古人谓行年六十，而知五十九之非者，可不勉哉！

不为恶事

凡人为不善事而不成，正不须怨天尤人，此乃天之所爱，终无后患。如见他人为不善事常称意者，不须多羡，此乃天之所弃。待其积恶深厚，从而殄灭之。不在其身，则在其子孙。姑少待之，当自见也。

敬远小人

人之平居，欲近君子而远小人者。君子之言，多长厚端谨，此言先入于吾心，乃吾之临事，自然出于长厚端谨矣；小人之言多刻薄浮华，此言先入于吾心，及吾之临事，自然出于刻薄浮华矣。且如朝夕闻人尚气好凌人之言，吾亦将尚气好凌人而不觉矣；朝夕闻人游荡不事绳检之言，吾亦将游荡不事绳检而不觉矣。如此非一端，非大有定力，必不免渐染之患也。

多听老言

老成之人，言有迂阔，而更事为多。后生虽天资聪明，而见识终有不及。后生例以老成为迂阔，凡其身试见效之言欲以训后生者，后生厌听而毁诋者多矣。及后生年齿渐长，历事渐多，方悟老成之言可以佩服，然已在险阻艰难备尝之后矣。

谀巽多奸

人有善诵我之美，使我喜闻而不觉其谀者，小人之最奸黠者也。彼其面谀吾而吾喜，及其退与他人语，未必不窃笑我为他所愚也。

人有善揣人意之所向，先发其端，导而迎之，使人喜其言与己暗合者，亦小人之最奸黠者也。彼其揣我意而果合，及其退与他人语，又未必不窃笑我为他所料也。此虽大贤，亦甘受其侮而不悟，奈何?

不为己甚

人有詈人而人不答者，人必有所容也。不可以为人之畏我，而更求以辱之。为之不已，人或起而我应，恐口噤而不能出言矣。人有讼人而人不校者，人必有所处也。不可以为人之畏我，而更求以攻之。为之不已，人或出而我辩，恐理亏而不能逃罪也。

谨慎言语

亲戚故旧，人情厚密之时，不可尽以密私之事语之，恐一旦失欢，则前日所言，皆他人所凭以为争讼之资。至有失欢之时，不可尽以切实之语加之，恐忿气既平之后，或与之通好结亲，则前言可愧。大抵忿怒之际，最不可指其隐讳之事，而暴其父祖之恶。吾之一时怒气所激，必欲指其切实而言之，不知彼之怨恨深入骨髓。古人谓“伤人之言，深于矛戟”是也。俗亦谓“打人莫打膝，道人莫道实”。

【联想】阜阳话为“打人莫打脸，骂人莫骂短”。

言语贵和

亲戚故旧，因言语而失欢者，未必其言语之伤人，多是颜色辞气暴厉，能激人之怒。且如谏人之短，语虽切直，而能温颜下气，纵不见听，亦未必怒。

若平常言语，无伤人处，而词色俱厉，纵不见怒，亦须怀疑。古人谓“怒于室者色于市”，方其有怒，与他人言，必不卑逊。他人不知所自，安得不怪！故盛怒之际与人言语尤当自警。前辈有言：“戒酒后语，忌食时嗔，忍难耐事，顺自强人。”常能持此，最得便宜。

小人难责

忠信二事，君子不守者少，小人不守者多。且如小人以物市于人，敝恶之物，饰为新奇；假伪之物，饰为真实。如绢帛之用胶糊，米麦之增湿润，肉食之灌以水，药材之易以他物。巧其言词，止于求售，误人食用，有不恤也。其不忠也类如此。

负人财物久而不偿，人苟索之，期以一月，如期索之不售，又期以一月，如期索之又不售。至于十数期而不售如初。工匠制器，要其定资，责其所制之器，期以一月，如期索之不得，又期以一月，如期索之又不得，至于十数期而不得如初。其不信也类如此，其他不可悉数。

小人朝夕行之，略不知怪，为君子者往往忿懥，直欲深治之，至于殴打论讼。若君子自省其身，不为不忠不信之事，而怜小人之无知，及其间有不得已而为自便之计，至于如此，可以少置之度外也。

见得思义

圣人云：不见可欲，使心不乱。此最省事之要求。盖人见美食而下咽，见美色而必凝视，见钱财而必起欲得之心，苟非有定力者，皆不免此。惟能杜其端源，见之而不顾，则无妄想，无妄想则无过举矣。

交游当谨

世人有虑子弟血气未定，而酒色博弈之事，得以昏乱其心，寻至于失身破家，则拘之于家，严其出入，绝其交游，致其无所见闻，朴野蠢鄙，不近人情。

殊不知此非良策。禁防一弛，情窦顿开，如火燎原，不可扑灭。况居之于家，无所用心，却密为不肖之事，与出外何异？

不若时其出入，谨其交游，虽不肖之事习闻既熟，自能识破，必知愧而不为。纵试为之，亦不至于朴野蠢鄙，全为小人之所摇荡也。

周济择人

人有患难不能济，困苦无所诉，贫乏不自存，而其人朴讷怀愧，不能自言于人者，吾虽无余，亦当随力周助。此人纵不能报，亦必知恩。

若其本非窘乏，而以干谒为业，挟持便佞之术，遍谒贵人富人之门，过州干州，过县干县，有所得则以为己能，无所得则以为怨仇。在今日则无感恩之心，在他日则无报德之事，正可以不恤不顾待之。岂可割吾之不敢用，以资他之不当用。

记省恩惠

今人受人恩惠多不记省，而有所惠于人，虽微物亦历历在心。古人言：施人勿念，受施勿忘，诚为难事。

暴吏天诛

官有贪暴，吏有横刻，贤豪之人不忍乡曲众被其恶，故出力而讼之。然贪暴之官必有所恃，或以其有亲党在要路，或以其为州郡所深喜，故常难动摇。横刻之吏，亦有所恃，或以其为见任官之所喜，或以其结州曹吏之有素，故常无忌惮。及至人户有所诉，则官求势要之书以请托，吏以官库之钱而行赂，毁去簿历，改易案牍。人户虽健讼，亦未便轻胜。兼论诉官吏之人又只欲劫持官府，使之独畏己，初无为众除害之心。常见论诉州县官吏之人，恃为官史所畏，拖延税赋不纳。人户有折变，己独不受折变；人户有科敷，己独不伏科敷。睨立庭下，抗对长官；端坐司房，骂辱胥辈；冒占官产，不肯输租；欺凌善弱，强欲断治；请托公事，必欲以曲为直，或与胥吏通同为奸，把持官员，使之听其所为，以残害乡民。如此之官吏，如此之奸民，假以岁月，纵免人祸，必自为天所诛也。

【联想】俗语有云：不是不报，时候未到；时候已到，一切都报！

不宜多酒

亲宾相访，不可多虐以酒。或被酒夜卧，须令人照管。

债不轻举

有轻于举债者，不可借与，必是无籍之人，已怀负赖之意。凡借人钱谷，少则易偿，多则易负。故借谷至百石，借钱至百贯，虽力可还，亦不肯还，宁以所还之资为争讼之费者多矣。

财勿多借

凡人之敢于举债者，必谓他日之宽余可以偿也。不知今日之无宽余，他日何为而有宽余？譬如百里之路，分为两日行，则两日可办；若欲以今日之路使明日并行，虽劳苦而不可至。凡无远识之人，求目前宽余而挪积在后者，无不破家也。

起造宜渐

起造屋宇，最人家至难事。年齿长壮，世事谙历，于起造一事犹多不悉，况未更事？其不因此破家者几希。盖起造之时，必先与匠者谋。匠者惟恐主人惮费而不为，则必小其规模，节其费用。主人以为力可以办，锐意为之，匠者则渐增广其规模，至数倍其费，而屋犹未及半。主人势不可中辍，则举债鬻产；匠者方喜兴作之未艾，工镪之益增。余尝劝人起造屋宇须十数年经营，以渐为之，则屋成而家富自若。

慎选仆人

人家有仆，当取其朴直谨愿，勤于任事，不必责其应对进退之快人意。人之子弟不知温饱所自来者，不求自己德业之出众，而独欲仆者俏黠之出众，费财以养无用之人，固无甚害，生事为非，皆此辈导之也。仆者而有市井浮浪子弟之态，异巾美服，言语矫诈，不可蓄也。蓄仆之久，而骤然如此，闺阃之事，必有可疑。

了凡四训

《了凡四训》为明代袁了凡所著训子劝善书，阐明“命自我立，福自己求”的思想，指出一切祸福休咎皆自本人掌握，行善则积福，作恶则招祸；并现身说法，结合儒释道三家思想以自身经历体会阐明此理，鼓励向善立身，慎独立品，自求多福，远避祸殃。该书自明末以来流行甚广，影响较大，于个人品德修养与世道人心改善或许不无小补。该书由四部分组成，分别是“立命之学”“改过之法”“积善之方”和“谦德之效”。

行善十方

随缘济众，其类至繁，约言其纲，大约有十：第一，与人为善；第二，爱敬存心；第三，成人之美；第四，劝人为善；第五，救人危急；第六，兴建大利；第七，舍财作福；第八，护持正法；第九，敬重尊长；第十，爱惜物命。

知耻改过

但改过者，第一，要发耻心。思古之圣贤，与我同为丈夫，彼何以百世可师？我何以一身瓦裂？耽染尘情，私行不义，谓人不知，傲然无愧，将日沦于禽兽而不自知矣；世之可羞可耻者，莫大乎此。孟子曰：耻之于人大矣。以其得之则圣贤，失之则禽兽耳。此改过之要机也。

庭训格言

《庭训格言》清康熙皇帝爱新觉罗·玄烨（1654—1722）撰，其子雍正皇帝爱新觉罗·胤禛（1678—1735）笔述。此书为胤禛追述其父在日常生活中对诸皇子的训诫而成，共二百四十六条，包括读书、修身、为政、待人、敬老、尽孝、驭下以及日常生活中的细微琐事。因为他是给他的儿子们讲的，所以很具体、生动而真实，没有什么虚饰。

谨慎从事

凡人持身处世，惟当以恕存心。见人有得意事，便当生欢喜心；见人有失意事，便当生怜悯心。此皆自己实受用处。若夫忌人之成，乐人之败，何与人事？徒自坏心术耳。古语云："见人之得，如己之得；见人之失，如己之失。"如是存心，天必佑之。

凡人于事务之来，无论大小，必审之又审，方无遗虑。故孔子云："不曰如之何，如之何者，吾未如之何也已矣。"诚至言也！

凡天下事不可轻忽，虽至微至易者，皆当以慎重处之。慎重者，敬也。当无事时，敬以自持；而有事时，即敬之以应事物；必谨终如始，慎修思永，习而安焉，自无废事。盖敬以存心，则心体湛然。居中，即如主人在家，自能整饬家务，此古人所谓敬以直内也。《礼记》篇首以"毋不敬"冠之，圣人一言，至理备焉。

侈以成贪

民生本务在勤，勤则不匮。一夫不耕，或受之饥；一妇不蚕，或受之寒。是勤可以免饥寒也。至于人生衣食财禄，皆有定数。若俭约不贪，则可以养福，亦可以致寿。若夫为官者，俭则可以养廉。居官居乡只廉不俭，宅舍欲美，妻妾欲奉，仆隶欲多，交游欲广，不贪何以给之？与其寡廉，孰如寡欲？语云：“俭以成廉，侈以成贪。”此乃理之必然矣！

朱子家训

朱用纯（1627—1698），字致一，自号柏庐，江苏昆山人（今昆山市），明末清初江苏昆山县人，著名理学家、教育家。朱用纯自幼致力读书曾考取秀才，志于仕途。清入关明亡，遂不再求取功名，居乡教授学生并潜心程朱理学，主张知行并进，一时颇负盛名。康熙曾多次征召，然均为先生所拒绝。潜心研究程朱理学，主张知行并进，躬行实践。康熙三十七年（1698）染疾，临终前嘱弟子：“学问在性命，事业在忠孝”。著有《删补易经蒙引》《四书讲义》《劝言》《耻耕堂诗文集》《愧讷集》和《毋欺录》等。《朱子家训》以“修身”“齐家”为宗旨，集儒家做人处世方法之大成，思想植根深厚，含义博大精深。《朱子家训》通篇意在劝人要勤俭持家安分守己。讲中国几千年形成的道德教育思想，以名言警句的形式表达出来，可以口头传训，也可以写成对联条幅挂在大门、厅堂和居室，作为治理家庭和教育子女的座右铭，因此，很为官宦、士绅和书香门第乐道，自问世以来流传甚广，被历代士大夫尊为“治家之经”，清至民国年间一度成为童蒙必读课本之一。

黎明即起，洒扫庭除，要内外整洁。

既昏便息，关锁门户，必亲自检点。

一粥一饭，当思来处不易；半丝半缕，恒念物力维艰。

宜未雨而绸缪，毋临渴而掘井。

自奉必须俭约，宴客切勿流连。

器具质而洁，瓦缶胜金玉。

饭食约而精，园蔬愈珍馐。

勿营华屋，勿谋良田。

奴仆勿用俊美，妻妾切忌艳妆。

祖宗虽远，祭祀不可不诚。

子孙虽愚，经书不可不读。

居身务期质朴，教子要有义方。

莫贪意外之财，莫饮过量之酒。

与肩挑贸易，毋占便宜。

见穷苦亲邻，须加温恤。

刻薄成家，理无久享。

伦常乖舛，立见消亡。

兄弟叔侄，须分多润寡。

长幼内外，宜法肃辞严。

重资财，薄父母，不成人子。

嫁女择佳婿，毋索重聘。

娶媳求淑女，勿计厚奁。

见富贵而生谄容者，最可耻。

遇贫穷而作骄态者，贱莫甚。

居家戒争讼，讼则终凶。

处世戒多言，言多必失。

毋恃势力而凌逼孤寡。

毋贪口腹而恣杀牲禽。

乖僻自是，悔误必多。

颓惰自甘，家道难成。

狎昵恶少，久必受其累。

屈志老成，急则可相依。

轻听发言，安知非人之谮诉，当忍耐三思。

因事相争，焉知非我之不是，须平心暗想。

施惠无念，受恩莫忘。

人有喜庆，不可生妒忌心。

人有祸患，不可生喜幸心。

读书志在圣贤，非徒科第。

为官心存君国，岂计身家。

守分安命，顺时听天。

曾国藩家训

曾国藩（1811 年 11 月 26 日—1872 年 3 月 12 日），汉族，初名子城，字伯涵，号涤生，宗圣曾子七十世孙。中国近代政治家、战略家、理学家、文学家，湘军的创立者和统帅。与胡林翼并称曾胡，与李鸿章、左宗棠、张之洞并称“晚清四大名臣”。官至两江总督、直隶总督、武英殿大学士，封一等毅勇侯，谥曰文正。

曾国藩出生于晚清一个地主家庭，自幼勤奋好学，6 岁入塾读书，8 岁能读《四书》、诵《五经》，14 岁能读《周礼》《史记》《文选》。道光十八年（1838）中进士，入翰林院，为军机大臣穆彰阿门生。累迁内阁学士，礼部侍郎，署兵、工、刑、吏部侍郎。与大学士倭仁、徽宁道何桂珍等为密友，以“实学”相砥砺。太平天国运动时，曾国藩组建湘军，力挽狂澜，经过多年鏖战后攻灭太平天国。曾国藩一生奉行为政以耐烦为第一要义，主张凡事要勤俭廉劳，不可为官自傲。他修身律己，以德求官，礼治为先，以忠谋政，在官场上获得了巨大的成功。

谨遵八本、三致祥

吾教子弟，不离八本，三致祥。八者，曰：“读古书以训诂为本，作诗文以声调为本，养亲以得欢心为本，养生以少恼怒为本，立身以不妄语为本，治家以不晏起为本，居官以不要钱为本，行军以不扰民为本。”三者曰：“孝致祥，勤致祥，恕致祥。”

做人需谨记劳、谦、廉三字

自概之道云何，亦不外清、慎、勤三字而已。吾近将清字改为廉字，慎字改为谦字，勤字改为劳字，尤为明浅，确有可下手之处。

不可贪爱奢华，不可惯习懒惰

余服官二十年，不敢稍染官宦气习，饮食起居，尚守寒素家风，极俭也可，略丰也可，太丰则不敢也。凡仕宦之家，由俭入奢易，由奢返俭难，尔年尚幼，切不可贪爱奢华，不可惯习懒惰。无论大家小家、士农工商，勤苦俭约，未有不兴，骄奢倦怠，未有不败。尔读书写字，不可间断，早晨要早起，莫坠高曾祖考以来相传之家风。

读书当有耐心

读经读史读专集，讲义理之学，此有志者万不可易者也，圣人复起，必从吾言矣。然此亦仅为有大志者言之，若夫为科名之学，则要读四书文，读试帖律赋，头绪甚多。四弟，九弟，厚二弟天资较低，必须为科名之学，六弟既有大志，虽不科名可也。但当守一耐字诀耳。观来信言读《礼记疏》，似不能耐者，勉之勉之！

吾人第一以保身为要。我所以无大志愿者，恐用心太过，足以疲神也。诸弟亦须时时以保身为念，无忽！无忽！

读书当勤勉

读书之法，看、读、写、作，四者每日不可缺一。看者，如尔去年看《史记》《汉书》《近思录》，今年看《周易折中》之类是也。读者，如《四书》《诗》《书》《易经》《左传》诸经、《昭明文选》、李杜韩苏之诗、韩欧曾王之文，非高声朗诵则不能得其雄伟之概，非密咏恬吟则不能探其深远之韵。譬之富家居积，看书则在外贸易，获利三倍者也，读书则在家慎守，不轻花费者也；譬之兵家战争，看书则攻城略地，开拓土宇者也，读书则深沟坚垒，得地能守者也。看书如子夏之“日知所亡”相近，读书与“无忘所能”相近，二者不可偏废。

至于作诸文，亦宜在二三十岁立定规模，过三十后则长进极难。

读书要有志有识有恒

盖士人读书，第一要有志，第二要有识，第三要有恒。有志则断不甘为下流；有识则知学问无尽，不敢以一得自足，如河伯之观海，如井蛙之窥天，皆无识者也；有恒则断无不成之事。此三者缺一不可。诸弟此时，惟有识不可以骤几，至于有志有恒，则诸弟勉之而已。

学问之道无穷，而总以有恒为主。兄往年极无恒，近年略好，而犹未纯熟。自七月初一起至今，则无一日间断。每日临帖百字，抄书百字，看书少亦须满二十页，多则不论。虽极忙，亦须了本日功课，不以昨日耽搁而今日补做，不以明日有事而今日预做。

读书写字之要义

世家子弟，最易犯一奢字傲字。不必锦衣玉食而后谓之奢也，但使皮袍呢褂俯拾即是，舆马仆从习惯为常，此即日趋于奢矣。见乡人则嗤其朴陋，见雇工则颐指气使，此即日习于傲矣。《书》称“世禄之家，鲜克有礼”，《传》称“骄奢淫佚，宠禄过也”。京师子弟之坏，未有不由于“骄奢”二字者，尔与诸弟其戒之。

尔好写字，是一好气习。近日墨色不甚光润，较去年春夏已稍退矣。以后作字，须讲究墨色。古来书家，无不善使墨者，能令一种神光活色浮于纸上，固由临池之勤染翰之多所致，亦缘于墨之新旧浓淡，用墨之轻重疾徐，皆有精意运乎其间，故能使光气常新也。

作字时先求圆匀，次求敏捷。若一日能作楷书一万，少或七八千，愈多愈熟，则手腕毫不费力。将来以之为学则手钞群书，以之从政，则案无留牍，无穷受用皆从写字之匀而且捷生出。

以韩退之为千古大儒，而自述其所服膺之书不过数种，曰《易》、曰《书》、曰《诗》、曰《春秋左传》、曰《庄子》、曰《离骚》、曰《史记》、曰相如、子云。柳子厚自述其所得，正者曰《易》、曰《书》、曰《诗》、曰《礼》、曰《春秋》，旁者曰《谷梁》、曰《孟》《荀》、曰《庄》《老》、曰《国语》、曰《离骚》、曰《史记》。二公所读之书，皆不甚多。

读书要求明白

尔读书记性平常，此不足虑。所虑者第一怕无恒，第二怕随笔点过一遍，并未看得明白。

至于开拓心胸，扩充气魄，穷极变态，则非唐之李杜韩白，宋金之苏黄陆元八家不足以尽天下古今之奇观。尔之性质，虽与八家者不相近，而要不可不将此八人之集悉心研究一番，实《六经》外之巨制，文字中之尤物也。

《礼》云：“道而不径，舟而不游。”古之言孝者，专以保身为重。乡间路窄桥孤，嗣后吾家子侄，凡遇过桥，无论轿马，均须下而步行。

以精确之训诂，作古茂之文章。

日日自省，时时自制

又闻四妹起最晏，往往其姑反服侍他；此反常之事，最足折福，天下未有不孝之妇而可得好处者，诸弟必须时劝导之，晓之以大义。

一、主敬：整齐严肃，无时不惧。无事时心在腔子里，应事时专一不杂。清明在躬，如日之升。

二、静坐：每日不拘何时，静坐四刻，体念来复之仁心，正位凝命，如鼎之镇。

三、早起：黎明即起，醒后勿粘恋。

四、读书不二：一书未点完，不看他书。东翻西阅，徒务外为人，每日以十页为率。

五、读史：丙申年购《二十三史》，大人曰："尔借钱买书，吾不惮极力为尔弥缝，尔能圈点一遍，则不负我矣。"嗣后每日圈点十页，间断不孝。

六、谨言：刻刻留心，第一功夫。

七、养气：气藏丹田，无不可对人言之事。

八、保身：十二月奉大人手谕："节劳，节欲，节饮食。"时时当作养病。

九、日知所亡：每日读书记录心得语，有求深意是徇人。

十、月无亡所能：每月做诗文数首，以验积理之多寡，养气之臧否。不可一味耽著，最易溺心丧志。

十一、作字：早饭后做字半时。凡笔墨应酬，当作自己课程。凡事不待明日，愈积愈难清。

十二、夜不出门：旷功疲神，切戒切戒！

诸弟远隔数千里外，必须匡我之不逮，时时寄书规我之过，务使累世积德，不自我一人而堕，庶几持盈保泰，得免速致颠危。诸弟能常进箴规，则弟即吾之良师益友也。而诸弟亦宜常存敬畏，勿谓有家人做官，则遂敢于侮人；勿谓己有文学，而遂敢于恃才傲人。常存此心，则是载福之道也。

切勿占人便宜

故兄自庚子到京以来，于今八年，不肯轻受人惠，情愿人占我的便益，断不肯我占人的便益。将来若作外官，京城以内无责报于我者。澄弟在京年余，亦得略见其概矣。此次澄弟所受各家之情，成事不说，以后凡事不可占人半点便宜，不可轻取人财。切记切记。

不宜非议讥笑他人

谚云："富家子弟多骄，贵家子弟多傲。"非必锦衣玉食，动手打人，而后谓之骄傲也。但使志得意满，毫无畏忌，开口议人短长，即是极骄傲耳。余正月初四日信中，言戒骄字，以不轻非笑人为第一义。戒惰字，以不晏起为第一义。望弟常常猛省，并戒子侄也。

力除牢骚

吾尝见朋友之中牢骚太甚者，其后必多抑塞，如吴柽台凌荻舟之流，指不胜屈。盖无故而怨天，则天必不许，无故而尤人，则人必不服。感应之理，自然随之。温弟所处，乃读书人中最顺之境，乃动则怨尤满腹，百不如意，实我之所不解，以后务欲力除此病。凡遇牢骚欲发之时，则反躬自思，吾果有何不足，而蓄此不平之气？猛然内省，决然去之。

诚心待人

吾家子侄半耕半读，以守先人之旧，慎无存半点官气，不许坐轿，不许唤人取水添茶之事，其拾柴收粪等事项一一为之，插田莳禾等事亦时时学之，庶渐渐务本而不习于淫佚矣。

做官勿发财，发财勿做官

大凡做官之人，往往厚于妻子而薄于兄弟，私服于一家而刻薄于亲戚族党。予自三十岁以来，即以做官发财为耻，以宦囊积金遗子孙为可羞可恨，故私心立誓，总不靠做官发财以遗后人。神明鉴临，予不食言。此时侍奉高堂，每年仅寄些须，以为甘旨之佐。族戚中之穷者，亦即每年各分少许，以尽吾区区之意。

勿沾富贵习气

凡世家子弟，衣食起居无一不与寒士相同，庶可以成大器；若沾染富贵气习，则难望有成。吾忝为将相，而所有衣服不值三百金。愿尔等常守此俭朴之风，亦借福之道也。其照例应用之钱，不宜过啬。

自修之道

一曰慎独则心安。

自修之道，莫难于养心。心既知有善知有恶，而不能实用其力，以为善去恶，则谓之自欺。方寸之自欺与否，盖他人所不及知，而己独知之。故《大学》之《诚意》章，两言“慎独”。故能“慎独”，则内省不疚，可以对天地，质鬼神，断无“行有不慊，于心则馁”之时。人无一内愧之事，则天君泰然，此心常快足宽平，是人生第一自强，第一寻乐之方，守身之先务也。

二曰主敬则身强。

“敬”之一字，孔门持以教人，春秋士大夫亦常言之，至程、朱则千言万语，不离此旨。内而专静统一，外而整齐严肃，敬之工夫也；出门如见大宾，使民为如承大祭，敬之气象也；修己以安百姓，笃恭而天下平，敬之效验也。聪明睿智，皆由此出。庄敬日强，安肆日偷。若人无众寡，事无大小，一一恭敬，不敢懈慢，则身体之强健，又何疑乎？

三曰求仁则人悦。

凡人之生，皆得天地之理以成性，得天地之气以成形，我与民物，其大本乃同出一源。若但知私己而不知仁民爱物，是于大本一源之道已悖而失之矣。至于尊官厚禄，高居人上，则有拯民溺、救民饥之责。读书学古，粗知大义，即有觉后知、觉后觉之责。孔门教人，莫大于求仁，而其最切者，莫要于“欲立立人、欲达达人”数语。

四曰习劳则神钦。

凡人之情，莫不好逸而恶劳，无论贵贱、智愚、老少，皆贪于逸而惮于劳，古今之所同也。人一日所着之衣所进之食，与一日所行之事所用之力相称，则旁人韪之，鬼神许之，以为彼自食其力也。古之圣君贤相，若汤之昧旦丕显，文王日昃不遑，周公夜以继日，坐以待旦，盖无时不以勤劳自勉。故勤则寿，逸则夭；勤则有材而见用，逸则无能而见弃，勤则博济斯民，而神祇钦仰，逸则无补于人，而神鬼不歆。是以君子欲为人神所凭依，莫大于习劳也。

参考文献

［1］阮元．十三经注疏．毛诗正义［M］．1 版．上海：上海古籍出版社，1997.

［2］阮元．十三经注疏．礼记正义［M］．1 版．上海：上海古籍出版社，1997.

［3］李时珍．本草纲目［M］．1 版．北京：中国书店，1988.

［4］论语集注［M］．2 版．四书五经本，1985.

［5］孟子集注［M］．2 版．四书五经本，1985.

［6］书经集注［M］．2 版．四书五经本，1985.

［7］春秋三传·左传［M］．2 版．四书五经本，1985.

［8］庄子集释［M］．1 版．北京：中国书店，1988.

［9］贾思勰．齐民要术［M］．1 版．北京：中医古籍出版社，2008.

［10］阳宅三要［M］．1 版．西安：陕西师范大学出版社，2010.

［11］奇门遁甲［M］．1 版．沈阳：中国民间文艺出版社，1989.

［12］乌丙安．中国民俗学［M］．沈阳：辽宁大学出版社，2000.

［13］陈勤建．中国民俗学［M］．上海：华东师范大学出版社，2007.

［14］杨琳．中国传统节日文化［M］．北京：宗教文化出版社，2006.

［15］高天星．中国节日民俗文化［M］．郑州：中原农民出版社，2008.

[16] 万建中. 禁忌与中国文化 [M]. 北京：人民出版社，2001.

[17] 赵红，祁斌. 中国传统节日习俗 [M]. 合肥：安徽文艺出版社，2007.

[18] 王敛福. 颍州府志（清·乾隆）[M]. 合肥：黄山书社，2006.

[19] 阜阳县地方志编纂委员会. 阜阳县志 [M]. 合肥：黄山书社，1994.

[20] 刘耀椿. 颍上县志 [M]. 合肥：黄山书社，2008.

[21] 李家祥. 临泉县志 [M]. 合肥：黄山书社，1994.

[22] 吴承志. 太和县志 [M]. 合肥：黄山书社，2014.

[23] 阜阳市地方志编纂委员会. 阜阳地区志 [M]. 北京：方志出版社，2015.

后　记

五年前，时任阜阳市政协主席的亓龙先生（现任阜阳市人大常委会主任）倡导编写《阜阳文化史》，并报请阜阳市政府为之立项拨款。在召集一些专家学者分头撰稿时，因我曾在皖北文化研究中心任职，并写过几篇与阜阳民俗文化相关的研究论文，故有人提议让我负责阜阳民俗文化方面的编写工作。

阜阳地处淮北平原，是中原文化和荆楚文化碰撞交融的地带，又受到齐鲁文化和吴越文化的沾溉，更兼明清两代的大量移民，这些因素决定了阜阳民俗文化是多元文化融合的产物。旧时阜阳因地理位置较为偏僻和相对封闭，文化教育也相当落后，民众生计十分艰难，正统文化与精英文化较为薄弱，导致民俗文化一枝独秀，也使阜阳地区的民俗文化在汉民族聚居区具有一定代表性和典型意义。将丰富多彩的阜阳民俗文化较充分地反映出来，并鲜明地体现出原汁原味原生态的地方文化特色并非易事。为此我又约请了与我自幼交谊深厚的好友、《阜阳师院报》主编张文波副教授共同完成这项任务。初稿完成后，阜阳市政协文史委又筹划出版《阜阳历史文化》丛书，并安排拙作忝列其中，实为幸事！

阜阳民俗文化总体上呈现出以北方为主导、北南东西融合的特点。在特殊的地理、历史、文化因素共同作用下，形成了这块民俗文化的“风水宝地”。因而阜阳民风、民俗的若干特点及其表现，不一定全系阜阳所独有，但至少是人亦有者我为甚；那些人无我有者，更是我们关注的重点。

我们商定，在描述阜阳民俗文化的过程中，坚持民俗学本位，文化学视角，注重采用叙事学方法，以期从不同角度、不同侧面原原本本地展示阜阳地区的民俗文化。为此我们不厌其烦地叙述阜阳民间不同领域的礼俗与习俗，目的在于抢救性地记录这些渐行渐远，有的甚至已经濒临消亡的民俗文化。这一方面可以让当今的人们，特别是青少年见识一下我们的先人曾经奉守过的风俗习惯，同时也为这些非物质文化遗产留下历史的记忆。这也许就是我们编写此书的意义之所在吧！

此书的素材来源主要有三个方面：一是我们作为土生土长的阜阳人，从小到大的亲身经历；二是走访在民俗、礼俗方面经验丰富的耄耋老人，对乡村野老做田野调查；三是查阅参考相关的文献资料。在行文上，特别是在对具体民俗、礼俗的描述中，我们运用的主要是阜阳民间方言。这种下里巴人式的语言风格，既无精英语言的高雅纯正，也不像官方语言那样一本正经，但是它恰恰与阜阳民俗文化相得益彰。

编著此书的具体分工是：刘宏负责编写前三章和全书统稿，张文波负责编写后三章与参考文献。《阜阳民间酒文化》一章主要参考了刘奕云先生的《阜阳酒文化》一书。书后的两则附录，主要是几个年轻人的习作。既与民俗文化相关，应可作为本书的附录。

本书顺利出版，承蒙阜阳市政协文史委的大力支持，杨新主任担任主编并亲为本书作序；阜阳历史文化研究会的李兴武会长在百忙中为本书审稿；合肥工业大学出版社的编校人员为此书倾注了大量心血，在此一并表示衷心感谢！

限于编著者的水平，更兼民俗文化的纷纭复杂，本书在内容和文字上的疏漏和失误在所难免。敬请各位专家和广大读者批评指正。

刘　宏

2016年10月于寓所